어쩐지
나만
알 것 같은
역사

어쩐지 나만 알 것 같은 역사

배승호 지음

어느 정형외과 의사가 걸으며 모은
역사이야기

푸른역사

책을 내며

전문의 자격을 얻고 10년 넘게 수술하는 의사로 살아왔다. 병원은 서울 종로구에 있었다. 늘 긴장의 연속이었고 매일 시험을 보고 채점을 받는 느낌이었다. 점심시간이나 빈 시간에 머리를 식히려 병원 주변을 산책했다. 재미있는 사연이 깃든 역사적 장소들을 하나둘 구경했다. 그러다가 바위에 새겨진 글씨들을 만났다. 바위에 쓰인 글씨는 힘이 있었다. 이 힘이 나를 잡아당겼다. 처음에는 단순 호기심이었으나 공부를 해 보니 이면에 숨겨진 이야기들이 정말 재미있었다. 산책 반경은 점점 넓어졌고 어느 순간부터 사진을 찍기 시작했다.

바위에 글씨를 새겼던 누군가를 떠올려 본다. 가슴 터질 듯, 하고 싶은 말이 있었거나 대대손손 잊히지 않을 메시지를 남기고 싶었을 것이다. 그 사연을 알고 싶었다. 당시에는 비장했거나 호기로웠던 심정도 시간이 지난 지금에는 재미있는 이야기로 남는다.

답사는 사대문 안부터 시작했다. 오랜 시간 수도였던 만큼 아직도 많은 바위 글씨가 남아 있다. 시간의 층위가 쌓이며 현대적 건물들과 공존하는 경우가 많았다. 이 광경을 보는 것도 내겐 커다란 기쁨이었다. 세월을 견뎌 준 바위도 대견하고 현대 건축물 틈바구니에서 생존한 사연도 대단했다. 평일에는 답사 동선을 구상했다. 자료를 모으고 관련된 책을 사서 읽었다. 주말 아침에 운동화를 신고 집을 나서 지하철을 이용해 출발점으로 이동했고, 미리 짜 둔 동선을 따라 답사를 했다. 사진으로만 보던 바위 글씨를 실제로 만났을 때의 쾌감은 동경하는 연예인을 만난 팬의 마음과도 같았다. 답사 반경은 점점 넓어졌고, 돌에 새긴 비문도 내 시야에 들어왔다. 때로는 밤잠을 설칠 정도로 보고 싶은 바위 글씨를 만나러 배를 타거나 비행기를 타는 경우도 생겼다. 바위 글씨로 시작한 관심사가 점점 확대되어 비석까지 옮겨 갔다. 이 책에서 '바위 글씨'라 함은 바위 글씨 및 비석을 아우르는 말이다. 그렇게 바위 글씨를 찾아 발품을 팔고, 찾아낸 재미있는 이야기를 혼자만 아는 게 안타까워 한 꼭지씩 정리한 지가 벌써 4년이나 흘렀다.

　재미있는 이야기가 좋다. 바위 글씨는 그냥 흑백사진 같지만, 여기에 재미있는 이야기 한두 방울을 떨구면 화사한 컬러사진으로 변한다. 이 책은 우리 주변에 남아 있는 바위 글씨를 통해 재미있는 이야기를 발굴하는 과정을 보여 줄 것이다. 이 책을 들고 운동화 끈을 여미고 나처럼 또 다른 이야기를 찾는 여정에 나선 독자들을 상상해 본다.

2025년 4월
배승호

어쩐지 나만 알 것 같은 역사 차례

책을 내며 _005

01 물길의 도시 서울 1 _014

천문학자 퍼시벌 로웰이 걸음했던 '청린동천' | 안평대군이 노닐던 '청계동천'과 '무계동' | 임정 고문 동농 김가진이 새긴 '백운동천' | 노무현 전 대통령이 되찾아 준 '백석동천'

02 물길의 도시 서울 2 _028

겸재 정선도 반한 '수성동' | 잃은 줄 알았다가 찾은 '옥류동' | 유래를 알 수 없는 '일세암'과 '청와동' | 주인이 밝혀진 계곡, '삼계동' | 답사가의 보물창고, 홍제천 북쪽 '이요동'

03 한강의 이모저모 _042

행호와 행주수위관측소 | 근대 상수도 역사의 출발점, 수도박물관 | 드물게 남은 민간 통행용 돌다리, 강매석교 | 잠실을 '강남'으로 만든 을축년 대홍수 기념비 | 제사 효과 없었던 송정동 수신비 | 한강에 잠긴 영혼을 위로하는 '한강수사자조혼비'

04 아름다운 수락산, 쓸쓸한 이야기 _054

송시열과 폐세자 이지가 얽힌 수락산 '옥류동' | 매월당 김시습이 머물렀던 '금류동천' | 사문난적으로 몰린 박세당의 흔적, '수락동천' | 내시 가문 출신 예술가 이병직의 흔적, '벽운동천'

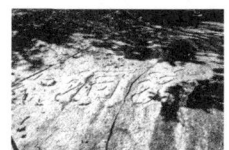

007

05 내 몸 안의 지도가 찾아낸 양주의 바위 글씨 _066
8곳의 바위 글씨가 모인 '문장동천' | 선유동천 금화동문

06 파주 공릉산의 3인 3색 _074
조선의 채무왕 윤택영의 선산, '정승산' | '독립유공자' 민영달의 영세불망비 | '친일파' 독지가 조병학

07 감사 비석 천지, 제주 _088
속俗과 선仙의 경계, 제주 '방선문' | 고래잡이의 슬픈 기억, 서귀포 '조난추도지비' | 재일교포들에게 감사하는 비석들 | '객고풍상'을 견딘 제주 출가 해녀 영세불망비 | 국내 유일의 군의관 충혼비

08 두 차례나 왕위를 놓친 월산대군 _108
숙부와 동생에게 밀린 불우한 왕자의 태비 | 월산대군의 흔적, 망원정과 석어당 | 더럽혀진 이름, 월산대군의 부인 박씨

09 그 밥에 그 나물, 반정 주역들 _116
중종반정의 행동대장, 충렬공 박원종 | 중종반정의 '브레인' 성희안 | 연산의 '칼'에서 반정 공신이 된 박건

10 선조의 문제아 아들들 _128
갑질에 살인까지, 맏이 임해군 | 큰어머니 납치도 했던 정원군 | 역대급 사이코패스, 순화군

11 믿을 수 있는 송덕비 두 개, 이안눌과 이건창 _138
연산군의 제사를 지낸 명문 사대부 이안눌의 '명월동문' | 엄청난 미사여구 송덕비의 주인공 | 최연소 과거 급제자 이건창의 영세불망비 | 역사서를 엮어 낸 소론 가문

12 덕흥대원군 집안과 현충원 _ 154

국립현충원의 '원주인', 창빈 안씨 | 아들 잘 둬 영광을 누린 덕흥대원군 | 창산군 이해창과 사찰 간의 소송 해부

13 명필 글씨, 미수 허목에서
추사 김정희까지 _ 170

송시열의 최대 라이벌, 미수 허목 | 한반도 1세대 래퍼의 풍자 | 서인이 짓고 남인이 쓴 '취선암' | 미수 허목의 사돈이자 친구, 이진무 묘비 | 척화파에 돌직구 날린 유석

14 범상치 않거나 기구했던 왕족들 _ 186

궁벽한 곳에 잠든 조선 첫 세자 이방석 | 희대의 학습지진아 순평군 이군생 | 말썽쟁이 익녕군 이치와 오리 이원익 | 두 개의 별난 기록을 보유한 예종 | 조선의 초식남 제안대군 | 아비에게 죽임을 당한 왕자 복성군 | 아비에게 미움받은 광해군의 어머니 공빈 김씨 | 효종이 아꼈던 숙명공주 천장비 | 박복했던 순정효황후와 백운동천

15 비문으로 남은 신하들 _ 210

은퇴하지 못하는 남자, 조말생 | 부관참시된 연산군의 채홍사 임숭재 | 호란을 대비했던 선각자 최기남 | 공도 많고 과도 많은 귤산 이유원의 '가오복지' | 수장壽藏을 한 귤산 이유원과 '필운대' | 시대착오적인 면암 최익현의 '바위 글씨' | 조선 최초로 폭탄 테러에 당한 민승호

16 드물게 남은 여성의 비문들 _ 232

조선 유일 여성 신도비 주인공, 남양 홍씨 | 서얼 출신 첫 정경부인 정난정의 묘

17 조선의 수학자들 _ 240

조선 고유 역법을 마련한 수학자 이순지 | 노론 남병철의 숨길 수 없는 수학 사랑 | 천재 수학자 오일러에 앞서간 최석정의 '옥천병'

18 이상한 조합의 친구들, 묘적사 영세기송비 _ 250

친일파 윤덕영과 '등룡동' | 고종 '집사'에서 일제 귀족으로 변신한 이달용 | 두 얼굴의 '의로운 남자' 홍순형

19 친일과 애국의 경계를 넘나든 인물들 _ 264

'문제적' 인물 김홍집 | 사회사업에 진심이었던 김주용 | '베푸는 친일파' 송수천 | 어느 사이비 독립운동가 | 간송 전형필과 보문사 마애불

20 조선 총독이 남긴 바위 글씨 _ 284

한국은행 화폐박물관의 이토 히로부미 | 서울시립미술관과 서울역의 사이토 마코토 | 마포 선통물의 우가키 가즈시게 | 연세대학교 내 미나미 지로

21 특별한 보통사람들의 자취 _ 292

오죽헌의 충노忠奴 행적비 | 양화진 외국인 묘지의 일본식 묘비 | 한국 고아들의 자부慈父, 소다 가이치 | 무속인을 기리는 유일한 비석, '무당 김점례 공덕비' | 이태원 공동묘지의 유관순 | 진정한 친한파 가나야마 마사히데 대사 | 음성 나환자들의 고마움을 새긴 에틴저 마을 비석

22 명필의 흔적과 한글 비석 _314

피를 찍어 쓴 듯한 '최지백 정려비' | 추사 친필을 새긴 조기복 묘비 | 몇 안 되는 조선시대 한글 비석, 이윤탁 영비

23 바위 글씨는 말이 없지만 _322

묘 따로 신도비 따로 화산군 이연 | 효자동의 유래가 된 조선 명문가의 흔적, '운강대' | 엉뚱한 곳으로 옮겨진 연령군 신도비 | 살아서 기구했고 죽어서 더 기구한 왕족 은언군 | 이상도 하다, 장충단공원의 '제일강산 태평세계비'

24 어처구니없는 바위 글씨들 _340

명나라 장수를 기리는 '양호거사비' | 어처구니없는 사대의 흔적, '조종암' | 후손들도 잊고 지내는 동암 이발 | 파평 윤씨와 청송 심씨의 400년 싸움, 산송

25 어쩐지 나만 알 것 같은 바위 글씨들 _354

태조 왕건과 화가 임득명이 깃든 '향림동' | 《조선왕조실록》에 등장한 바위 글씨 '월암동' | 서울대학교의 원래 '주인' 자하 신위 | 서초동에 '정씨 집성촌'을 일군 정역 | 무인이자 명필 최흥희의 흔적, 관음암과 주먹탑 | 권력의 끝 김재규와 차지철, 이기붕의 흔적

찾아보기 _377

비석의 일반적 명칭

신도비
일반적으로 정2품 이상 관직을 지낸 인물의 묘에 쓴다. 묘 주인공의 삶을 기록한다. 주로 무덤으로 올라가는 길 남동쪽에 위치한다. 묘비墓碑, 묘갈墓碣, 묘표墓表는 대략 같은 의미이다.

머릿돌(비석 머리)
1. 뿔이 없는 용, 즉 이무기를 조각한 이수螭首
2. 꽃 모양 조각, 화관석花冠石
3. 지붕을 조형, 옥개석屋蓋石 혹은 가첨석加檐石이라 한다.

받침돌
거북이 모양일 경우, 귀부龜趺라 한다.

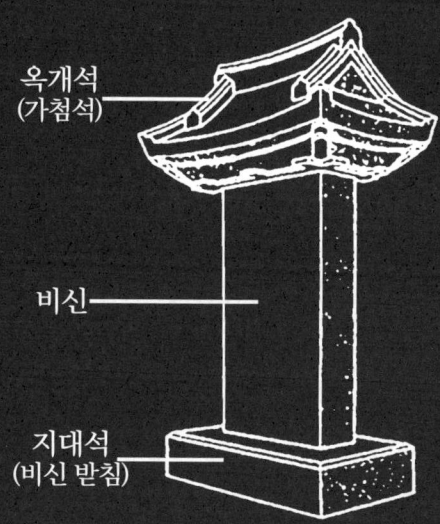
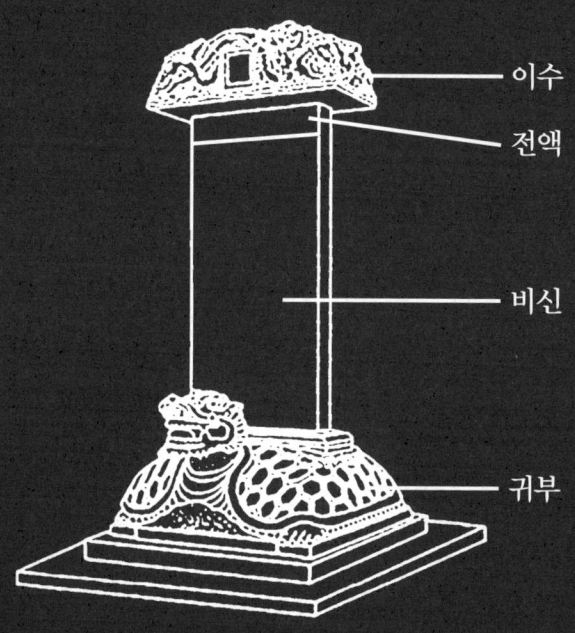

01 물길의 도시 서울 1

서울은 '물길의 도시'였다. 복개되기 전, 서울에는 곳곳에 아름다운 냇물이 흘렀다. 서울은 산으로 둘러싸인 도시다. 산이 있으면 계곡이 생기게 마련이고 도성 안쪽으로 흘러내린 물은 청계천으로 모였다. 지금은 청계천 정도만 남아 있고 대부분 복개되었지만, 일제강점기 전까지는 물길이 거미줄처럼 펼쳐져 있었다. 서울 구도심을 걷다가 한 구역 내에 비스듬한 사선의 좁은 도로를 만나는 경우가 있다. 이런 경우는 대부분 복개된 물길이라고 볼 수 있다.

서쪽의 인왕산, 북쪽의 북악산, 동쪽의 낙산, 남쪽의 남산에서 흘러내린 물길은 아름다운 경치를 빚어 냈다. 조선 사대부들은 경치가 근사한 계곡 바위에 OO동洞, OO동천洞天, OO동문洞門 등의 바위 글씨를 새겼다. 동洞은 계곡, 동천洞天은 도교에서 신선이 사는 곳을 이르는 말이고 동문洞門은 동천洞天의 입구를 의미한다. 즉 동, 동천, 동문은 계곡을 의미한다.

천문학자 퍼시벌 로웰이 걸음했던 '청린동천'

고종 황제의 사진을 처음 찍은 사람은 뜻밖에도 미국의 천문학자 퍼시벌 로웰Percival Lowell(1855~1916)이다. 그는 한때 태양계의 아홉 번째 행성으로 알려진 명왕성의 존재를 예견했던 유명한 인물이다.

퍼시벌 로웰은 미국 보스턴 명문가에서 태어났다. 남동생은 하버드대 역사상 최장수 총장이었고 여동생은 시인으로 퓰리처상 수상자. 퍼시벌 로웰은 하버드대학을 졸업하고 일본으로 넘어간다. 그곳에서 1883년 7월 고종이 미국에 파견한 보빙사 일행의 고문역을 맡아 일행을 미국으로 안내한다. 그 여정에서 보빙사 민영익閔泳翊(1860~1914)과 친교를 맺었다. 민영익이 다시 조선으로 돌아올 때 따라 들어와 조선에서 3개월간 머물다 일본으로 돌아갔다. 이때 로웰은 당시로서는 매우 귀한 물건인, 휴대용 사진기를 가지고 왔다. 그리고 고종의 첫 사진을 찍게 된다. 그가 이 당시의 경험을 여행기로 남겼으니 바로 《조선, 조용한 아침의 나라Choson, The land of the morning calm》이다.

고종 황제의 사진을 처음 찍은 미국의 천문학자 퍼시벌 로웰.

여러 해 전 겨울, 책 원문을 구글에서 PDF 스캔본으로 볼 수 있다는 것을 알았다. 무료한 겨울밤에 흥미롭게 읽기 좋은 책이었다. 그런데 본문의 'korean banquet' 챕터를 읽다가 흥미로운 경험을 했다.

내 거주지는 'The Street of Ashes'에 있었다.……길을 따라 북쪽으로 가면 'The Glen of the Blue Unicorn'이 있다.……계곡 입구에는 우물이 있었다. 이웃 여인들이 물을 길어 갔다. 그 뒤에 서 있는 바위에는 그 장소의 이름이 새겨져 있었다.……길을 따라 계속 올라가면 길이 멈추는 곳에 몇 개의 정자가 있다.

책을 읽다가 그가 말하는 저 장소가 익숙한 기분이 들었다. 내가 알고 있는 장소를 본문에 대입하니 저 우스꽝스러운 영어 지명도 이해가 되었다. 'Glen of the Blue Unicorn'은 '청린동천靑麟洞天', 그렇다면 'The Street of Ashes'는 북촌 재동이 된다. 그리고 그가 말한 정자들 중 하나는 취운정이다.

지하철 3호선 안국역에서 내려 헌법재판소 쪽 출구로 나가면 만나는 지역이 재동이다. 그 길을 따라 북으로 걸어 올라가면 고급빌라 한 동이 있다. 그 마당에 너른 바위가 있고 그 아래 샘물이 있다. 바위에는 '靑麟洞天(청린동천)', '洞僻山精古 泉淸石氣新(동벽산정고 천청석기신)'이라는 글씨가 새겨져 있다. 로웰이 설명한 그대로다. '동벽산정고 천청석기신'은 '골짜기가 깊으니 산의 정취가 예스럽고, 샘물이 맑고 깨끗하니 돌의 기운이 새롭네'라는 뜻이다.

1926년에서 1934년 사이 발간되던 《별건곤》이라는 월간지가 있다. 《별건곤》 제69호(1934년 1월)의 기사를 보면, "가회동 막바지 취운정聚雲停 약수터의 석벽에 '靑麟洞天' 네 글자와 '地僻山意古, 泉淸石氣新'이란 글 한 귀를 색인 것이 잇는데 그것이 누구의 필적인지 알지 못하야 항상 궁금하얏더니 어떤 로인에게 드른즉 근대 조선 정계에서 세력이 당당하고 서화로 유명하던 표정杓亭 민영익閔泳翊의 유필이라고 한다"고 나온다. 《별건곤》은 그야말로 흥밋거리를 다루는 잡지였기 때문에, 이 말을 어디까지 믿을 수 있는지는 모르겠지만 글씨 주인을 밝히는 유일한 사료다. 바위 글씨는 '동벽산정고'가 맞다. 《별건곤》의 오류로 보인다.

민영익은 당대 제일의 세도가 여흥 민씨의 대표 주자였다. 만 18세에 성균관 대사성에 오를 정도였다. 성균관 대사성은 지금으로 치면 국립대 총장이다. 글과 그림에 능했고 취운정은 그의 별장이었다.

1924년 6월 28일 자 《동아일보》 기사를 보면, '70~80년 전 창덕궁 전하의 장인 되시던 민 표정공이 한참 세도를 부릴 때 취운정 정자와 사모 정자, 백락동 정자를 지어 놓고 꽃 피는 봄과 달 밝은 가을에 한가한 사람들과 더불어 취흥을……'이란 구절이 있다. 이 부분을 보면 로웰이 "정자가 여러 개 있다"라고 서술한 부분과도 일치한다.

1893년 로웰은 미국으로 돌아간다. 그리고 화성과 천문학 연구를 평생의

'청린동천靑麟洞天'(오른쪽 원안)과 '동벽산정고 천청석기신洞僻山精古 泉淸石氣新'(왼쪽 원안)이라는 글이 새겨진 재동의 바위 글씨. '동벽산정고 천청석기신'은 '골짜기가 깊으니 산의 정취가 예스럽고, 샘물이 맑고 깨끗하니 돌의 기운이 새롭네'라는 뜻이다.

업으로 삼기로 결심하고는 애리조나주에 로웰 천문대를 설립하고 천체 관측을 시작한다. 1895, 1906, 1908년 잇따라 화성에 관련한 책을 출판했고 화성에 지적 생물체가 존재할 가능성을 제기했다. 이에 미국에서 우주에 대한 대중의 관심은 폭발적으로 증가했다. 그의 영향으로 화성인이 등장하는 SF소설이 대거 출간되어 미국인들 사이에서 큰 인기를 끌었다.

천문학자로서 로웰의 최대 업적은 명왕성 발견에 기여했다는 것이다. 로웰은 천왕성과 해왕성의 예측 궤도가 자꾸 어긋나는 점을 확인하고 해왕성 너머에 태양계의 아홉 번째 행성의 중력으로 인해 이런 일이 벌어진다고 믿었다. 로웰은 그 미지의 행성을 'Planet X'라 명명하고 이를 찾기 위한 연구에 몰두한다. 그러다가 1916년 사망한다. 공식적으로 명왕성의 존재를 최초로 입증한 사람은 클라이드 톰보다. 1930년 로웰의 천문대에서 연구를 이어가던 클라이드 톰보가 로웰의 연구를 바탕으로 입증에 성공한 것이다.

명왕성의 이름은 '플루토Pluto'. 명왕성 이름을 공모했을 때 PLUTO가 만장일치로 뽑혔다고 한다. PLUTO로 정하면 행성 기호가 PL로 될 것인데 이는 퍼시벌 로웰Percival Lowell의 머리글자와 일치하기 때문이었다. 달과 화성에는 로웰의 이름을 딴 분화구가 있고, '1886 로웰'이라는 소행성도 존재한다니 천문학계에서 로웰의 위상을 짐작할 수 있다.

갑신정변이 일어났던 격동의 시기에 이 땅에 온 미국인은 북촌 청린동천 계곡을 다녀간 기록을 남긴다. 청린동천 바위 글씨를 쓰고 그 일대 취운정을 소유했던 민영익은 1884년 갑신정변 때 칼에 맞아 중상을 입는다. 당시 궁에서 도망친 고종은 이곳 취운정에 잠시 피신했다가 북묘로 옮긴다. 그리고 최초의 일본 유학생 유길준이 갑신정변 이후 감금되었던 곳도 이곳 취운정이다. 그가 연금 시기에 쓴 책이 《서유견문》이다.

안평대군이 노닐던 '청계동천'과 '무계동'

서울 종로구 부암동으로 간다. 조선시대였으면 도성의 서북쪽 문인 창의문을 나서 세검정 쪽으로 내려가다가 좌측을 바라보고 인왕산 뒤쪽 계곡으로 접어드는 경로다. 부암동 주민센터를 시작점으로 삼아 우측 작은 골목으로 들어선다. 골목 자체가 물길의 원형을 갖고 있다. 이곳은 계곡이었다.

복개된 계곡길을 따라 400미터가량 올라가면 좌측에 독특한 양식의 집이 있다. 구한말 개화파로 군부대신을 지낸 윤웅렬의 별장이다. 개방을 하지 않아 담 너머로 볼 수밖에 없지만 한옥과 서양 건축 양식이 합쳐져 색다른 분위기를 풍긴다. 마당에는 제법 잘 조성된 연못도 있다.

여기서 올라온 길을 50미터가량 되짚어 내려가면 좌측에 풀이 어지럽게 자란 공터가 있다. 공터 한가운데 큰 바위가 있고 바위에는 '靑溪洞天(청계동천)'이란 글자가 새겨져 있다. '푸른 물의 계곡'. 누가 왜 여기 새겼는지는 알려진 바가 없다. 다만 이 계곡이 예전부터 도성 사람들이 즐겨 찾던 아름다운 계곡임을 알 수 있다. 간혹 여기가 청계천의 발원지라고 주장하는 사람들도 있으나 청계천의 공식 발원지는 창의문 남쪽이고, 길가에 표석이 있다.

여기서 50미터가량 다시 내려가면 좌측에 드라마에 나오는 재벌 집 같은 엄청난 규모의 신축 집이 있다. 이곳은 안평대군의 별서(본집 외에 따로 지은 집) 무계정사가 있던 곳이다. 세종의 셋째 아들로 뛰어난 예술가였던 안평대군은 계유정난 시 친형 수양대군에 의해 죽임을 당해 무덤조차 없이 사라졌다. 그가 안견을 시켜 그린 〈몽유도원도〉가 이곳 무계정사에서 북한산을 바라보고 그렸다는 주장도 있다(최종현·김창희, 《오래된 서울》).

안평대군은 이곳에서 집현전 학자들과 교류하며 시와 그림에 대해서 논했다고 한다. 그리고 이곳에 그의 글씨로 추정되는 '武溪洞(무계동)' 바위 글씨가 있다. 이전 답사가들의 글을 보면 이곳은 황폐한 공터였는데 공터 한가운데 축대가 있고, 쇠락한 기와집 그리고 '무계동' 바위 글씨가 있었다고 한다. 공터 뒤로는 소설가 현진건이 살던 집이 있었다고 하는데, 이 집은 2003년 철거되었다.

2015년 기사를 보면 안평대군의 집터와 현진건의 집터가 동시에 경매에 나와, 합쳐서 34억에 낙찰되었다고 한다. 수소문해 보니 집주인은 조경사업을 하는 분으로 두 필지를 합쳐서 아름다운 집을 지었고, '무계동' 바위 글씨는 집 안에 보존되어 있다. 그 뒤 그 안에 있는 바위 글씨를 쉽게 볼 수 없다.

안평대군 별서 무계정사가 있던 자리의
'무계동' 바위 글씨(위).
'청계동천' 바위 글씨(아래).

부암동 계곡을 내려오는 발걸음은 가벼운 적이 없었다. '무계동'을 보고 싶다는 열망과 저 집터를 내가 샀으면 좋았을 텐데 하는 아쉬움에 복잡한 마음이 들어서이다. 마치 현진건의 소설 〈빈처〉의 주인공 마음 같다고나 할까.

임정 고문 동농 김가진이 새긴 '백운동천'

부암동을 둘러보았으니 고개를 넘어 도성 안쪽으로 들어간다. 지금의 경복궁역 사거리에서 자하문 터널 방향으로 올라가는 길은 백운동천이란 물길이었다. 북악산과 인왕산에서 내려온 물이 만나 경복궁 서쪽을 따라 흘러내려, 지류는 경복궁 내 경회루로 흘러 들어가고, 본류는 청계천으로 흐르는 물길이었다. 즉, 조선시대에 경복궁 지역에서 서촌으로 가려면 백운동천을 건너야 했고 주요 포인트마다 돌다리가 있었다. 백운동천을 따라 북으로 올라가면 경기상업고등학교를 만나고 조금 더 가면 자하문 터널이 나타난다.

터널 우측 경사로를 따라 올라가면 예수 그리스도 후기 성도 교회가 있다. 이른바 몰몬교다. 일부다처제로 유명한 몰몬교가 한국에도 들어와 있다고 하면 깜짝 놀라는 사람들도 많은데, 십여 년 전 지하철에 두세 명씩 짝지어 다니던 정장 차림의 미남 백인들이 기억나는지? 그들이 선교를 위해 들어와 있던 몰몬교도들이었다(근래에는 본 적이 없다).

이 교회를 지나 산속으로 들어가면 폐허를 만나게 되고 조금 더 올라가면 '白雲洞天(백운동천)' 바위 글씨를 만날 수 있다. 백운동천은 일찍이 조선 초기부터 도성 내 아름다운 계곡으로 유명했다고 하며 이에 대한 기록은《용재총화》,《신증동국여지승람》,《연려실기술》에도 보인다. 김수온, 강희맹,

김종직 등도 이곳, 백운동의 경치를 시로 남겼다.

하지만 백운동천의 주인공은 동농東農 김가진金嘉鎭(1846~1922)이다. 김가진은 안동 김씨이긴 했으나 서얼 출신이었다. 혹자에 의하면 조선시대, 서얼 출신으로 최고위직까지 오른 인물이다. 구한말에 농상공부 대신, 법부 대신, 중추원 의장, 규장각 대제학까지 올랐다. 1910년 한일병합 시, 조선 귀족 남작 작위를 받는다. 그는 1903년 궁궐 중수 임무를 맡아 성공적으로 완수하고, 고종 황제로부터 남은 자재를 하사받아 백운동에 본인의 큰 집을 짓는다. 집의 이름은 백운장이며 규모가 어마어마했다고 한다. 백운동 계곡 자체가 김가진의 집터인 셈이다. 김가진은 1919년 독립운동을 위해 상하이로 떠난다. 상하이 임시정부에 합류해 고문 역할을 했다고 한다. 떠나기 전 김가진은 자신의 백운장 내 큰 바위에 '白雲洞天'을 새기고 그 왼쪽에 '광무 7년 계묘 중추 동농光武七年癸卯中秋東農'이라 새겼다.

김가진이 독립운동을 위해
상하이로 떠나기 전 새긴 '백운동천'.

이후 백운장은 일본인 사업가의 손에 넘어가 기생집 혹은 요릿집으로 쓰였다. 이 요정을 찍은 엽서사진이 지금도 경매 사이트에 돌아다닌다. 한국전쟁 이후에는 화남장이라는 카바레로 쓰이다가 예수 그리스도 후기 성도 교회에 불하되어 현재에 이른다. 앞서 말한 교회 위쪽 폐허가 이 화남장의 흔적이 아닐까 한다.

김가진은 한국 역사에서 매우 중요한 인물이다. 누군가 "너희들의 독립운동은 민초들의 저항이었음은 인정한다. 하지만 너희의 엘리트 위정자 중 독립운동에 참가한 자는 누구인가?"라고 물을 때 내밀 수 있는 드문 카드이기 때문이다. 누군가 내 글을 보고 바위 글씨 답사에 흥미를 느낀다면 첫 번째로 이곳을 추천하고 싶다. 대중교통 수단으로 접근하기 쉽고, 험한 길

백운장 몽룡정 앞에 선 동농 김가진(왼쪽)과 일제시대 요릿집으로 사용되던 백운장(오른쪽 위), 1956년 《조선일보》 광고에 실린 화남장 광고(오른쪽 아래).

이 거의 없는 답사처이며, "우와 서울에 이런 곳이?"라는 감탄을 자아내는 곳이기 때문이다.

　동농 김가진 선생과 관련된 바위 글씨가 하나 더 있다. 유명 사찰인 길상사 경내다. 아천석我泉石. 아천석은 성리학의 창시자 주희의 '거연아천석居然我泉石'이라는 시구에서 따왔을 것으로 추정된다. 한성대입구역에서 마을버스를 타고 성북동 부촌을 구불구불 올라가면 길상사를 만난다. 잘 알려져 있듯이 대원각이라는 당대 최고급 요정을 사찰로 만든 곳이어서, 아기자기하고 멋진 공간이 많은 곳이다. 길상사 내 작은 계곡, 길상화 보살 공덕비를 지나 상류로 조금 더 올라간 지점. 물이 흐르니 당연히 퇴적이 진행된 곳에서 사진 속 아천석과 비슷한 모양의 바위를 발견했고, 바위 글씨 상단부를 확인했지만 결론적으로 땅에 묻힌 글씨 전체를 보지 못하고 성북동 언덕을 내려와야만 했다.

　나는 보지 못했지만 아천석 글씨 좌측에는 '광무 4년 경자 계추 동농光武四年庚子季秋東農'이라고 새겨져 있다고 한다. 광무는 대한제국 고종의 연호로 광무 4년(경자년)은 1900년이다. 동농 김가진이 바위에 글씨를 새긴 계곡에 요정이 들어섰고 길상화 보살이 법정 스님에게 기증하여 지금의 길상사가 생긴 것이다. 부디 길상사 측에서 계곡을 정비하여 동농 김가진 선생 글씨를 잘 보이게 해 주었으면 좋겠다.

노무현 전 대통령이 되찾아 준 '백석동천'

청와대 뒷산인 북악산 북쪽 자락에 아름다운 계곡이 있다. 계곡의 이름은 '백석동천白石洞天.' 1935년 7월 19일 자 《동아일보》를 보면 '북악 팔경'을 소개하는 글에서 백석곡에 조그마한 팔각정이 있다고 소개한다(사실은 육각정이다).

아름다운 계곡은 1968년 이후 사람들의 기억에서 사라진다. 김신조 사건 이후 북악산 일대는 군사 보호 구역으로 민간인 출입이 통제되었기 때문이다. 북악산은 현재도 서울을 지키는 군사 시설이 있어 청와대를 개방했음에도 북악산 전면 개방은 어려운 상태이다. 즉, 북악산은 1968년부터 2007년 일부 개방까지 약 40년간 아무도 들어가지 못하는 지역이었다. 예외는 있었다. 수방사 군인들과 청와대 사람들.

이 계곡을 다시 찾은 사람이 있었으니, 노무현 전 대통령이다. 탄핵을 당해 헌재의 판결을 기다리면서 지루한 시간을 보내던 노 전 대통령이 답답한 마음을 달래려 북악산 일대를 산책하다가 이 계곡을 발견하곤 깜짝 놀라서 전 문화재청장 유홍준 씨를 오라고 하여 일대를 둘러봤다고 한다.

북악산 북쪽인 서울 종로구 부암동으로 간다. 부암동 창의문 버스 정류장 바로 앞에는 김신조 사건

북악산 북쪽 자락의 아름다운 계곡 백석동천(위).
백석동천에서 바라본 서쪽 봉우리 산마루에 새겨진 '월암'(가운데).
조선 말기 문신 홍우길의 별서 터(아래).

때 순직한 경찰 두 분의 동상이 있다. 인조반정 때도 반정군이 창의문을 부수고 도성으로 진입했으니, 이 문은 수백 년을 두고 도성의 변고를 목격하고 있는 셈이다. 창의문을 통과하여 부암동 부촌을 가로질러 가다 보면 작은 오솔길이 나타난다. 그 길로 접어들면 이미 백석동천으로 들어선 것이 된다.

'白石洞天(백석동천)' 바위 글씨를 만나 감상을 하고 조금 더 계곡을 따라 내려가다 보면 주춧돌들만 남아 있는 별서 터를 만난다. 이렇게 아늑한 계곡에 제법 당당한 규모의 집을 지은 것으로 봐서는 대단한 위세를 떨친 사람의 집이었겠구나 싶다. 이 집의 주인으로 이항복, 김정희, 허필 등이 거론되었으나 가장 최근의 발표에 따르면 홍우길이라는 서울 거주 사대부라고 한다. 홍우길은 철종 때 급제하여 이조 판서까지 오른 문신으로 고종 때까지 활동하였다.

집터를 둘러보고 서쪽 봉우리를 바라본다. 저기 산마루에 '月巖(월암)'이라는 바위 글씨가 있다. 바위를 바라보고 30미터가량 오르면 만나는데 여길 못 올라가게 감시하는 요원들이 있다. 연세 지긋한 산불 감시 요원들인데 사정을 잘 설명하면 허락할 때도 있고 아닐 때도 있으니 인연이 닿아야 한다.

백석동천을 다 둘러보았으면 세검정 방향으로 물길을 따라 내려간다. 하산 길에 현통사라는 절을 만나게 되는데 이 절 앞의 계곡이 나름 절경이어서 서울에 이런 곳이 있나 하는 감탄이 나올 정도다. 특히 비 온 후 가 보면 풍광이 빼어나다. 아름다운 경치와 두 개의 바위 글씨를 보면 이 계곡은 조선시대 이름난 장소였음이 분명하다. 이런 계곡이 근대사의 격동 속에서 우리 기억에서 지워졌다가 탄핵 심판을 기다리던 대통령이 찾아서 다시 우리에게 돌아왔다는 기이한 사연이 이 계곡을 소중하게 만든다.

02 물길의 도시 서울 2

겸재 정선도 반한 '수성동'

서울 종로구 옥인동 수성동水聲洞 계곡은 아마도 서울에서 가장 유명한 계곡일 듯하다.

　서촌 통인시장 뒤 작은 광장에서 수성동 계곡 방향 골목으로 오른다. 골목은 수성동의 물이 흘러내리던 물길이었다. 길을 오르다 보면 윤동주 하숙집도 만나고, 한일병합조약 체결에 찬성했던 경술국적庚戌國賊 중 한 사람인 윤덕영이 딸을 위해 지어 준 집(현재는 박노수미술관)도 만난다. 그 골목 끝에 마을버스 종점으로 쓰이는 확 트인 공간이 나오면 목적지에 도착한 것이다.

　수성동 계곡의 첫 주인은 앞에서도 소개한 안평대군이다. 그는 이곳에 집을 짓고 살았다. 계유정난이 일어나고 안평대군은 그의 형 수양대군에 의해 죽었다. 수성동을 그림으로 남긴 사람은 겸재 정선鄭敾(1676~1759)이다. 정선은 서촌 일대 명승 여덟 곳을 그려 《장동팔경첩》을 남겼고 〈수성동〉은 그중 하나다. 이 그림에서 재미난 것은 가운데 물길을 건너가는 다리가 긴 장대석 두 개로 구성된다는 점이다.

19세기 초 제작된 것으로 추정되는 〈한양도성도〉를 보면 수성동과 기린교가 표시된 것을 볼 수 있다. 즉, 정선이 묘사한 저 기린교는 19세기 초까지는 존재했다. 《동아일보》 김영상 기자의 《서울육백년》에는 1950년대 후반에 촬영했을 것으로 추정되는 기린교가 있다. 진경산수화의 대가 정선이 묘사한 그림과 모양이 정확히 일치한다.

시간이 흘러 본격 경제개발 시절이 왔다. 서울의 인구는 폭증했고 주거 문제가 심각해졌다. 군사 정부는 용감하게(?) 저 계곡을 그대로 두고 그 위에 아파트를 짓는다. 옥인시범아파트다. 이로 인해 수성동 계곡은 사라졌다. 기린교도 같은 운명이었다.

그런데 21세기 초반에 옥인시범아파트를 철거하고 수성동을 복원하는

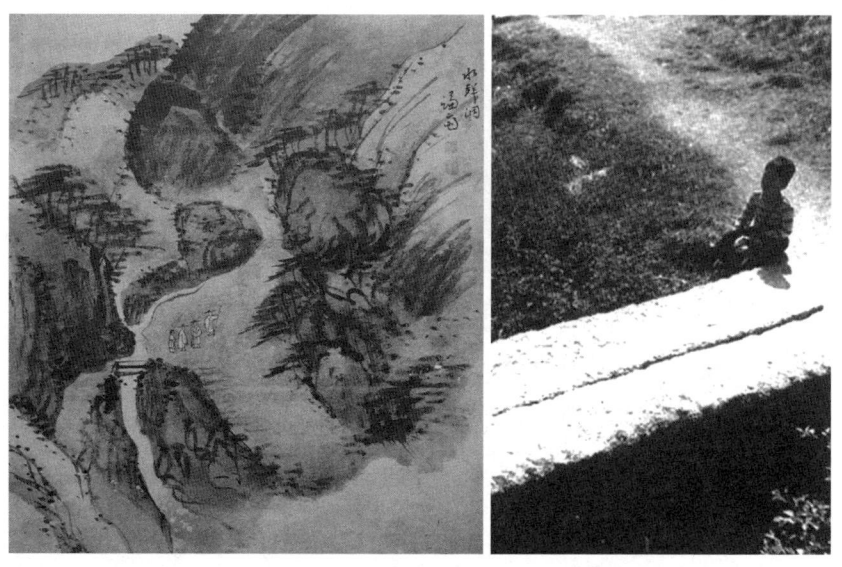

겸재 정선의 〈수성동〉 속의 기린교(왼쪽)는 박정희 정권 시절 계곡에 아파트가 지어지면서 사라진 줄 알았으나 수성동 계곡을 복원하는 과정에서 그 모습이 고스란히 드러났다. 오른쪽 사진은 《동아일보》 김영상 기자가 찍은 기린교 모습. 1950년대 후반으로 추정된다.

사업이 시작된다. 많은 이들이 사라진 기린교를 아쉬워했다. 그러자 몇몇 답사가가 제보를 한다. "그거 원래 자리에 그냥 있소." 눈썰미 좋은 답사가들은 조잡한 철제 난간과 시멘트 칠로 가려져 있지만 기린교가 여전히 살아 있음을 알고 있었던 것이다.

김영상 기자가 쓴 《서울육백년》 책을 갖고 싶었다. 답사가라면 저 책은 소장해야 한다는 이상한 명제에 꽂혀서. 인연이 없던 차에 올해 초 선물을 받았다. 신나서 읽어 내려가다가 문득 김영상 기자가 찍은 저 기린교 사진에 등장하는 어린이가 기자님의 아들이겠구나, 하는 생각이 들었다. 인터넷에서 수십 번 넘게 저 사진을 볼 때는 별 생각이 없었으나 책으로 보니 달랐다. 자식과 답사를 다녀 본 나는 거의 확신이 들었다. 적적함도 달랠 겸, 아들을 앞장세워 답사를 나서는 김영상 기자를 상상해 보았다.

그렇다면 내 확신이 맞는지 검증이 필요했다. 폭풍 검색 후 알아 낸 사실. 김영상 기자에게는 두 아들이 있다. 김동규와 김진수. 김동규는 자라서 서울대 신경외과 교수가 되었고, 김진수는 CJ 제일제당 CEO가 되어 있었다. 그리고 저 사진의 주인공은 김동규였다. 잘 자라 주었구나!

이제는 초등학교 고학년이 되어 전처럼 답사를 함께 가 주지 않는 아들이지만 저학년 때 답사지 주변에서 쫄랑쫄랑 뛰어놀던 아들이 떠오른다. 그리고 수성동에서 올챙이를 잡던 추억도 소환한다.

아, 그리고 김진수 어린이는 실제 내 아버지와 비슷한 연배다. 하지만 저 사진 속 어린이는 내 마음속에서는 항상 어린이일 것이다.

수성동 계곡 기린교에 가 보시길 권한다. 당신이 보고 있는 저 돌다리는 겸재 정선이 보고 그린 그 돌다리와 동일한 것이다. 우여곡절은 있었지만 잘 보존되었다.

잃은 줄 알았다가 찾은 '옥류동'

수성동 계곡 근처 옥인동으로 발걸음을 옮겨 보자. 서울 종로구 옥인동은 서촌의 깊숙한 곳에 있다. 인왕산 기슭인 이곳에 '玉流洞(옥류동)'이 있었다.

서촌은 경복궁의 서쪽으로 인왕산과 경복궁 사이의 지역을 뜻한다. 옥인동은 일제강점기 때 만들어진 동네 이름이다. 옥류동의 '옥'과 인왕동의 '인'이 합쳐졌다. 현재는 재개발 예정지다.

겸재 정선은 인왕산 자락에서 살았다고 한다. 그래서 그런지 인왕산 주변의 아름다움을 많은 그림으로 남겼다. 조선시대 옥류동은 풍광이 아름답고 물이 맑아 도성 내 명승으로 유명했다고 하며, 정선은 이를 〈옥류동〉이라는 그림으로 남겼다. 옥류동 바위 글씨는 조선시대부터 존재했으며, 글씨는 송시열의 것이라고 전해진다. 이는 구전일 뿐 사료나 증거는 없다. 답사를 다니다 보면 유독 우암 송시열 글씨라거나 봉래 양사언의 글씨라고 주장되는 바위 글씨가 많다. 하지만 대다수는 근거를 찾을 수 없다.

서울 안의 바위 글씨를 찾아다니는 사람들이 반드시 참고하는 세 가지가 있다. 김영상 기자가 1950년대부터 쓰기 시작하여 1989년에 출간한 《서울육백년》이라는 역작이 그 첫 번째이며, 서울역사박물관에서 2004년 열린 〈바위 글씨전〉 도록이 두 번째이고 마지막은 노무현 전 대통령 시절 청와대 경호실에서 2005년 펴낸 《청와대와 주변 역사, 문화유산》이란 책이다.

이 중 김영상 기자의 《서울육백년》이 가장 우수하다. 이는 무엇보다 저자의 방대한 지식과 부지런한 답사로, 군사 정부 이후 개발 논리에 밀려 멸실되기 전 문화재를 꼼꼼히 남겨 둔 덕분이기도 하다. 게다가 1968년 1월 21일 김신조 사건으로 인해, 청와대 뒷산인 북악산은 완전한 민간인 통제 구역이 되었고 서쪽 인왕산 또한 대부분 통제 구역으로 잠기면서 한동안 잊힌 영역이 되어 버렸다. 김영삼 전 대통령 때 인왕산을 부분 개방하였고, 노무현 전 대통령 때 전면 개방, 노무현·문재인 대통령 때 북악산을 부분 개방하였다. 윤석열 대통령은 청와대와 북악산 일부를 개방했다.

《서울육백년》에 실린 '옥류동'에는 너른 바위에 새겨진 '玉流洞' 바위 글씨 사진이 존재한다. 하지만 그 이후 이 바위 글씨에 대한 사진이나 연구 자료는 전하지 않았다. 그래서 당연히 멸실되었을 거라 여겨졌는데 2019년 2월 한국산서회라는 단체가 이 바위 글씨를 발견해 낸다. 이 소식을 접하고 나 역시 답사를 가 보고 싶어서 안달이 났다. 하지만 이는 옥인동의 개인 주택 내에 있었기 때문에 언론에서는 정확한 위치를 알려 주지 않았다.

2020년 초, 옛 신문 자료를 검색하던 중 우연히 1972년 4월 19일 자 《조선일보》 기사에서 옥류동 바위 글씨에 대한 단서를 발견하였다. 〈동리산책〉이라는 코너에서, 옥인동에서 평생을 살았다는 80세 노인이 "우암 송시열이

겸재 정선의 〈옥류동〉(왼쪽).
1972년 4월 19일 자 《조선일보》 칼럼에 옥류동에 관한 기사가 실렸다(오른쪽).

당시 옥골 터를 돌아보고 옥류동 세 글자를 적었다는 바위 터도 작년 윤 모 (50·옥인동 47의 310) 씨가 집을 지어 서울의 명소가 모두 개인 집 울타리 안에 들어서 버렸다"고 이야기한 걸 발견했다. 떨리는 마음으로 지도 앱에 저 주소를 쳐 보니 바로 집 하나가 특정되는 게 아닌가. 이런 행운이…….

찾아가 보니 재개발 때문인지 주인이 살지 않는 폐가 마당에서 '玉流洞' 글자를 발견하였다. 대문 앞에는 출입을 금한다는, 종로구청에서 발급한 노란 딱지가 붙어 있어서 부득불, 대문 우측 좁은 골목으로 들어가 담장에 몸을 걸치고 '옥류동' 바위 글씨를 영접할 수 있었다. 사진보다는 글자가 컸고, 1960년대 사진에 비해 바위가 작았다. 아마도 집을 짓는 과정에서 바위를 부수고 담장 안으로 편입시킨 때문이리라.

서울시는 옥류동 바위 글씨를 보존하기로 결정하였다. 2025년 1월 다시 찾아가 보니 바위 글씨를 품고 있던 폐가는 철거되었고, 주변을 정비하여 작은 공원을 만들어 놓았다. 커다란 바위가 드러나니 과거 옥류동 계곡의

정비된 '옥류동' 바위 글씨.
재개발로 사라질 위기에 처했으나 다행히 서울시에서 보존하기로 했다.

모습을 더 쉽게 유추할 수 있었다. 지금은 주변을 정비하여 찾아오는 사람들을 맞을 준비를 하고 있다. 서촌 나들이 시 반드시 찾아가 보길 권한다.

유래를 알 수 없는 '일세암'과 '청와동'

모든 바위 글씨의 사연을 알 수는 없다. 그래도 서울에 남아 있는 바위 글씨들의 대부분은 사연과 숨은 이야기가 밝혀졌다. 많은 답사가 덕분인데 그럼에도 사연을 알 수 없는 바위 글씨 두 개가 종로구 누상동에 있다.

종로구 누상동, 천화골든빌라로 간다. 인왕산에 접한 작은 빌라다. 입구에 서서 좌측으로 보이는, 목조 데크 계단을 20미터가량 오르다 보면 데크가 잠시 끊기면서 우측으로 나가는 공간이 있다. 이 공간으로 이어지는 작은 오솔길을 10미터가량 걸으면 좌측 큰 바위에 멋지게 새겨진 '일세암—洗嚴'이라는 바위 글씨를 만난다. '세속의 티끌 먼지를 씻어 낸다'는 뜻이다. 매우 정성스레 새긴 글씨다. 누가 어떤 이유로 이곳을 조성했는지 알려진 바는 없다. 다만 이 주변이 누군가의 별장이었고 그 안에 풍류를 위해 만든

푸른 기와의 계곡이란 뜻의 '청와동'(왼쪽). 종로구 누상동의 '일세암'(오른쪽).

흥선대원군의 별서 석파정을 품은 계곡(위).
석파정 정원의 '소수운렴암' 바위 글씨(가운데).
세 물줄기가 만나는 계곡 '삼계동'(아래).

것이 아닐까 추정한다. 경성부 관내 지적목록을 연도별로 세밀하게 살피면 뭔가 단서가 나오지 않을까.

다시 천화골든빌라로 돌아와 우측으로 난 길을 따라 오른다. 작은 계곡이 있고 마을 주민들을 위한 배드민턴장과 체육 시설이 있다. 여기를 지나 여러 갈래 표지판이 있는 곳에서 좌측 큰 바위를 올려다보면 멀리 바위 글씨가 희미하게 보인다. 여름에 가면 나무에 가려 찾을 수 없을 위치다.

청와동靑瓦洞, 푸른 기와의 계곡? 언제 누가 무슨 이유로 이것을 새겼는지는 알 수 없다. 광해군이 건립한 인경궁과 연관이 있지 않을까 싶다. 광해군은 임진왜란이 끝나고 폐허가 된 한양의 궁궐을 동시다발로 복원한다. 이때 허물어진 기존 궁의 복원 외에도 새로운 궁을 짓는데, 이것이 인경궁으로 엄청난 규모, 호화로움을 자랑했다고 한다. 위치는 지금의 서촌 일대로 그 규모가 남쪽의 사직단부터 북쪽으로는 누하동, 누상동, 옥인동까지 아우른 것으로 추정된다. 당시에는 사치품으로 여겨지던 청기와를 사용한 전각들이 즐비했다고 한다. 광해는 인조반정으로 실각했고, 인조는 반정의 명분 중 하나로 무리한 토목공사를 꼽았기에 인경궁은 적극적으로 보존되지 못하고 점차 사라졌다.

2016년 기사에 의하면 누하동 244번지에서 공사를 하려고 땅을 파다가 인경궁의 배수 시설로 추정되는 구조물을 발견하기도 했다. 인경궁의 남은 흔적은 창덕궁 선정전에서도 찾을 수 있다. 이 건물이 인경궁에서 이축해 온 건물이기 때문이다. 현존하는 조선 궁궐 전각 중 유일하게 청기와를 얹은 건물이기도 하다. 종로의 누상동, 누하동이라는 지명도 인경궁의 누각에서 유래했다고 한다.

청와동 바위 글씨가 있는 이 위치도 궁궐의 영역이었을 것이다. 이 계곡에서 인경궁의 청기와를 얹은 전각들을 내려다보며 "청기와 계곡"이라 명명했거나 혹은 인경궁이 이리저리 뜯겨 이축되고 난 폐허에 청기와 조각들이 여기저기 나뒹굴고 있어 "청기와 계곡"이라 부른 것이 아닐까. 나의 추정이다.

주인이 밝혀진 계곡, '삼계동'

서울 종로구 부암동 계곡 길을 따라 비탈을 계속 내려가면 자연스럽게 홍제천 방향으로 가게 된다. 홍제천과 만나기 직전에 서울미술관이 있다. 미술관은 구조가 특이하다. 절개지에 붙여 지은 건물 옥상으로 올라가면 탁 트인 정원으로 연결된다. 아름다운 고택과 계곡을 품고 있는 이곳은 흥선대원군의 별서인 석파정이다. 폐허가 되었던 이 계곡을, 1997년 어느 사업가가 매입하였고 건물을 붙여 지어 미술관을 만들었다. 이 사업가는 이중섭의 그림 〈소〉의 소장자이기도 하다.

그렇다면 이 계곡의 이전 주인들은 누구였을까? 처음 단서는 바위 글씨가 알려 준다. 정원에서 처음 만나는 바위 글씨 '巢水雲簾岩(소수운렴암).' 물에 비친 구름으로 발을 친 암자라는 뜻이다. 그 옆에는 '권상하가 친구 조정만에게 써 주다. 1721년'이라 쓰여 있다.

이곳은 조정만趙正萬(1656~1739)의 계곡이었다. 임천 조씨로 서인 노론이었다. 그래서 송시열의 수발제자 권상하랑 어울렸을 것이다. 조정만의 선조, 임천 조씨들은 지금의 경복고등학교 주변에 살았고, 이 가문 때문에 효자동이라는 명칭이 생겼다. 시간이 지나면서 후손들은 인왕산을 넘어 부암동 쪽으로 이동하여 이 계곡에 살았던 모양이다.

작은 냇물을 따라 조금 더 올라가면 바위에 '三溪洞(삼계동)'이란 바위 글씨가 있다. 세 물줄기가 만나는 계곡. 삼계동의 주인을 문헌에서 찾으려면 《이향견문록里鄕見聞錄》이란 책을 봐야 한다. 조선시대 중인들을 소개하는 특이한 소재의 책이다. 이 중 한 부분에 최윤창이란 중인이 부암동 삼계동에 거처를 마련하고 시를 짓고 놀았다는 내용이 있다. 조선 후기에는 중인들이 영향력과 재력이 늘어나면서 양반 가문의 땅을 사들이기도 했다.

이후 이 계곡은 세도정치 가문의 손으로 넘어간다. 장동 김씨, 김흥근에게. 철종 때 영의정을 지낸 당대의 세력가로 이 계곡의 별서를 무척이나 좋아했다고 한다. 김흥근 이후 이 계곡은 흥선대원군에게 넘어간다.《매천야록》에 의하면 대원군이 꾀를 내어 김흥근에게 빼앗은 것으로 나와 있으나, 1867년(고종 4년) 8월 30일《승정원일기》에 "탕춘대蕩春臺에 친림하는 상시사賞試射 때의 행전行殿은 삼계정三溪亭으로 하라"는 전교와 9월 20일에 "대가가 삼계정 행궁行宮에 가서……"라는 기록이 있는 것으로 보아 공식적으로 사들인 것이 아닌가 하는 추측을 해 본다. 이후 흥선대원군 가문이 관리하다가 가톨릭재단으로 소유권이 넘어가 콜롬바 어린이집, 콜롬바 병원 등으로 쓰이다가 1970년대에는 쌍용그룹 회장의 별장으로 쓰였다.

이 계곡의 등기부 등본을 보자면 소유권자는 조정만(임천 조씨), 최윤창(중인), 김흥근(장동 김씨), 흥선대원군, 가톨릭재단, 쌍용그룹, 서울미술관 순이다. 바위 글씨가 있는 계곡의 역대 주인들이 이렇게 소상하게 알려진 곳은 참 드물다. 이 계곡을 품고 있는 서울미술관의 정원은 정말 아름다운 곳이다. 특히 비가 오는 날은 운치가 배가 된다. 수술이 없는 봄, 가을 어느 날 비가 온다면 나는 제법 높은 확률로 저기 처마 아래 앉아 있기도 할 것이다.

답사가의 보물창고, 홍제천 북쪽 '이요동'

서울 서북쪽에는 홍제천이라는 하천이 있다. 내가 꼽는 서울에서 가장 아름다운 하천이다. 수량도 풍부하고 천변의 멋진 바위 지형이 매력을 더한다. 이 하천을 따라 상류로 올라가면 평창동이 있다. 홍제천의 북쪽 계곡을 예전에는 '이요동二樂洞'이라 불렀다. 물과 산이 더불어 좋다는 뜻이라고 한다. 이런 이유로 평창동이 부촌인가 보다.

서울예고 앞길을 따라 북쪽으로 향하면 우측에 작은 하천을 만나게 된다.

홍제천은 답사가의 보물창고다. 북쪽 이요동에서 홍제천을 따라 하류로 내려가다 보면 세검정, 탕춘대, 조지서 터, 홍지문, 탕춘대성, 석파정, 보도각 백불 등을 만날 수 있다. 타원 안은 '이요동' 바위 글씨.

이곳에 이요동 바위 글씨가 있다. 하천의 물은 맑아 보이나 약간 시궁창 냄새가 나고 서울예고를 기준으로 하천은 복개되어 길로 변해 있다. 신문 기사를 검색해 보면 서울시가 이 하천 구역을 정비, 개발하여 시민에게 돌려준다고 했다. 하지만 2017년부터 올해까지 기사가 간간이 나오기만 했지 현장은 전혀 변화가 없다.

홍제천은 답사가의 보물창고와도 같은 지역이다. 이곳 이요동에서 홍제천을 따라 하류로 내려가다 보면 세검정, 탕춘대, 조지서 터, 홍지문, 탕춘대성, 석파정, 보도각 백불 등을 만날 수 있다.

이요동 답사는 나의 둘째와 함께 다녀왔다. 둘째는 어린 시절에 나의 좋은 답사 파트너였다. 여러 사람과 답사를 다녀 봤는데 이 녀석만 한 파트너가 없다. 서울에서 답사를 다니다 보면 필히 남의 사유지 근처를 어슬렁거릴 수밖에 없다. 특히 부촌 지역을 다니게 되면 경계의 눈빛이 와 닿는 것을 느낀다. 저 녀석은 그 경계심을 풀어 주는 역할을 담당한다. 강호의 도가 땅에 떨어졌다고 해도, 자식과 더불어 악행을 계획하는 아버지는 없다.

03 한강의 이모저모

겸재 정선의 〈행호관어〉.

전 세계를 둘러봐도 수도를 관통하는 강 중에 한강만큼 거대한 수량을 자랑하는 강은 드물다. 치수 기술이 부족한 과거에는 고마운 수자원이면서 어느 때는 범람하는 무서운 강이었다.

조선시대 한강은 지역마다 고유의 별명을 가지고 있었다. 행주산성 앞은 행호幸湖, 서강대교 쪽은 서호西湖, 용산 부근은 용호龍湖, 동호대교가 있는 지역은 동호東湖라 불렀다. 지금의 한강 주변 경기 남양주시 덕소와 수석동 그리고 강 건너편의 미사리 일대를 조선시대에는 미호渼湖라고 불렀다.

행호와 행주수위관측소

겸재 정선은 1740년 65세 즈음부터 한양 일대와 한강 주변의 그림을 그리기 시작했다. 이 시절 정선은 완숙의 경지에 이르러 총 33장의 그림을 그렸고 이를 《경교명승첩》이라고 한다. 그중 20여 점이 한강을 주제로 한 그림이다. 그러기에 한강의 역사를 살펴보려면 겸재 정선을 언급하지 않고서는 넘어갈 수 없다.

《경교명승첩》 중 〈행호관어杏湖觀漁〉를 살펴본다. '행호관어杏湖觀漁'를 풀어 보면 '행호라고 하는 호수에서 물고기 잡는 것을 바라본다'는 뜻이다. 〈행호관어〉는 작은 고기잡이배 14척을 보고 그린 그림이다.

40세에 음서제로 관직에 진출한 겸재는 65세경에 양천 현감(지금이면 양천구 구청장)으로 부임한다. 〈행호관어〉는 당시 양천현이었던 강서구 궁산에서 행주산성 쪽을 바라보고 그린 그림으로 보인다. 그렇다면 한강 남쪽에서 한강 서북쪽을 바라보고 그린 그림인데 왜 행호, 호수라고 명명했을까? 조선시대 사람들은 한강을 지금처럼 연속적인 개념으로 바라보지 않았다. 유속이 느리고 강폭이 넓은 곳을 호수라 부른 것으로 보인다. 옛글에서는 동호는 동강, 서호는 서강으로 섞어 사용했다. 서강대학교라는 이름은 거기에서 비롯된 것이다.

고양 행주수위관측소. 1916년 조선총독부에 의해 설치되었고, 1980년 폐쇄되었다.

행호는 조선시대에 웅어라는 물고기가 많이 나는 곳으로 유명했다. 웅어는 서해 연안에서 살다가 산란을 위해 한강을 거슬러 올라온다. 〈행호관어〉에서 보이는 작은 낚싯배들은 웅어를 잡고 있다. 지금도 행주산성에서 고양시 능곡 방향으로 가면 여러 곳에 웅어를 파는 가게들이 보인다. 하지만 지금 행호 부근에서는 웅어를 잡을 수 없다. 김포대교 아래 신곡 수중보가 있기 때문이다. 1980년대 한강종합개발 당시 수위를 일

정하게 유지하기 위해 신곡 수중보와 잠실 수중보를 건설하여 물의 흐름을 일정 부분 고정하였다. 현재 웅어는 김포와 파주 부근, 즉 한강 하류에서만 아주 조금씩 잡힌다고 한다.

월산대군의 대표 시 "추강에 밤이 드니 물결이 차노매라 / 낚시 드리우니 고기 아니 무노매라 / 무심한 달빛만 싣고 빈 배 저어 오노라"에 나오는 추강이 아마도 이 행호가 아닐까 조심스럽게 추측해 본다. 〈행호관어〉에 묘사된 지역은 조선시대 사대부들의 별서가 많이 들어선 별장촌이었다. 하지만 그림에 보이는 그 어떤 건축물도 현재는 남아 있지 않다. 대신 덕양산 아래 창릉천이 한강으로 합수하는 지점에 행주수위관측소의 흔적이 있다. 고양 행주수위관측소는 1916년 조선총독부에 의해 창릉천과 한강의 합류점인 경기도 고양시 행주내동에 설치된 후 한강의 수위를 관측하기 시작하였다. 1930년대에는 부자식 자기수위계를 설치하여 보다 정확히 수위를 관측할 수 있게 되었으며, 관측한 수위 자료는 《조선하천조사서》(조선총독부)와 《한국수문조사연보》에서 확인할 수 있다. 이후 1980년 관측소가 폐쇄되기 전까지 임무를 다하였다. 일제강점기에는 한강 곳곳에 이런 수위관측소가 있었는데 지금은 이곳과 용산 두 곳만 남아 있다.

근대 상수도 역사의 출발점, 수도박물관

한강의 서쪽을 구경했으니 동쪽으로 이동해 본다. 한강물을 식수로 사용하기 위해 애쓴 흔적을 보러 가는 것이다. 현재의 성동구 성수동 수도박물관은 대한민국 상수도의 출발점이다. 서울은 조선시대에도 인구 과밀 지역이었다. 개항 이후 인구 집중 현상은 심해졌다. 우물이나 지하수를 사용하는 것이 점차 어렵게 되었고, 하천의 오염은 심각해졌다. 이로 인해 1886년, 1889년, 1890년, 1895년, 1902년, 1907년 전국적으로 콜레라가 창궐해 많은 사람이 죽었다.

고종은 1903년 12월 9일 미국 기업인 콜브란C. H. Collbran과 보스트위크 H. R. Bostwick에게 상수도 시설과 경영에 관한 특허권을 준다. 이 두 외국인은 조선에 전기와 전차를 도입한 인물들이었다. 이후 1905년 8월 특허권을 양도받은 대한수도회사Korean Water Works Co.는 1906년 8월 초 공사를 시작하여 1908년 8월 뚝도수원지 제1정수장을 완성했다. 1908년 9월 1일부터 완속 여과 방식으로 생산한 12,500㎥의 수돗물을 사대문 안과 용산 일대의 주민 12만 5,000명에게 공급했던 것이 우리나라 근대 상수도 역사의 첫 출발이었다. 뚝도수원지 제1정수장에서 침전지→ 여과지→ 정수지를 거쳐 완성된 수돗물은 송수실을 거쳐 3킬로미터 떨어진 금호동 대현산 배수지에 모였다가 사대문 안과 용산 일대에 공급되었다.

수도박물관에서는 '경성수도상수보호구역표京城水道上水保護區域標'라는 표석과 오래된 수도 건물을 만난다. 2층 현판에는

수도박물관(오른쪽)과
'경성수도상수보호구역표'라는
표석(왼쪽). 수도박물관 1층 좌우에는
'경성수도양수공장', '광무 십일년 건축'이라
새겨져 있다.

'Seoul waterworks 1907', 1층 좌우에는 '경성수도양수공장京城水道揚水工場', '광무 십일년 건축光武十一年建築'이라 새겨져 있고 보존 상태 또한 좋은 것을 확인할 수 있다.

드물게 남은 민간 통행용 돌다리, 강매석교

고양시 덕양구 강매동은 창릉천이 한강으로 합류하는 곳에 있다. 앞에 소개한 행주수위관측소에서 그리 멀지 않은 곳이다. 조선시대 고양 일대 주민들에게 새우젓을 공급하던 통로인 강매석교를 찾아가 본다. 강매동은 강매리江梅里에서 이어받은 지명이다. 강매리는 대한제국의 리동합병里洞合倂 정책에 따라, 1910년 8월 25일에 강고산리江古山里와 매화정리梅花亭里가 합쳐진 이름이다. 조선시대 강매리는 예로부터 서해에서 한강으로 거슬러 올라오는 새우젓 배들이 고양 지역 사람들에게 판매할 새우젓을 내리던 동네였는데, 그 나루터의 위치가 바로 창릉천 샛강 건너의 갈대섬이었다. 갈대섬이 강 중

고양 일대 주민들에게 새우젓을 공급하던 통로였던 강매석교(왼쪽).
'강매리교 경신신조江梅里橋 庚申新造' 글씨.
1920년에 세워졌다는 것을 알 수 있다(오른쪽).

앙의 깊은 수심에 접해 있어 배를 대기에 용이했기 때문이다. 하지만 갈대섬 나루터에서 강매리로 건너가는 것이 매우 불편했다. 목조다리가 있었지만 수해가 나면 떠내려가기 일쑤였다. 그러다가 어느 시점에 강매리와 갈대섬을 연결하는 돌다리가 생긴다. 이름하여 강매석교. 강변북로를 달리다가 행주대교 부근에서 빠져나와 창릉천을 따라 비포장길을 달리면 강매석교를 만날 수 있다. 강매석교의 첫 인상은 "아담하고 예쁘다"였다. 우리나라의 전통 교량인 보다리(들보가 기둥 위에 놓인 다리. 구조가 단순하고 시공이 쉽다) 형식을 따르고 있는데 야무지면서 아름다운 모습이었다. 무엇보다 반가운 건 옛 다리 중 드물게 남아 있는 민간 통행용 석교라는 점이다. 교판석 중앙에 새겨진 '강매리교 경신신조江梅里橋 庚申新造'라는 명문을 통해 1920년에 세워졌음을 알 수 있다. 지금으로부터 대략 100년 전이다.

을축년 대홍수 기념비.

잠실을 '강남'으로 만든 을축년 대홍수 기념비

'한강' 하면 홍수의 역사가 한 축을 차지할 정도로 홍수가 자주 발생했다. 근대 이후 한반도 역사에서 가장 큰 홍수가 발생한 해는 1925년, 을축년이다. 그해 한반도에는 네 번의 대홍수가 발생했다. 7월부터 9월까지 다섯 개 정도의 태풍이 한반도를 할퀴고 지나갔다. 시간당 최고 300밀리미터가 넘는 기록적 폭우가 쏟아지자 중남부 지역의 모든 강이 범람했다. 한강 제방이 동시다발적으로 무너지면서 숭례문 앞까지 물이 들어찼다. 서울에만 익사자 400명에 가옥 1만 2,000여 호가 유실되었다. 네 차례 홍수가 지나고 난 후 추산한 피해액이 1

억 300만 원에 이르렀다. 이는 당시 조선총독부 1년 예산의 60퍼센트가량이었다. 총독부는 피해 복구 과정에서 선유봉(오늘날의 선유도)을 폭파하여 골재로 사용했다.

을축년 대홍수로 강북이었던 잠실이 강남이 되었다. 잠실은 잠실도라는 섬이었다. 일종의 하중도 같은 개념으로 한강의 본류가 흘러와 잠실도를 만나면 물길이 둘로 나뉘어 잠실도의 위아래로 흐르다가 삼성동에서 다시 만나 하나의 물줄기로 바뀌는 구조였다. 이 두 물길 중 본류는 아래쪽으로 흐르는 지류였다. 위쪽 지류는 일종의 샛강 같은 느낌이었고 가뭄이 들면 강북에서 걸어서 잠실도로 넘어갈 수 있는 정도였다. 이는 행정구역으로 확인할 수 있는데 1914년 잠실은 경기도 고양군 뚝도면 잠실리였다. 즉 잠실은 강북이었던 것이다. 이게 을축년 대홍수 이후 잠실도 위쪽 지류가 한강의 본류가 되면서 자연스럽게 잠실은 강북에서 떨어져 나와 강남이 되었다.

한강의 본류가 바뀐 결과로 홍수 전 번성했던 송파나루가 점차 쇠퇴했다. 지하철 9호선을 타고 동쪽으로 가다 보면, 송파나루역이 있다. 한강이랑 제법 거리가 먼데 왜 이런 이름이 붙였을까 궁금해진다. 이유 없이 만들어진 지명은 없다. 잠실도 아래쪽 지류가 한강의 본류이던 시절에 이곳에 송파나루가 있었다. 유량이 풍부하던 시절에는 강원도 물산이 한강을 타고 서울로 들어오는 입구 역할을 하였지만 유량이 줄면서 쇠퇴한다.

을축년 대홍수에 대한 경각심을 고취하고자 세워진 비문.

또 암사동 선사유적지가 이 홍수로 처음 발견되었다. 한반도 신석기시대를 논할 때면 각종 책자에 반드시 등장하는 빗살무늬토기는 거의 예외 없이 암사동 유적 출토품이다. 더불어 풍납토성의 서쪽 벽이 쓸려 나가면서 백제 유물이 대량으로 발견되었다. 이 유물들을 통해서 풍납토성이 공주로 옮겨 가기 전 한성백제의 왕성일 수 있다는 설이 강하게 부상했다.

이제 기념비를 만나러 간다. 지하철 9호선 석촌역과 송파나루역 사이에 송파 근린공원이 있다. 이 공원 입구에서 을축년 대홍수 기념비를 만날 수 있다. 1.7미터의 상첨비다. 비석 앞면에는 '을축 7월 18일 대홍수 기념乙丑七月十八日大洪水紀念', 옆면에 '증수사십팔척增水四十八尺, 유실이칠삼호流失二七三戶'라는 문구가 새겨져 있다. '대정 15년 6월 건립 중대면'이란 문구도 보인다. 광주군 중대면에서 을축년 대홍수에 대한 경각심을 고취하고자 1926년 이재민들이 세운 비석이다. 당시 중대면 면사무소가 대략 현재의 이 지점이라고 한다. 근대 한강의 역사는 을축년 대홍수 이전과 이후로 나뉜다.

제사 효과 없었던 송정동 수신비

성동구 송정동은 청계천과 중랑천이 만나 한강으로 합수하는 지역에 자리 잡고 있어 지리적으로 수해에 취약하다. 1925년 을축년 대홍수 때도 엄청난 피해를 보았다고 한다. 하지만 송정동은 을축년 이전에도 매년 물난리가 나던 지역이었고, 이런 지역의 주

수해를 피하고 싶은 염원을 물의 신에게 빌기 위해 세워진 수신비.

민은 필연적으로 빈민층이다. 성동구문화원의 자료에 따르면 주민들은 수해를 피하게 해 달라고 물의 신, 수신水神에게 매년 제사를 지냈다고 한다.

중랑천이 내려다보이는 송정동의 작은 공원 한켠에 수신비가 있다. 1.2미터 정도의 세모 모양의 바위 정면에는 수신水神이라 새겨져 있고, 측면에는 '대정 14년 4월 초 동척경성지점大正十四年四月初 東拓京城支店'이라는 두 줄이 세로로 새겨져 있다.

대정 14년이면 1925년이고 동척은 동양척식주식회사이다. 동양척식주식회사에서 1925년 4월에 이 마을에 수신비를 세워 주었고 수해를 피하고 싶은 주민들의 염원을 물의 신에게 기원한 것이다. 문제는 비석을 세운 지 3개월 후 역대 최악의 을축년 대홍수가 이 마을을 덮쳤다는 것이다. 물의 신에게 정성을 다해 빌었건만 역사상 최악의 홍수를 보내 주시다니. 이 마을에서 중랑천을 따라 조금 하류로 내려가면 살곶이 다리가 있다. 조선시대 몇 안 되는 돌다리다. 이 다리도 을축년 때 소실된 것을 후에 복원한 것이다.

한강에 잠긴 영혼을 위로하는 '한강수사자조혼비'

한강대교는 용산과 동작동(지금의 동작구 본동)을 잇는 다리이다. 중간에 노들섬을 관통하며, 1917년 개통되었다. 한강의 남북을 잇는 최초의 다리는 바로 옆의 한강철교(1900년 개통)이지만, 한강철교는 기차 전용 다리였다. 사람과 자동차가 오고 갈 수 있는 최초의 인도교가 한강대교다. 한강대교가 놓이자 노량진과 영등포 일대는 급격히 도시화가 진행된다. 하지만 앞에 언급된 을축년 대홍수(1925) 때 한강대교는 유실된다. 복구된 시점은 1929년이다.

한강수사자조혼비.

올림픽대로를 타고 여의도에서 잠실 방면으로 가다 보면 한강대교를 만난다. 한강대교를 지나자마자 우측을 내려다보면 거기에 커다란 비석이 서 있다. 바로 한강수사자조혼비다. 이곳은 내 답사 중 유일하게 '따릉이' 자전거를 타고 간 곳이다. 구글 맵을 요리조리 돌려 보아도 주차 공간이 없어서 낸 고육책이었다. 신반포역에서 '따릉이'를 타고 고수부지 자전거 도로를 달리니 금방이었다. 전면에 '한강수사자조혼비漢江水死者弔魂碑'란 문구가 새겨져 있고 뒷면에는 '소화 4년 6월 건용산기자단유지昭和四年六月建龍山記者團有志'라고 쓰여 있어 1929년에 세워진 것으로 추정된다.

1934년 6월 28일 자 《동아일보》를 보자. "용산 기자구락부 주최로 이슬비 나리는 26일 오후 네 시 한강교 남측 강변에서 제12회 한강수사자 위령제가 거행되었다. 군부와 주민대표, 경찰 측과 각 신문사 관계자에 유족을 가한 백여 명의 참여로 엄숙하게 거행되고……위령제의 시작은 지금부터 12년 전이고 제1회 위령제인 대정 12년 7월 22일 이후 지금까지 자살자는 326명, 익사자는 168명. 표착한 시체는 41개. 즉 경찰서에 알려진 수사자는 488명이다."

정리해 보면 한강에 수사자(익사, 자살, 떠내려온 시신 포함)가 지속적으로 발생하자 용산 기자구락부라는 모임에서 1922년부터 위령제를 지냈고 1929년에는 한강 인도교 남단에 이렇게 비석까지 세운 것으로 보인다. 비석의 동쪽 20미터 지점에는 낡은 수도 시설 건물이 있다. 별생각 없이 지나치는데 'OO직할시'라고 쓰여 있다. 따릉이에서 내려 가까이 다가가 살펴보니 인천직할시로 보인다. 여기에 왜 인천이? 게다가 직할시는 옛 명칭 아닌가?

《삼국사기》의 유명한 온조·비류 형제를 기억하는가? 고구려를 건국한 주몽의 두 아들인 온조와

노량진 취수장은 1910~2000년까지 인천에 물을 공급하는 기지였다. 여기 쓰인 인천직할시는 그 흔적으로 보인다.

비류가 한반도 중부 지역으로 내려와서 각각 한강의 동쪽 지역과 서쪽 바닷가 지역에 자리 잡았는데, 비류가 자리한 미추홀(인천)은 땅이 습하고 물이 짜서 백성들이 살기에 힘들었다. 한편 온조가 자리 잡은 위례성 지역에서는 백성들이 편안히 살고 있어서, 비류는 후회하다가 죽었고 비류의 백성들은 온조에게로 옮겨 갔다는 이야기.

인천은 백제시대부터 오늘날까지 물이 부족한 지역이다. 제물포가 개항하고 인구가 폭발적으로 증가하자 인천은 상수도가 절실히 필요했다. 그래서 낸 아이디어가 한강 물을 공급하는 것이었다. 이곳 노량진 취수장에서 물을 뽑아서 인천 송현동까지 공급하는 경인 수도 파이프라인을 1910년도에 완성한다. 이 낡은 건물은 1910년도부터 2000년대 초반까지 인천에 물을 공급하는 기지 역할을 하던 곳이다. 그래서 사진에 보이는, 지금은 쓰지 않는 직할시라는 행정명이 이해가 간다.

2025년은 을축년 대홍수 100주년이다. 지금도 강은 범람하고 인명사고도 발생한다. 그래도 우리는 그 피해를 줄이고 수원을 슬기롭게 활용하기 위해 100년간 필사적으로 노력해 왔다. 한강을 따라가다 보면 그 노력의 흔적들이 남아 있어 여기에 소개한 것이다.

04 아름다운 수락산, 쓸쓸한 이야기

수락산은 서울 노원구, 경기도 의정부시, 남양주시에 걸쳐 있는 산이다. 정상에 서면 의정부와 서울 동북부가 훤히 보인다. 조선시대에도 한양에서 가기 쉽고 산세가 아름다워 사랑받던 산이다. 그런데 이 산에 모인 이야기들은 참 쓸쓸한 것이 많다.

송시열과 폐세자 이지가 얽힌 수락산 '옥류동'

한국산서회라는 단체가 2019년 8월 경기도 남양주 수락산 옥류폭포 상단에서 바위 글씨 '玉流洞(옥류동)'을 찾아낸다. 그리고 2020년 바로 옆에서 다른 '옥류동' 글씨가 또 발견되었다.

  이런 일이 가능했던 건 당시 남양주 시장의 공이 크다. 2018년까지 수락산 옥류동은 계곡을 불법 점거한 가게들로 몸살을 앓고 있었다. 남양주 시장은 계곡을 시민들에게 돌려주겠다며 이 가게들을 다 철수시키고 계곡을 정비했다. 덕분에 정비된 계곡에서 한국산서회가 '옥류동' 바위 글씨를 발견할 수 있었다.

남양주 수락산 옥류폭포 상단의 두 옥류동 바위 글씨. 위는 우암 송시열의 글씨이다.

    한국산서회에 따르면 이 글씨는 이희조(1655~1724)의 문집인 《지촌선생문집芝村先生文集》에서 그 출전을 찾을 수 있다. 이에 따르면 조선 중기의 문신이자 학자 또는 서예가로 알려진 남용익(1628~1692)이 옥류폭포 우측에 간폭정看瀑亭을 지어 소요했음을 알리면서, 우암 송시열의 글씨 '玉流洞' 석 자를 새겼다고 한다. 그렇다면 서울 옥인동의 옥류동 바위 글씨와 수락산 옥류동 둘 다 우암의 글씨를 새긴 것이 된다.
    이 아름다운 계곡 근처에 묻힌 사람이 있다. 광해군의 아들 폐세자 이지 李祬(1598~1623)다. 모든 아버지처럼 광해도 아들을 사랑했다. 《광해군일기》 광해 11년(1619) 3월 11일 자 기사를 보면 웅유격이란 중국 사람이 사리 하나를 바쳤다. 승정원에서 보고하기를, "사리란 승려를 다비할 때에 나오는 것이니, 그것은 오랑캐의 도이며 흉하고 더러운 물건입니다. 흉하고 더러운 물건을 전하에게 바친 것은 바로 오랑캐가 전하에게 아첨하려는 것이니, 비록 바친 물건은 매우 작지만 그 해는 클 것입니다"라 했다. (왕은) 전교하기를, "예조의 관원들로 하여금 의논하여 처리하게 한 다음 보은사報恩寺로 보내라"고 답했다.

여기서 보은사는 현재 남양주시 진접읍에 있는 봉인사다. 봉인사는 광해의 모친 공빈 김씨의 원찰이다. 광해는 승정원에서 더럽고 흉한 물건이라 칭한 사리를 냉큼 봉인사로 보내 세자의 수복무강을 비는 사리탑을 만든다. 이 사리탑은 일제강점기에 일본으로 넘어가 오사카시립미술관에 있다가 1987년 기증받아 되돌아왔다. 현재 국립중앙박물관에 있으며 봉인사 경내의 그것은 복제품이다.

인조반정으로 광해군이 실각한다. 실록《광해군일기》는 광해가 부인과 아들(폐세자 이지) 내외와 함께 강화에 위리안치되는 것으로 막을 내린다. 하지만 폐세자 이지는 강화 교동도 유배지에서 탈출을 시도한다. 세자가 가위와 인두를 이용해 직접 땅굴을 파고 세자빈이 흙을 자루에 담아 퍼 날라 방안에 숨겨 두었다. 26일 만에 70척(약 21미터)의 땅굴을 완성했다. 야심한 밤에 땅굴을 나온 세자는 길을 잃고 헤매다 탈출 3일 만에 붙잡혔다. 이지가 달아날 때 세자빈은 나무 위에 올라가 살펴보다가 떨어져 부상을 입었고 남편이 체포됐다는 소식을 듣자 자진했다. 봉인사 사리탑은 영험함을 발휘하지 못한 셈이다.

《연려실기술》23권 〈인조 조〉에 따르면 이지의 무덤은 양주 수락산 옥류동 동쪽 기슭 끊어진 둔덕에 있다. 이 기록을 바탕으로 2020년 남양주시립박물관에서 위성사진을 통해 이 잡듯이 뒤지는 방식으로 폐세자 이지의 묘로 추정되는 무덤을 발견한다. 이제 묘지석만 확인하면 되는데 그 후 소식이 없다.

 그럼 이지의 무덤이 왜 이곳으로 왔을까? 추정컨대 광해의 할아버지 덕흥대원군 때문이다. 수락산 북쪽 일대는 모두 덕흥대원군 가문의 소유지였다. 선조의 사이코패스 아들 순화군도 이 계곡 맞은편 산, 궁벽한 곳에 무덤이 있다. 즉, 폐세자 이지, 순화군 같은 왕가의 숨기고 싶은 인물들을 덕흥대원군 가문으로 보내 조용히 해결한 것이 아닐까 생각한다.

매월당 김시습이 머물렀던 '금류동천'

옥류동을 감상한 후 등산로를 따라 계속 오른다. 내원암 방향이다. 여기다 누가 이렇게 정성스레 만들었을까 하는 감탄이 절로 나오는 돌계단들이 줄을 잇는다. 가파른 돌계단을 30분가량 오르면 금류폭포가 보인다. 폭포 옆으로 이어지는 계단을 따라가면 끝자락에 '金流洞(금류동)' 바위 글씨가 보인다. 다 왔다. 조금 더 올라 폭포 상단에 이르면 해서체로 크고 멋지게 쓴 '金流洞天(금류동천)'이라는 바위 글씨가 기다린다. 경산 정완용(1783~1873)의 〈수락도봉산유기〉(1852)에 따르면 상서 박주수(1787~1836)가 썼다고 한다. 박주수는 당대의 명필로 남한산성 '수어장대'의 글씨도 썼다 전한다.

 생육신으로 널리 알려진 김시습은 매월당梅月堂·청한자淸寒子·동봉東峰·벽산청은碧山淸隱·췌세옹贅世翁·설잠雪岑 등의 호를 썼다. 이 중 동봉이 수락산을 의미한다. 전국을 떠돌아다니던 김시습은 39세에 이곳 금류폭포 부근에 폭천정사瀑泉精舍를 짓고 10년을 지낸다. 단종을 몰아낸 세조는 이미 죽었고 예종을 거쳐 성종시대였다.

 마음이 조금은 풀렸는지 김시습은 자주 한양 나들이를 했다고 한다. 16

세기 문인 허봉이 지은 《해동야언海東野言》에 따르면 한양 도성에서 길을 가던 조정 대신들이 김시습을 마주치기라도 하면 봉변을 당하기 일쑤였다고 한다. 권력자들에게 독설과 조롱을 던졌기 때문이다.

'금류동천' 바위 글씨가 내게 특별한 건 소원 풀이를 했기 때문이다. 바위 글씨를 바라보며 술 한잔 기울이고 싶다는 바람. 어느 답사에서도 해 본 적이 없었다. 산 중턱에 있는 '금류동천' 바위 글씨 바로 옆에는 안주와 술을 파는 매점이 하나 있다. 남양주 시장이 계곡의 모든 불법 가게를 몰아내면서 그중 딱 하나 남겨 두었다는 가게가 바로 이 매점이다. 아마도 철거하러 올라오기가 만만치 않아서 그랬나 보다.

함께 길을 나선 친구에게 난 여기서 술 한잔하고 하산하고 싶다고 했다.

박주수의 바위 글씨 '금류동천'. 박주수는 당대의 명필로 남한산성 '수어장대'의 글씨도 썼다.

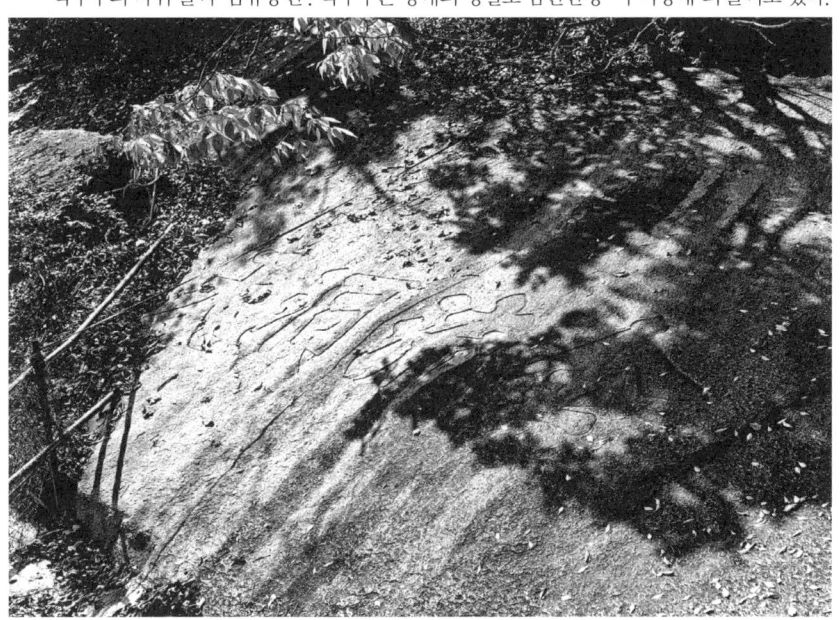

오랜만에 가는 등산에 양손 스틱까지 준비해 온 친구는 정상을 찍고 돌아오는 길에 마셔야 한다고 했다. 둘이 대판 다투다 친구는 정상으로 오르고 나는 바위 글씨가 보이는 명당에 자리를 폈다. 씩씩거리며 떠났던 친구에게 음식 사진을 보냈더니 이내 돌아와 같이 한잔했다.

사문난적으로 몰린 박세당의 흔적, '수락동천'

헌종~숙종 대의 학자, 서계西溪 박세당朴世堂(1629~1703)은 매월당 김시습을 흠모했다. 김시습의 여러 호 중 동봉東峰이 있다면 박세당은 본인의 호를 서쪽 냇물, 서계西溪로 지었다. 수락산의 동쪽은 김시습이, 서쪽은 박세당이 주인인 셈이다.

장원급제로 벼슬길에 오른 박세당은 40세가 되던 해에 돌연 수락산의 서쪽 자락으로 물러났다. 농사가 천하의 근본이라고 생각했고 이를 실천해 낮에는 논밭에서 종일 일하고 밤에는 책을 썼다. 《색경穡經》이라는 농업서를 지어 농사, 축산, 원예, 수리, 기후에 이르기까지 농가에서 농사에 필요한 필수적인 지식을 기술하였다. 《사변록思辨錄》을 지어 《대학》, 《중용》, 《논어》, 《시경》 등에 대한 새로운 해설을 제시했다. 주자의 해석을 벗어나려는 시도였다.

이는 매우 위험한 일이었다. 백호 윤휴가 주자와 다른 해석을 했다가 송시열 일파에게 사문난적으로 몰려 죽임을 당한 지 오래지 않은 시기였다. 아니나 다를까, 박세당이 74세 되던 해에 이경석의 신도비문을 지으며 송시열을 올빼미로, 이경석을 봉황으로 비유하여 송시열을 우회적으로 비난한 것이 송시열의 후예들에게 걸려 사문난적 프레임을 쓰게 된다. '사문난적 4호'가 된 것이다.

동부간선로를 타고 북쪽으로 간다. 서울을 벗어나 의정부 초입으로 들어서자마자 우측이 장암동이다. 박세당 고택을 알리는 표지판이 보인다. 우회전하여 마을로 들어서면 작은 계곡이 내려온다. 서계 박세당이 이곳에 자리 잡을 수 있었던 것은 그의 아버지 덕분이다. 박세당의 아버지 박정은 인조반정 공신이어서 수락산 근처의 많은 땅을 하사받았다. 현재 마들역에서 장암동 일대에 이르는 넓은 지역이 그의 가문에 주어진 사패지였다고 한다.

계곡은 아래부터 박세당 고택(이 안에 그의 무덤도 있다)→계곡→노강서원→석림사 순서로 이어진다. 계곡에는 박세당이 새긴 '석천동石泉洞', '취승대聚勝臺', '서계유거西溪幽居'란 바위 글씨들이 있다. 더 올라가면 청풍정의 흔적이 있고 그 건너편에는 선생의 처남 남구만이 쓴 '수락동천水落洞天'이 있다. 이 지점에서 보이는 노강서원은 선생의

수락산 서쪽 계곡에서 박세당의 고택으로 가는 길에 만난 바위 글씨들. 위는 박세당의 처남 남구만이 쓴 '수락동천', 아래는 박세당이 새긴 글씨들로 왼쪽부터 '석천동', '취승대', '서계유거.'

아들 박태보를 기리기 위해 만들어진 서원이다. 원래 노강서원은 노량진 사육신 묘 근처에 있었으나 한국전쟁 때 파괴되었다가 후손들이 이곳, 수락산 서쪽 계곡에 다시 만든 것이다. 계곡 최상단에 있는 석림사는 박세당이 김시습을 추모하기 위해 중창한 사찰이다. 이 계곡은 시작부터 마지막까지 모두가 박세당이다.

내시 가문 출신 예술가 이병직의 흔적, '벽운동천'

수락산 서쪽, 서울 노원구에 붙어 있는 계곡으로 간다. 서울 노원구 상계동의 '벽운동천碧雲洞天.' 멋지게 풀이하면 푸른 바위와 안개가 자욱한 계곡. 벽운동천의 첫 주인은 숙종 때 영의정 남구만(1629~1711)의 아들 남학명으로, '수락산재水落山齋'를 지었다. 벽운이라는 명칭도 이때부터라고 한다.

두 번째 주인은 홍봉한이다. 사도세자의 장인, 혜경궁 홍씨의 아버지인 영의정 영풍부원군 홍봉한이 이곳에 별서를 짓고 문객들과 어울렸다. 안채인 우우당은 쇠락한 상태로 2016년까지 존재했지만 지금은 그 터만 남아 있다. 추사 김정희가 쓴 현판도 있었다고 전해지나 지금은 행방이 묘연하다.

세 번째 주인은 이병직李秉直(1896~1973)이다. 이민화-유재현-유택순-이병직으로 이어지는 내시 가문이 있었다. 조선 왕실의 내시들은 불의의 사고로 거세를 당한 어린아이를 구해 양자로 삼아 대를 이었다. 아내를 맞이하여 그럴듯한 가정도 이루었다. 족보도 만들었다. 내시 족보《양세계보養世系譜》의 서문을 보면 내시들이 비록 이성異姓을 입양하여 가계를 계승했지만, 오히려 내시의 가계에는 생육의 정 못지않은 의리상의 정이 있어 더 큰 종족 계승의 의미가 있다고 하였다.

고종 대 《승정원일기》에 의하면 이병직의 증조부 이민화는 민비의 승전색承傳色(왕과 왕비의 명령을 전달하던 내시부 정·종4품직)이었고 공을 세워 호피를 하사받는 장면도 나온다. 이 내시 집안은 이즈음에 흥선대원군으로부터 홍봉한의 별서를 넘겨받았다고 전한다. 이병직의 할아버지 유재현은 갑신정변 2일 차에 서재필에게 죽임을 당한 내시다. 김옥균에 의해 처형되었다는 설도 있다.

유재현은 매우 흥미로운 인물이다. 《윤치호일기》 1884년 8월 17일 자(갑

구한말 이병직이 새긴 것으로 추측되는 바위 글씨 '벽운동천'(위).
아래는 상계동 벽운 계곡의 바위 글씨이다. 왼쪽부터 '국봉', '운원대', '소국'.

신정변 3개월 2주 전)를 보면 "밤에 고우 김옥균과 같이 유재현의 산정을 방문하여 즐겁게 마시고 돌아오다. 유씨는 우리 개화당의 중요 간부이다"라는 구절이 나온다. 유재현은 내시지만 급진개화파들과 교류하고 있었다. 1884년 9월 윤치호의 아버지인 윤웅렬이 이끄는 북청군 500여 명이 서울에 들어왔다. 개화당은 이들을 정변 시 무력으로 사용할 생각이었다.

이때 고종의 최측근 내시, 개화파와 뜻을 같이하기로 한 유재현이 돌변한다. 개화당을 배신한 것이다. 유재현은 고종을 구워삶아 북청군의 일부만 남기고 다시 함경도로 돌려보낸다. 이 시점에 윤웅렬과 윤치호 부자는 정변이 실패로 돌아갈 것을 내다보고 슬그머니 발을 뺀다. 어찌 보면 내시 유재현이 갑신정변을 무위로 돌리는 데 큰 역할을 한 것이다. 개화세력 입장에선 유재현은 배신자다. 《승정원일기》를 보면 고종은 갑신정변 이후 해마다 유재현의 넋을 위로하며 제물을 내린다.

송은松隱 이병직은 7세 때 사고로 남성을 잃은 후 유재현 집안의 양자가 됐다. 궁중으로 들어가 일을 배우다 1908년 무렵 내관제도가 없어지자 출궁했다. 그는 19세 때 당대의 유명한 서화가인 김규진의 서화연구소에서 그림과 서예를 배웠다. 난과 대나무를 잘 그렸고 1950년대 후반엔 국전 서예 초대작가와 심사위원을 지냈다. 그는 물려받은 막대한 재산과 심미안을 바탕으로 국보급 문화재를 사서 모았다. 일연의 《삼국유사》(국보 306호), 이승휴의 《제왕운기帝王韻紀》(보물 418호) 등이 그의 소장품이었다. 1930년대엔 경성미술구락부에 그의 소장품 429점이 경매에 나왔을 정도였고, 그의 집 벽장 궤짝 안에 유물들이 가득했다고 한다.

이병직은 애써 모은 유물을 1937년과 1941년, 광복 후 1950년 등 세 차례 경매를 통해 처분했다. 이렇게 마련한 돈으로 1937년 선산이 있는 경기도 양주 광적면 효촌리에 효촌간이학교(현재 효촌초등학교)를 지을 땅과 건물을 기부했고, 1939년 양주중학교(현재 의정부고등학교) 설립기금으로 40만 원의 거액을 내놓았다. 효촌초등학교 후문에는 이병직의 송덕비가 있다.

그가 살던 서울 종로구 익선동 집은 한국전쟁 이후 오진암이라는 요정으로 바뀌었다. 서울시 등록음식점 1호 오진암은 1910년대 초반을 대표하는 도시 한옥으로, 남북 냉전체제를 대화 국면으로 이끈 7·4남북공동성명 사전협의 장소로 알려져 있다. 종로구는 IBIS호텔이 들어서면서 철거된 오진암의 대문과 기와, 서까래, 기둥 등 자재를 그대로 활용, 부암동 무계정사 터로 옮겨 전통문화 공간으로 사용하고 있다. 재미있게도 이병직의 할아버지 유재현이 배신한 윤웅렬의 집이 이 근처에 있다.

상계동 벽운 계곡으로 간다. 계곡 초입에는 아직도 백숙집들이 즐비하다. 마지막 가게에서 계곡 너머를 보면 건물이 보인다. 덕성여자대학교 생활관이다. 홍봉한의 별서 안채인 우우당이 있던 곳이다. 그리고 이병직이 살던 곳이기도 하다.

계곡으로 내려서면 벽운동천, 국봉菊峰, 운원대雲源臺가 한곳에 모여 있고 조금 떨어진 곳에 소국小菊이 있다. 이 바위 글씨들을 누가 새겼는지에 대해서는 정확한 자료가 없다. 나는 이병직이라고 생각한다. 서예가답게 매우 멋을 내어 쓰고 새겼다. 그 당시 한적한 이 계곡에서 바위 글씨를 바라보며 여러 예술가가 그림도 그리고 술도 마시는 장면을 상상해 본다.

05 내 몸 안의 지도가
찾아낸 양주의 바위 글씨

의정부 북쪽에 자리한 양주는 지금은 널리 알려지지 않은 고장이다. 하지만 양주의 역사는 천 년이 넘으며 한때는 현재의 의정부시, 동두천시, 남양주시, 구리시, 연천군 전곡읍, 서울특별시 동북부 일대의 노원구, 도봉구, 중랑구, 광진구를 아우르는 거대 고을이었다. 고려, 조선 초기에는 개성으로 가는 길목에 위치하여 많이 발전했던 곳이기도 하다. 개인적으로는 3년간 이 고장에서 군의관 생활을 하여 여러모로 애착이 가고 익숙한 곳이다.

8곳의 바위 글씨가 모인 '문장동천'

예전에 고서적 경매 사이트를 뒤져 보다가 마음이 요동치기 시작했다. "어쩌면 비밀이 풀리는 것인가?"

장흥 유원지 중심 도로를 달리다 돌고개(석현리) 방향으로 좁은 길을 오르다 보면 폭포수식당이 나온다. 오늘의 목적지는 이곳이다. 수도권의 흔한 계곡을 끼고 장사하는 닭볶음탕 가게다. 이 업장 안에 오늘의 목적지가 있다. '문장동천文章洞天', '글'의 계곡이다.

계곡에 들어서자마자 큰 바위에 쓰인 '문장동천文章洞天'이 눈에 확 들어온다. 좌측 하단에는 '임오오월각壬午五月刻'이라 새겨져 있다. 임오년이면 1402, 1462, 1522, 1582, 1642, 1702, 1762, 1822, 1882, 1942년 중 하나 인데⋯⋯.

아래 바위에는 '운영담雲影潭'(폭포수가 떨어지면서 하얀 안개가 피어 마치 하늘에 구름이 끼는 것과 같은 곳)이 있다. 뒤쪽으로 10미터가량 오르면 작은 양 갈래 폭포 가운데 바위에 '수렴폭水簾瀑'(병풍을 친 듯이 폭포수가 바위를 타고 떨어지는 곳)이 있다. 여기까지가 식당이 평상이나 파라솔을 설치한 지역이다. 이 지점을 벗어나 계곡을 거슬러 올라가면 사위가 조용해지면서 계곡이 거칠다. 찬찬히 둘러보면 직벽에 희미하게 세로로 '천인벽千仞壁'(바위가 매우 높다)이 있다. 여기서부터 물에 들어가지 않으면 더 이상 진행이 어렵다. 다행히 한여름이었다.

다음 계곡에서는 관서암이 보인다. '관서암觀書岩'(책을 읽을 만한 바위). 핸드폰을 머리 위로 들고 허리까지 잠기는 물을 거슬러 계단식으로 된 계곡을 한 칸 더 올라가면 물이 매우 깊어진다. 여기서 바라보는 바위에 '분설담噴雪潭'(폭포의 물이 아래로 떨어지면서 하얀 포말이 뿜어 올라오는 연못)이 보인다.

양주문화원 자료에 의하면 내가 찾은 바위 글씨 외에도 '옥순암玉筍岩', '탄금대彈琴臺', '쌍류폭雙流瀑'이 있다고 한다. 하지만 계곡을 더 거슬러 올라가려면 이제부터 수영을 하거나 줄을 걸어 암벽을 올라야 한다. 상류에서 거슬러 내려오는 방법을 생각해 보았으나 그 지점에는 폐쇄적으로 운영하는 펜션이 있었다. 훗날을 기약하고 물러났다.

그럼 이 계곡, 문장동천의 바위 글씨들은 누가 조성하였나? 양주문화원에 따르면 인조 때 병조 참판을 지낸 김언방金彦昉이 화를 피하여 양주 지역에 들어와 숨어 살면서 계곡의 바위 여덟 곳에 특징에 따라 이름을 붙였다고 한다. 그때가 임오년인 1642년(인조 20)이었다고 하나 확실하지는 않다고 했다.

김언방은 검색이 되지 않는다. 저건 그냥 풍문인가 보다 하며 넘겼다. 그리고 한 해가 흐른 어느 날 밤 고서적 경매 사이트를

장흥 유원지 한 식당 안에 있는 바위 글씨 '문장동천'(위). 아래는 문장동천 계곡 안에 있는 바위 글씨들. 가운데 사진 동그라미 안은 '관서암', 맨 아래는 왼쪽부터 '운영담', '수렴폭', '분설담'이다.

검색하다가 책 하나를 발견하였다. 조선 전기 필사본으로 추정되는 표제 《문장동천文章洞天》, 시작 가격 50만 원.

이 책이 어쩌면 이 계곡의 비밀을 풀어 주는 열쇠가 될까? 내가 산다고 해서 읽을 수 있을까? 사면 1년 정도는 재미있게 지낼 수 있지 않을까? 이거 사면 더 이상 취미가 아닌데…….

이 계곡의 최상단에는 허경영이 운영하는 하늘궁이 있다. 집에 가는 길에 재미삼아 올라가 봤는데 그 규모가 어마어마했다. 문장동천의 상부에 하늘궁이라…….

선유동천 금화동문

데자뷰deja-vu와 자메뷰jamais vu. 답사를 다니다가 내게 특별한 능력이 있다는 사실을 알았다. 양주시 중북부에서 동두천 남부까지 혹은 파주 동부까지 상세 지도가 내 몸 안에 이식되었다는 것을. 내비게이션에는 없는 작은 농업용 도로까지.

성향상 평소 내비게이션의 안내를 거스르는 일은 없다. 하지만 저 지역 안에만 들어서면 달라졌다. 낯선 자아가 튀어나오는 이상한 경험. 내비게이션은 분명 다른 길을 안내하고 있지만 '응, 아니야' 하며 내비게이션에 뜨지도 않는 농업용 소로를 달리고 있는 나. 그리고는 내비게이션이 일러준 시간보다 빠르게 목표 지점에 도착하는 나. 분명 낯선 장소인데 조급함이나 의구심 없이 무인지경을 달리듯 이동하고, 내비게이션은 혼란스럽게 경로 재탐색을 지속적으로 다시 하며 '로딩 중' 화면을 끊임없이 띄웠다.

왜 이런 능력이 내게? 추정컨대 사연은 이러하다. 내가 3년간 복무한 부대가 양주 중부에 있었다. 사단의 모든 직할대(정찰, 공병, 수송, 통신 등등 다 기억도 안 난다)는 일 년에 두 번(혹한기·유격) 행군을 해야 한다. 의무대는 그 두 번의 행군에 의무지원을 나간다. 행군은 밤에 한다. 일반도로는 위험하기도 하고 주민들이 행군을 보고 불안해할 수 있어 농업용 도로 위주로 코스를 짠다. 나는 3년 동안 저 지역을 수십 번도 넘게 빙글빙글 돌았던 것이다. 주로 밤에만.

긴 행군 행렬의 선두는 해당 부대의 책임자 차량이 섰고 행렬의 마지막은 내가 탄 앰뷸런스가 따랐다. 선두에 서는 장교는 길어야 그 부대에 2년을 머무는 사람이었고, 많아야 1년에 두 번 행군을 했다. 지금처럼 스마트폰 구글 맵이 일반화되기 전이었다. 군용 작전지도를 들고 행렬을 이끌었다. 그래서 길을 잃기 일쑤였다. 직할대 장교들 인수인계 시에 행군 관련 재미난 사항이 있었다. "행군 시 길을 잃으면 후미의 앰뷸런스로 가라. 앰뷸런스 선탑자가 덩치 큰 군의관이면 공손하게 길을 물어봐라. 그러면 알려 준

물이 맑고 경치가 빼어나 선녀가 멱을 감고 올라갔다는 이야기가 전하는 '선유동천'.

다. 만약 계급이 높다고 반말로 물어보면 알려 주지 않는다." 어차피 행군은 정해진 시간에 끝내야 하기에 나는 아쉬울 것이 없었다.

이때의 경험으로 저 지역의 상세 지도가 내 몸 안에 자리 잡게 된 것 같다. 하지만 주로 어두운 밤에만 다녔기에 머릿속에 이식되었다기보다는 몸에 이식된 느낌이다. 그래서 설명할 수는 없지만 이게 맞다는 확신이 드는 상태. 데자뷰와 자메뷰, 두 대척의 단어가 쉴 새 없이 교차하는 그런 상태로 나는 양주를 답사한다.

양주 불곡산 남쪽 자락, 유양초등학교에서 백화암이라는 작은 암자로 올라가는 길이 있다. 그 길 아래로 작은 계곡이 있고 그 계곡에 '선유동천仙遊

금화동문 계곡을 따라 오르면 나타나는 유양폭포(왼쪽).
폭포 아래에는 '관민동락', '금화영', '화대'라는 바위 글씨가 있다(오른쪽 위로부터 차례로).

洞天' 바위 글씨가 있다. 계곡은 사유지로 묶여 있어 내려가 둘러볼 수는 없다. 선유동천, 양주시의 설명에 따르면 계곡에 물이 많고 경치가 빼어나 선녀가 내려와 멱을 감고 올라갔다는 이야기가 전해진다고 한다.

이 계곡을 내려가 양주 관아 터 뒤의 깊숙한 곳으로 가면 또 다른 계곡이 있다. 이 계곡 또한 불곡산에 속한다. 이 계곡은 '금화동문金華洞門'이라 한다. 계곡을 따라 조금 올라가면 금화정金華亭이라 하는 정자가 있고 그 옆에 아름다운 유양폭포가 있다. 폭포 아래에는 '관민동락官民同樂', '금화영[수]석金華永[水]石', '화대花臺'의 바위 글씨가 있다. 양주시의 설명에 따르면 금화정은 양주 목사가 백성들을 사랑하여 함께 즐겼다는 '관민동락'의 사상이 배어 있는 장소로, 구양수歐陽修의 〈취옹정기醉翁亭記〉에 나온 "취하면 같이 즐거워할 수 있고 깨어나면 글을 지을 수 있나니[醉能同其樂醒能述以文]"라는 뜻을 본받아 정자 아래 바위에 '관민동락'이라 새기고 목민관으로서의 마음을 가다듬으려 했다고 한다. '화대花臺'는 화계처럼 작은 관목이나 꽃을 심었던 위치로 추정한다.

40대에서야 비로소 쓸모없는 재능 하나를 발견하여 난감하다.

06 파주 공릉산의 3인 3색

남북 분단으로 된서리를 맞은 고장을 꼽자면 단연 파주를 들 수 있다. 지금의 파주는 한적한 군사도시 정도로 느껴지지만, 분단 이전에는 번성한 지역이었다. 평야가 있어 풍족했고 사통팔달 교통의 요지였다. 파주에는 조선 8대 국왕 예종의 정비인 장순왕후의 능, 공릉이 있다. 공릉을 안고 있는 산의 이름은 공릉산이다. 공릉은 이 산의 북쪽 자락에 있다. 우리가 찾아갈 곳은 공릉산 남쪽 자락이다. 이곳에서 세 명의 인물을 만날 것이다. 3인 3색. 공릉산에서 이들의 인생을 살펴보자.

조선의 채무왕 윤택영의 선산, '정승산'

윤택영(1876~1935). 조선의 마지막 국구國舅, 순종의 장인. 별명은 채무왕債務王, 차금대왕借金大王.

순종이 황태자 시절, 첫부인인 황태자비 민씨가 1904년 죽었다. 그리고 맞이한 순정효황후 윤씨가 윤택영의 딸이다. 이때 순종은 34세. 윤씨는 14세. 윤택영은 32세였다.

딸을 태자비로 앉히기 위해 윤택영은 엄청난 로비를 했다고 한다. 그 결과 본인은 국구의 자리에 올랐으나 로비 과정에서 발생한 빚이 50만 원. 지금의 500억 원 정도라 한다. 빚을 감당할 수 없었던 윤택영은 황실과 통감부에 해결해 달라고 졸랐으나 해결하기에는 너무 큰 액수였다. 한일병합 이후에는 후작 작위를 받으면서 제법 큰돈이 생겼으나 채무는 너무 컸다. 게다가 윤택영은 경제 관념이 전혀 없는 철부지 같은 인간이었다. 빚더미는 계속 불어났다. 그의 대책 없는 행적은 당대 언론의 주의를 끌었다.

> 해풍부원군 윤택영, 황후 궁대부 윤덕영, 중추원 고문 이지용, 심상익 등은 작일 하오 6시에 화월루에서 질탕히 연회를 벌이고, 10시에 동대문 안 광무배로 가서 또 한 번 놀았다더라《매일신보》1907. 10. 4).

> 후작 윤택영 씨가 가택을 수리하다가 경비가 부족하여 공사를 정지하였다더니 어떤 일본인에게 소유 전답 문서를 잡히고 금화 4만 원을 차입하여 일전부터 그 공사를 다시 착수하였다더라《매일신보》1912. 1. 5).

> 후작 윤택영 씨는 여러 해 동안 남에게 빚진 것이 1만 100여 원에 달하였다는데 근일 내 두 차례 동안 집행을 당하여 제1회 8천 원 제2회 3천 원 가치를 집행하였다더라《조선일보》1920. 7. 1).

마지막 황제의 장인이자 후작인 인물이 차압을 당하는 장면이다. 이렇게 아슬아슬한 삶을 이어 가던 윤택영은 1920년 큰 결심을 한다. 도주!
1920년 7월 11일 자 《동아일보》 기사를 보면 윤택영은 아들 윤홍섭, 통역

관과 남대문역에서 기차를 탄다. 취재를 나온 기자들에게는 베이징 여행을 다녀올 테니 한 달 후에 다시 만나자고 인사한다. 하지만 도주였다.

> 수백만 원의 재산을 탕진하고 조선을 떠나 중국 북경 방면에서 표랑漂浪하는 윤택영 후작은 요사이 북경에서 극도의 생활 곤란에 빠진 결과 이왕직으로부터 누누이 생활비를 받아 오던 중, 최근에는 그 생활이 더욱 곤란하게 되었으므로 목하 윤씨는 무엇이든지 해 가지고 일신을 안정시키고자 밀사를 경성에 파견하여 '엿장수'를 할 만한 자금을 얻고자 하는 중이라더라《동아일보》1926. 2. 4).

비록 망한 나라지만 황제의 장인이었던 자가 엿장수라⋯⋯.

1926년 사위 순종이 사망한다. 장례를 치르기 위해 급히 귀국한 윤택영에게 120인의 채권자가 악귀처럼 따라붙는다. 총 부채 350만 원 중 10퍼센트인 35만 원만 갚는 협상안을 제시했으나 주요 채권자들이 수용하지 않았다. 그래서 그는 다시 베이징으로 도주를 계획한다. 창덕궁에 들러 황후에게 마지막 인사를 한 뒤 파주 선산을 참배하고 베이징으로 돌아간다.

1928년 법원은 파산을 선고했고 그는 품위(?) 유지 실패로 후작 작위를 박탈당한다. 그리고 1935년 베이징에서 쓸쓸하게 생을 마감한다.

윤택영이 마지막으로 들른 파주 선산으로 간다. 파주 조리읍 공릉산. 공릉산 남쪽에는 원래 미군기지 캠프 하우즈Camp Howze가 있었다. 기지는 2004년도에 평택으로 이전했고 그 이후 쭉 비워진 상태였다. 우연히 접한 뉴스에서 파주 조리읍 미군기지에 공사가 진행되고 있다는 것을 알았다. 가슴이 타들어 가는 느낌이었다. 저 안에 아직 못 본 바위 글씨가 있는데 공사하면서 없애 버리면 어쩌나⋯⋯. 서둘러 여기저기 검색해 기지 안으로 들어가는 방도를 알아냈다.

　아무도 없는 미군기지는 황량하고 으스스했다. 하지만 더욱 난감한 건 계곡에 17년간 쌓인 낙엽이 너무 깊어서 지형을 파악하기 어려운 것이었다. 하지만 찾아냈다. 조심스레 비탈을 내려가 바위를 확인했다. 두 덩어리로 갈라졌고 좌측 바위에는 '정승산政承山', '해풍 윤택영 근서海豐 尹澤榮 謹書'가 새겨져 있었다. 우측 바위의 글씨는 읽기 어려웠다. 해의 방향이 바위 글씨를 또렷하게 남기기 어려운 시간이었고 비탈이 심해 몸을 고정하기가 힘들었다.

　파주 공릉산 미군기지 내 계곡에 채무왕, 마지막 국구, 도망자, 엿장수, 윤택영이 남긴 흔적은 그렇게 남아 있었다.

파주 공릉산 미군기지 내 계곡에 채무왕, 마지막 국구, 도망자, 엿장수 윤택영이 남긴 흔적. '정승산政承山' '해풍 윤택영 근서海豐 尹澤榮 謹書'가 새겨져 있다.

'독립유공자' 민영달의 영세불망비

캠프 하우즈의 윤택영 바위 글씨가 있는 계곡에서 내려와 읍내인 조리읍 행정복지센터로 간다. 주차장 모퉁이에 민영달 영세불망비가 있다. 민영달이 을미사변 이후 퇴직하여 파주에 낙향해 살 때 이곳 장터에서 행패를 부리던 불량배들을 나졸을 풀어 소탕해 준 일에 대한 감사로 세워진 비석이다. 민영달이 누구인가 궁금해 찾아보니 갑신정변으로 연결된다.

1884년 죽어 가는 조선을 살려 보고자 뜻있는 개화파 젊은 관료들이 들고 일어났다. 갑신정변이다. 우정총국 개국 축하 파티는 일순간에 아수라장으로 돌변했다. 3일천하로 끝난 이 사건으로, 죽어 가던 조선은 더욱 큰 위기에 빠져든다. 이 아수라장 속에서 크게 출세한 자가 있으니, 민영달閔泳達(1859~1924)이다.

파티장에서 칼에 난자당한 당시 최고 실력자 민영익을 묄렌도르프가 구해 내어 의료선교사 알렌Horace Newton Allen에게 보냈고, 알렌이 조선에서 최초의 외과 수술을 시도하여 민영익을 살려 낸다. 이 공으로 제중원이라는 최초의 근대의학 시설이 설립된다. 여기까지는 우리가 잘 알고 있는 사실이다.

우정국 파티장에서 난자당한 민영익을 업고 나온 이가 민영달이다(《별건곤》 64호, 1933년 6월). 이 일을 계기로 민영달은 민영익의 어머니와 명성황후의 눈에 띄게 된다. 이듬해인 1885년 고종과 명성황후 및 왕세자의 병환 쾌차를 기념하는 증광별시에 합격한다(고종은 늘 이런 식이었다. 김옥균을 암살한 홍종우도 같은 방식으로 벼슬길을 열어 주었다).

조선을 망가뜨린 세도정치의 주축인 신안동(장동) 김씨, 풍양 조씨, 여흥 민씨 중 여흥 민씨들의 수탈은 압도적이었다. 민영달은 '영' 자 항렬 중 두

각을 나타내지 못하고 미관말직을 전전하다가 민영익을 업고 나온 공로로 벼슬길에서 승승장구한다. 경기도 관찰사, 형조 판서, 예조 판서, 좌참찬, 호조 판서, 내부 대신 등을 역임하다가 1895년 을미사변으로 명성황후가 살해당한 뒤 사직했다.

1911년《시사신보時事新報》는 조선에 자산 50만 원 이상의 거부가 32명이라고 보도했다. 지금 가치로 500억 원 이상의 자산가다. 고종의 형인 이재면과 고종의 아들 의친왕 이강, 철종의 사위 박영효, 대원군의 조카 이재

조리읍 행정복지센터 앞
민영달 영세불망비.

완, 민영휘, 이완용, 송병준, 민영달 등이 거명되었다. 권력을 내려놓은 지 15년이 지났는데 조선 최고 부자 32인 중 하나라.…… 민영달은 천생 구한말의 여흥 민씨였다.

《별건곤》64호에 의하면 민영익이 상하이로 도망친 후 민영달은 죽동궁의 대소사를 돌보았으며, 수천 석의 치부致富를 했지만 민중으로부터 큰 욕을 먹지는 않았다고 한다. 낙향하여 이런저런 사업을 했으나 돈만 잃고 큰 수확은 없었다.

민영달의 묘소는 어디에 있나 궁금하여 찾아보니 국립대전현충원이었다. 알고 보니 그는 독립운동가 서훈을 받았다. 아니 왜? 현충원 공훈록을 찾아 보니 그 이유로, 첫째 1910년 일제가 준 남작 작위와 은사금을 거절한 점, 둘째, 우당 이회영이 1918년 고종을 중국으로 망명시키는 계획을 세웠을 때 이를 실행할 자금 5만 원을 원조한 점, 셋째, 1919년 조선민족대동단

설립에 도움을 준 점, 넷째, 1921년《동아일보》가 자금난에 빠져 폐간 위험에 처했을 때 5,000원을 출자한 점을 꼽았다.

이를 뜯어 보자면, 첫째 이유는 훌륭하다 볼 수 있지만 두 번째로 든 이유는 고개를 갸웃하게 만든다. 저건 독립자금을 댄 것이 아니고 고종의 거처를 마련할 돈을 낸 것이다. 그때 고종이 정말 중국으로 망명하여 임시정부와 연결됐다면 임시정부의 정체성에 흠집이 났을 것이라고 본다. 자칫 복벽주의나 왕정복고 세력으로 해석될 여지가 발생하기 때문이다. 민중은 일본에서 벗어나 새로운 시스템의 우리나라를 바란 것이지 조선 왕조로의 회귀를 바란 것은 아니다. 세 번째로 든 이유는 일단 인정할 만하지만, 대동단이 의친왕 이강을 망명시켜 상하이 임시정부에 합류시키려 했다는 점에 비춰 보면 고종 망명이 실패하자 의친왕이라도 보내고 싶었던 민영달의 마음이 아니었을까 싶다.

'친일파' 독지가 조병학

다시 공릉산 계곡으로 간다. 윤택영이 떠나고부터 일제가 패망하고 한국전쟁이 지나가고 미군이 주둔하기까지 이 계곡의 주인은 조병학曺秉學(1884~1942)이었다.

미군 잡지《성조기 Stars & Stripes》2004년 10월 기사에 캠프 하우즈를 떠난다는 송별 기사가 있다. 여길 보면 "……according to 2nd ID historical records, The valley was a farm, owned by the Cho family before the Korean War……"란 구절이 있는데 여기 나오는 '조 패밀리Cho family'가 조병학이다. 캠프 하우즈 내에는 조병학 일가가 사용하던 연못과 정자가 2004년까지 있었고 미군들

은 정자를 그대로 두고 갈 계획이라 했다. 하지만 내가 갔을 때는 연못이나 정자는 없었다.

조병학은 대지주였다. 1930년 전후 개인 소득세 10만 원대 이상을 낸 이들을 서열별로 나열하면 민대식, 임종상, 민규식, 김연수, 이석구, 민병도, 김성식, 전형필, 이병문, 박영철, 조병학이다. 조선의 열한 번째 부자. 그는 한성정미소를 운영하였고 자동차 수리공장도 운영했다. 파주 조리읍에서 자신의 호를 딴 송암농장을 운영했는데 조선 최초로 경지 정리를 하여 생산 증대를 꾀했다고 한다. 이 농지정리사업이 대단한 성공을 거두어, 일본에서도 견학단이 찾아올 정도였다. 이 계곡 자체가 송암농장이었고, 조병학 일가의 여름 별장이었다.

이 사람의 흔적을 따라가 보았다. 그는 굉장한 독지가였다. 기사를 순서대로 따라가 보자.

- 1920년 8월 23일 자 《동아일보》: 시립피병원(감염환자 병원) 설립에 기부.
- 1922년 1월 11일 자 《동아일보》: 왕십리 야학 운영자금 기부.
- 1923년 11월 14일 자 《조선일보》: 북간도에서 동포가 운영하는 대성중학교에 기부.
- 1930년 4월 24일 자 《조선일보》: 시흥군 수암, 군자 지역에 미증유의 한파가 닥쳐 농민들의 삶이 참담해짐. 수암에 집안 묘지가 있는 조병학이 지난 4년간 만주속(만주산 조)을 구입하여 보내 줌. 이에 이재민 40여 가족이 버팀. 이재민들이 은혜를 갚고자 묘지의 송충이를 잡아 줌. 이를 안 조병학이 40원을 임금으로 보냄.
- 1932년 12월 21일 자 《조선일보》: 나병예방협회에 100원 기부.

- 1933년 4월 2일 자 《동아일보》: 나병예방협회에 2원 기부.
- 1933년 6월 11일 자 《동아일보》: 세브란스의학전문학교와 부속 병원의 무료환자 치료비가 7만 원을 넘다. 이를 서양 선교부나 남의 힘에 마냥 맡길 것이 아니라 우리의 교육기관을 우리가 돕자는 의미에서 세브란스후원회가 발기됨. 9일 교장 에비슨 박사 저택에서 후원회 발기총회. 윤치호, 조병학, 여운형, 송진우, 방응모, 위대모, 박용균, 홍석후, 심호섭, 오긍선이 모여 임시의장 윤치호. 즉석에서 윤치호 씨가 2,000원을 내고…….
- 1933년 8월 2일 자 《동아일보》: 파주 조리읍 재난민에게 백미 20가마니 기부.
- 1933년 8월 3일 자 《동아일보》: 파주 조리읍 90여 호가 침수되어 400명 대피 사실 듣고 백미 30가마니 재기부.
- 1934년 2월 8일 자 《동아일보》: 서대문경찰서는 관내 빈곤자 752가구, 3,331명에게 인당 한 되 육 홉의 백미를 배급 예정. 조병학 씨 등 20명이 55가마니 기부.
- 1934년 3월 28일 자 《동아일보》: 경성부 북부 재동공보교 안에

조병학 일가가 공릉산 계곡에서 운영하던 송암농장(왼쪽).
캠프 하우즈 안에 있던 조병학 일가의 정자(오른쪽).

야학을 설립하고 300명의 극빈 아동을 가르치는 데 쓰라고 5원 기부.

- 1934년 7월 25일 자 《조선일보》: 남도 수재구제금품 답지, 50원 기부.
- 1936년 7월 30일 자 《동아일보》: 안암 보성전문학교(고려대학교) 도서관, 대강당 건축하고자 기부금 후원. 전형필 2,000원, 조병학 1,000원.
- 1938년 3월 16일 자 《조선일보》: 신당정 화재 이재민에게 200원 기부.
- 1938년 2월 26일 자 《조선일보》: 만주 유일한 이주동포 교육기관 봉천 동광학원 후원회 발기인. 윤치호, 방규환, 방응모, 한상룡, 조병학, 홍종인, 오긍선 등.
- 1939년 6월 14일 자 《조선일보》: 경성보육원. 20년 동안 버려진 아기 1,000명을 키웠다. 윤치호, 오긍선, 조병학 씨가 이사로 재단법인으로 경영.
- 1939년 6월 30일 자 《동아일보》: 조병학 씨 기부금 5,000원으로 농민 양성기관 파주농업훈련소 낙성식 거행.
- 1939년 8월 20일 자 《조선일보》: 조병학 씨는 주변 미곡상들이 쌀을 내놓지 않아 일반 세민들의 고통이 심해지는 것을 보고 파주 조리읍의 창고를 개방하여 한 자루에 50전씩 싸게 팔았다. 매점매석이 성행하고 있는 이때 조씨의 용단으로 부근 일대에서는 칭송이 자자하다.
- 1939년 10월 30일 자 《동아일보》: 한재旱災 의연금 500원 기부.
- 1939년 12월 30일 자 《조선일보》: 어려운 이들에게 나누어 주라

- 고 쌀 50가마니 경성부에 기증.
- 1940년 4월 1일 자 《동아일보》: 윤치호, 오긍선, 정봉현, 조병학이 경성 고아구제회를 조직하고 20년간 키운 단체. 1,094명을 키움. 사업을 하는 데 1년에 3만 원 경비가 필요.
- 1942년 사망. 유언으로 세브란스에 거의 전 재산인 60만 원 기부.

이제부터 문제의 친일 행적. 1937년 중일전쟁이 발발한 뒤 일본과 미국의 관계는 급속히 멀어졌다. 일제는 미국 선교사들이 세우고 운영하는 세브란스에 대해서도 압박을 가한다. 우선 1939~1940년에 교수 에비슨, 마틴, 앤더슨을 강제 귀국시키고 미국 선교단체를 통해 들어오던 보조금을 끊어 버린다. 1942년에는 학교명도 아사히의학전문학교로 개명한다. 학교는 선교단체 보조금이 봉쇄되자 심각한 운영난에 처한다. 일제는 학교재단 부실화를 이유로 들어 폐교 가능성을 제기한다.

이에 조병학은 폐교 위기의 세브란스를 구하기 위해서 전 재산을 기부한 것이다. 일제는 이 기부를 막기 위해 조건을 건다. 육군·해군에 각기 5만 원을 기부하면 60만 원 기부를 인가해 주겠다고. 이때 조병학은 이미 죽고 없었기에 그의 아들 조중환이 아버지의 유지를 받들어 기부 절차를 완료한다.

그런데 그 조병학은 《친일인명사전》에 수록되었다. 왜 그럴까? 아래 행적 때문이란다.

- 1937년 3월 10일 경성부 방호단 결성을 기념하고 경성부 상공을 방호할 비행기를 구입한다는 목적으로 이상옥, 김용우, 임호상과 함께 조선군사령부에 애국기 '경성 제1호기'(1937년 4월 24일 여의도 비행장에서 헌납식을 가졌음) 구입비로 40,000원(한 사람당 10,000원)을

헌납했고 1937년 9월 14일에도 애국기 경기도호 구입비로 500원을 헌납했다.
- 1940년 8월 29일 이상옥, 임호상, 김용우와 함께 조선군 애국부에 고사포와 청음기 1대씩을 공동으로 헌납.
- 1940년 10월 국민총력조선연맹 보도부 참사로 선임.
- 1941년 9월 조선임전보국단 경성부 발기인으로 참여.
- 1941년 12월 18일 국방헌금 3,000원을 경성부 본정경찰서에 헌납.

우리 여기서 솔직히 가정을 해 보자. 일본 총독부 입장에서 보면 전황은 급박하게 흘러가고 돈은 모자란다. 국민에게 삥을 좀 뜯어야 하겠는데 누구를 불러서 족칠 것인가? 답은 부자. 당신이 저 시점의 조병학이라고 하자. 당신은 총독부가 비행기 사 달라고 하는데 싫다고 할 수 있을까? 아닐 것이다.

공릉산 계곡에서 살다 간 세 명의 인물을 보았다. 후작 작위를 받은 순종의 장인 윤택영, 백성을 수탈하여 거부의 반열에 올랐으나 말년에 남작 작위 거절하고 고종의 망명 자금 5만 원을 낸 덕에 독립운동가가 된 민영달, 그리고 60만 원을 기부하여 세브란스를 살렸지만 민족문제연구소의 《친일인명사전》에 수록된 독지가 조병학.

당연하게도 세브란스는 이 조병학이라는 인물을 굉장히 고마워한다. 세브란스에서 자체 발간한 역사책에서도 비중 있게 다루고 병원에서 발행하는 웹진에도 간헐적으로 조병학을 언급한다. 그런데 거기까지다. 세브란스라는 이름 자체가 10만 달러를 기부한 미국 의사 이름을 따서 지은 것이다. 수많은 훌륭한 의료선교사들이 세브란스에 와서 노력 봉사하였지만 가장

통 큰 기부를 한 후원자 이름을 따랐다. 이게 세브란스 문화다.

　나는 이게 나름 합리적이라 생각한다. 그렇다면 아사히의학전문학교라는 교명을 마지막으로 학교 문을 닫을 위기를 막아 준 조병학을 위해 세브란스 측은 항의서한이나 소명서 같은 걸 내서 '친일 딱지'를 벗게 해 줘야 도리에 맞지 않나 싶다. 독립운동 엇비슷한 행위만 해도 모든 과오를 용서해 주고, 친일은 조금의 흔적만 있어도 나머지 삶 전체를 부정하는 것이 과연 타당할까?

폐교 위기의 세브란스를 구하기 위해서 전 재산을 기부한 조병학.

07 감사 비석 천지, 제주

답사를 다니면서 가장 인상적인 지역을 꼽으면 강릉과 제주다. 강릉 사람들의 '계' 사랑은 유명하다. 강릉 사람들은 세 명 이상 모이면 계를 조직했다. 계가 커지면 경포호 주변에 정자를 짓고, 인근 산에 올라 계원들의 이름을 바위에 새겼다.

제주는 비석이다. 미국 사람들이 감사 카드를 쓴다면, 제주 사람들은 감사 비석을 세운다. 제주 여행 중에 마을 회관 혹은 학교가 있으면 들어가 보라. 기본적으로 감사비가 최소 다섯 개는 있을 것이다.

속俗과 선仙의 경계, 제주 '방선문'

여태 답사했던 계곡 중 가장 압도당한 느낌을 받은 곳은 제주도 방선문 계곡이다.

제주에는 여러 하천이 있다. 대부분 한라산 북부에서 발원하여 방사상으로 뻗어 바다로 나간다. 이 중 가장 크고 긴 것이 한천漢川이다. 한라산에서 제주시 용연龍淵으로 흐른다. 이 한천 물길을 거슬러 올라가다 보면 오라

CC 즈음에서 방선문 계곡을 만난다.

　방선문 계곡이 있는 이 일대를 영구瀛丘라 불렀고 영주(제주) 10경 중 하나가 영구춘화瀛丘春花, 바로 방선문 계곡에서 하는 봄꽃놀이였다. 이 일대는 제주에서 풍류를 즐기는 곳으로 유명했다. 방선문方仙門, 신선을 만나는 문. 이곳은 역대 제주 목사들이 사랑하는 놀이터였다.

　백록담에서 내려온 물줄기가 Y자 형태로 내려오다가 합류하는 지점에 범상치 않은 커다란 아치형 바위가 있다. 이 바위가 방선문이다. 대부분 제주의 하천이 그렇듯이 갈수기에는 바위만 있는 건천이며 한라산의 화산 작용으로 만들어진 하천 바닥 암석들이 신비로운 분위기를 자아낸다. 신선을 만난다는 것은 저 바위 문이 속俗과 선仙의 경계라는 말이다. 그리고 저 방

방선문方仙門, 신선을 만나는 문. 이곳은 역대 제주 목사들이 사랑하는 놀이터였다. 방선문 주변 50미터 안에 바위 글씨가 70개 정도 있다. 이렇게 집중적으로 몰려 있는 경우는 매우 드물다. 이곳 바위 글씨 대부분은 영조시대 이후 제주 목사들의 이름과 그들이 남긴 시문이다.

선문 주변 50미터 안에 바위 글씨가 70개 정도 있다. 이렇게 집중적으로 몰려 있는 경우는 매우 드물다. 이곳 바위 글씨 대부분은 영조 대 이후 제주 목사들의 이름과 그들이 남긴 시문이다.

그중 이름이 알려진 인물은 둘이 있다. 위정척사파의 거두, 면암 최익현이 그 한 명이다. 흥선대원군을 탄핵하다가 제주도로 귀양 왔던 그는 해배解配(귀양에서 풀어 줌)가 되어 뭍으로 돌아가기 전에 한라산 유람을 떠난다. 그가 남긴 〈유한라산기遊漢拏山記〉를 보면 '제주 관아 남문'에서 출발하여 한천을 따라 방선문 계곡을 둘러보고 백록담까지 가는 여정이 담겨 있다.

조선 최초의 프랑스 유학생이자 김옥균을 암살한 홍종우도 있다. 그는 1901년 이재수의 난(신축항쟁) 이후 사태를 수습하기 위해 제주 목사로 내려왔었다. 신축항쟁이 프랑스 천주교인들과 토착민들 간의 갈등으로 발생했고 프랑스가 이후 배상을 요구했기 때문에 프랑스통이었던 그가 수습을 위해 부임했을 것이다.

고백할 게 있다. 하지 말라는 짓을 했다. 제주 답사를 준비하면서 방선문이 몇 해 전부터 안전상 이유로 출입이 통제된다는 사실을 알게 되었다. 50미터 안에 바위 글씨가 70개나 있는데 갈 수 없는 상황. 나는 오랜 고민 끝에 꾀를 하나 내었다. 통제된 방선문의 주 출입구가 아닌 하류에서 계곡을 거슬러 올라가서 구경하기로. 누가 뭐라고 한다면 하류에서 올라오느라 '출입통제'를 보지 못했다고 둘러댈 생각이었다.

제주 공항에서 렌트카를 받아서 오라CC 인근 공터에 차를 두고 계곡을 거슬러 오르기 시작했다. 굉장한 규모의 계곡이었다. 내 키보다 한참이나 높게 바위들이 쌓여 있었고 아무리 건천이라고 해도 가는 물줄기는 있었다. 땀을 한 바가지 흘리고 흙먼지 투성이가 되었을 때 방선문에 도착했다.

명불허전이었다. 기대를 뛰어넘는, 아니 압도되는 광경. 여기를 보아도 저기를 보아도 모두 바위 글씨들. 어디서부터 감상을 하고 사진을 남겨야 할지 가늠하기 힘든 압도적 스케일. 적어도 나에게 이곳은 그야말로 선계仙界였다. 한 시간 정도 머물자 사람들의 목소리가 들리기 시작했다. 이제는 가야 할 시간. 반드시 다시 올 것을 다짐하고 나는 계곡에서 빠져나왔다.

제주도가 말도 안 되는 '안전상의 이유'로 이곳의 출입을 통제하는 이유를 도통 알 수 없다. 비만 오지 않는다면 이 계곡이 위험할 이유가 있나. 하루빨리 제주도가 마음을 고쳐먹어 이 광경을 많은 사람이 감상할 수 있는

제주 건천. 이 계곡을 따라 올라가면 방선문이 나온다. 마치 선계에 온 듯 압도적인 스케일의 바위 글씨들이 방선문 주변에 널려 있다. 오른쪽 사진 중 맨 아래는 조선 최초 프랑스 유학자로 김옥균을 암살한 홍종우의 바위 글씨이다.

날이 오기를 바란다.

고래잡이의 슬픈 기억, 서귀포 '조난추도지비'

제주시에서 신선을 만나는 계곡을 둘러보았으니, 이제 한라산을 넘어 서귀포로 간다. 러일전쟁의 향방으로 조선의 운명이 결정되었듯, 조선 고래들의 운명도 러일전쟁이 갈랐다. 1899년 고종은 러시아 태평양포경회사가 울산 장생포에 포경기지를 설치하는 것을 허가했다. 이에 자극받은 일본은 1900년 2월에 조선 바다에서의 포경업 허가를 획득하지만 기지 설치는 끝내 허가받지 못했다. 하지만 러일전쟁에서 일본이 승리하자 장생포의 포경기지는 일본 차지가 되었다.

1910년 난립한 10개의 일본 포경회사를 합병하여 동양포경주식회사가 탄생했다. 본점은 오사카에 있었고 조선과 일본에 걸쳐 4개의 영업소와 20개의 사업장을 거느린 거대 회사였다. 조선에는 강원도 통천, 함남 마양도, 거제도, 울산 장생포, 제주 서귀포 등에 기지를 두었다.

1933년 서귀포항에서 출항한 동양포경주식회사 소속 포경선, 이나츠마루稻妻丸가 조난을 당했다. 당시는 포경선들이 제주 연안은 물론이고 남중국해 연안까지 진출해 조업을 했다는데, 폭풍우를 만났는지 흔적 한 점 남기지 않고 사라졌다. 기사에 의하면 이 배에는 선원 13명이 있었고 동지나 서남방 75해리 부근에서 실종되었다고 한다. 이 중 세 명은 조선인이었다. 동양포경주식회사 오사카 본점에서 장생포로 직원을 급파하여 조선인 3인의 가족을 불러 사망 선언을 하자 가족들이 혼절하였다는 기사가 있다.

서귀포항에는 이날 사망한 13인을 기리는 비석이 있다. 서귀포항 앞바다에는 새섬이라는 작은 섬과, 육지를 연결하는 새연교라는 아름다운 다리가 있고 그 앞에는 '서귀포층패류화석산지'라는 천연기념물 보호 지역이 있는데 비석은 이곳의 상단 언덕에 있다. 여기는 동양포경주식회사의 서귀포 기지가 있던 위치다.

나무를 헤치고 접근하면 마름모 형태의 비석이 있다. 앞면에는 '조난추도지비遭難追悼之碑 포경기선捕鯨汽船 도처환いなつま丸 동양포경주식회사東洋捕鯨株式會社 소화 8년(1933)', 뒷면에는 그 배에 탔던 선장, 포수, 운수사, 수부, 화부 등의 이름이 적혀 있다. 비석은 허리 부분이 잘린 흔적이 있다. 해방 전후로 주민들에 의해 파손되었다고 한다. 이곳에 있던 고래공장은 폐허로 남아 있다가 1959년 태풍 사라호로 인해 파손되어 철거되었다고 한다.

고래와 얽힌 이야기는 또 있다. 1910년 동양포경주식회사에 한 남자가 찾아온다. 그의 이름은 로이 채프만 앤드류Roy Chapman Andrews(1884~1960). 미국 위스콘신주 시골에서 태어나 뉴욕의 미국자연사박물관AMNH의 관장이 된 남자. 미국자연사박물관은 영화 〈박물관이 살아 있다〉의 무대가 되는

서귀포항 앞바다 '서귀포층패류화석산지'(왼쪽)라는 천연기념물 보호 지역 상단 언덕에 1933년 고래잡이 배의 조난추도지비遭難追悼之碑(오른쪽)가 있다.

곳이다. 그가 처음 그 박물관에 지원했을 때는 학력 미달로 실패했다. 그는 굴하지 않고 청소부로 취직하여 헌신적으로 일하다 연구원으로 보직을 옮겼고 이후 전 세계를 탐험하며 많은 유물을 발굴하여 박물관 수장고로 보냈으며 많은 자연사 관련 논문을 저술하였다. 그의 외모, 업적, 방대한 탐험 지역 등을 고려하여 미국인들은 그가 영화〈인디애나 존스〉의 실제 모델이라고 생각한다. 하지만 감독 조지 루카스가 이를 인정한 적은 없다고 한다. 이 사람의 탐험 경로를 보면 정말이지 입이 벌어진다. 대표적인 게 신해혁명 이후 중국 북부에 군벌들이 난립했던 대혼란 시기에 중국을 거쳐 몽골 고비사막으로 들어가 인류 최초로 공룡 알 화석을 찾아냈고 공룡 화석 수십 톤을 찾아내 미국으로 들여간 일이다.

동양포경주식회사를 찾을 무렵, 로이 채프만 앤드류는 고래에 꽂혀 있었다. 대형 고래를 찾아 일본에 온 로이는 동양포경주식회사에 협업을 제안했다. 일본은 포경으로 이윤 추구는 했지만 과학적 분류나 체계적 연구는 모자란 상태였기에 그의 제안을 수용한다. 이에 로이는 나가사키, 토사시마즈, 키이오시마, 아유카와 등의 포경기지를 돌며 연구를 진행했다. 잡은 고래를 계측, 해부해서 필요 부위와 골격을 채취했다. 돈도 안 되는 그의 연구를 위해 동양포경주식회사는 인력 및 작업 공간 등을 전방위적으로 제공했다.

이 시기 로이는 일본 포경업자들에게 이상한 이야기 하나를 듣게 된다. 한국 해안에서 잡히는 고쿠 구지라Koku kujira(克鯨) 또는 '악마물고기devilfish'에 대해서. 그는 이 고래가 캘리포니아에서 40년 전 멸종된 캘리포니아 '회색고래gray whale'와 같은 종류일 수도 있겠다는 생각을 했다. 일단 미국으로 돌아간 그는 재정비를 하고, 악마물고기의 회유 시기에 맞추어 울산 장생포로 들어온다. 1912년 1월이었다. 동양포경주식회사는 숙소와 작업장을 제공했고 로이는 7주간 머물며 악마물고기와 회색고래의 연관성을 연구한다. 당시 장생포는 조선인, 일본인, 노르웨이인, 미국인 등이 어울려 지내는 국제적 공간이었다.

이 연구를 바탕으로 1914년 로이는 〈캘리포니아 회색고래: 그 역사, 습관, 외부 형태 및 골격학의 관계The California gray whale: Its History, Habits, External Anatomy, Osteology and Relationship〉라는 논문을 발표한다. 그의 주장은 멸종된 캘리포니아 회색고래는 조선 바다에서 잡히는 악마물고기와 같은 종이며 북극해에 서식하다가 일부는 북아메리카 서쪽 해안을 따라 남하하고 일부는 아시아 해안을 따라 남하한다는 것이다. 장생포에서 머물다가 떠난 로이는 회색고래 성체 2마리의 전신 뼈도 확보하여 돌아갔다. 이 중 하나가 워싱턴 스미소니언 국립자연사박물관 2층 동물뼈 전시실bone hall에 지금까지 전시되어 있다. 이 박물관 홈페이지에 들어가서 가상 관람을 하면 2층 동물뼈 전시실을 구경할 수 있다. 장생포에서 잡힌 회색고래가 보인다. 확대해서 잘 살펴보면 표본이 '코리아Korea'에서 왔다는 안내 문구도 있다.

캘리포니아에서 40년 전 멸종된 캘리포니아 '회색고래gray whale'를 찾아 한국을 방문한 로이 채프만 앤드류.

로이는 이후 다시 조선을 방문하여 백두산도 탐험하고 주민들의 요청으로 호랑이 사냥도 나섰고 서울도 다녀갔다. 특히 한양에 와서 10분가량의 동영상도 찍어 갔는데 당시 한양의 풍경이나 사람들의 표정이 잘 나와 있다. 무성 동영상 중간중간에 그가 직접 자막도 남겨 놨는데 마지막 부분을 보다가 헛웃음이 터졌다. "수세기 전 부패한 정부에 의해서 황폐화된 숲을 일본이 다시 녹화사업을 성공적으로 진행 중이다Japan is now doing an excellent work in reforesting the barren hills, denuded centries ago by a corrupt government"라는 자막이었다. 이 아저씨가 무얼 알았겠는가. 옆에 있는 일본인 가이드가 알려 준 대로 이해했겠지. 그래도 참……, 묘하게 뼈를 때리네.

재일교포들에게 감사하는 비석들

1629년 인조는 제주에 '출륙금지령'을 내린다. 제주인은 섬 밖으로 나갈 수 없었다. 드나드는 사람은 관리이거나 귀양살이 죄인들이었다. 이 조치는 1823년 순조 때 풀렸다. 200년 동안 제주는 조선의 알카트라즈(미국 샌프란시스코 앞바다에 있는 섬. 세계에서 가장 유명한 교도소가 있다)였다.

제주인의 족쇄가 풀린 시기는 외부 세력들이 조선을 넘보던 시기와 맞물린다. 특히 1883년 고종 때 체결된 〈조일통상장정朝日通商章程〉의 41항은 "일본국 어선은 조선국의 전라도, 경상도, 강원도, 함경도 네 도道의 연해에서, 조선국 어선은 일본국의 히젠, 치쿠젠, 이시미, 나가도, 이즈모, 쓰시마의 연해를 오가면서 고기를 잡는 것을 허가한다"고 했다. 최신식 잠수기를 갖춘 일본 업자들이 몰려와 제주(전라도 소속)의 전복과 해삼을 쓸어 갔다. 반면 우리는 일본에 가지 못했다. 200년간 갇혀 있던 제주인들에겐 긴 항해를 견딜 조선술과 항해술이 없었다.

1918년 제주–오사카 항로에 비정기 여객선이 등장했다. 일본 공업기지는 인력이 필요했고 제주인들은 양질의 일자리가 필요했다. 오사카로 넘어 가는 제주인들이 늘어나자 1923년 제주-오사카 정기선이 등장한다. 1934년 기준 5만 명의 제주인들이 일본에 거주하고 있었다. 이는 당시 제주 인구의 25퍼센트에 달했다.

제주와 오사카를 오가던 여러 배 중에 가장 유명한 것은 기미가요마루君が代丸이었다. 900톤, 길이 62미터, 약 600명까지 수송할 수 있는, 당시 조선에서는 보기 힘든 엄청난 크기였다. 제주 사람들은 1960~1970년대까지 큰 물건이나 사람에게 "군대환 같다"라는 표현을 쓸 정도로 충격을 받았다. 당시 제주에는 이렇게 큰 배가 접안할 수 있는 시설이 없었다. 항구 먼 바다에 기항을 하면, 승객을 작은 배로 이동시키는 방식으로 탑승했다. 당시 신문을 찾아보면 군대환과 항구를 오가던 작은 배들이 전복되어 여러 명이 사망한 기사가 제법 많이 나온다. 산지항(지금의 제주항)에서 승객을 싣고 서쪽으로 제주도를 한 바퀴 빙 돌면서 11곳의 항구에 기항하여 손님을 꽉 채워서 오사카로 출발하는 방식으로 운영했다. 제주-오사카는 약 이틀간의 거리였다. 재미있는 기록은 기내식으로 쌀밥을 주었는데, 매일 보리밥만

제주와 오사카를 오가던 기미가요마루(군대환). 1945년 미군의 폭격으로 오사카 인근에서 침몰하였다(왼쪽).
제물포에서 침몰하는 카레이츠(오른쪽).

먹던 궁핍했던 사람들은 깜짝 놀라기도 했단다.

군대환이라는 배에 흥미가 생겨 추적해 보았다. 1886년 스웨덴에서 만들어진 군대환은 원래 제정러시아의 포함gunboat이었다. 청일전쟁에서 승리한 일본이 조선과 만주를 본격적으로 노리던 시기, 이를 견제하던 러시아다. 군대환은 이때 활동하던 '만주르Mandjur'라는 포함이었다. 만주르는 '만주 사람'이라는 뜻. 만주르에겐 쌍둥이 배가 있었다. '카레이츠Korietz', '한국 사람'이라는 뜻이다.

1904년 조선을 먹기 위해 군침을 흘리던 러시아와 일본의 긴장은 터지기 일보 직전이었고 일본은 제물포에서 선제공격을 한다. 당시 제물포에는 영국의 탈보트함, 미국의 빅스버그, 프랑스의 파스칼, 이탈리아의 엘바, 독일의 한사 등이 정박하고 있었다. 조선의 청룡환도 있었다. 러시아의 바랴그Varyag, 카레이츠도 역시 제물포에 있었다. 비밀문서를 뤼순으로 전달하기 위해 항구를 나가던 카레이츠 앞에 일본의 전함 14척이 나타나 급작스런 공격을 가했다. 러일전쟁의 서막이 올랐다. 바랴그와 카레이츠는 용맹하게 싸웠으나 중과부적이었다. 결국 패배를 인정한 러시아 장교들은 일본이 배를 나포할까 두려워 제물포 앞바다에서 스스로 바랴그와 카레이츠를 침몰시킨다.

러시아는 이 전투에서 용맹하게 싸운 자국의 해군을 지금도 기리고 있다. 주한러시아대사관 홈페이지에 가보면 2021년 인천 앞바다 팔미도 해상에서 전사한 전몰장병을 기리는 헌화식을 하는 행사 사진이 있다. 우리 앞바다에서 전사한 자국의 용맹한 선조들을 기리는 게 나는 좀 섬뜩했다. 결국 러일전쟁은 조선을 누가 차지할 것인가를 두고 러시아와 일본이 싸운 것인데…….

카레이츠가 이렇게 열심히 싸울 때 쌍둥이 배 만주르(훗날의 군대환)는 어디서 무엇을 했나? 상하이에 기항 중이었다. 러일전쟁 이전 청일전쟁에서 일본에게 두들겨 맞은 청나라는 중립국 상태였다. 러일전쟁이 발발하고 급히 상하이에서 보급을 하고 출발하려던 만주르는 일본과 청나라의 압력에 무장해제당하고 상하이항에 한동안 억류된다.

러일전쟁에서 승리한 일본은 조선을 병합했다. 제정러시아는 혁명이 일어나 소비에트연방(소련)으로 전환되었다. 1925년 일본의 한 상선 회사가 소련으로부터 만주르를 구입해 개조한 뒤 이름을 군대환으로 바꿨다. 군대환 君が代, 즉 기미가요는 일본의 국가다. 군대환은 1926년부터 제주와 오사카를 정기적으로 오가며 수많은 제주인을 일본으로 실어 날랐다. 그리고 1945년 미군의 폭격에 의하여 오사카 인근에서 침몰하며 운명을 다했다.

'재판특지자기념비
在阪特志者記念碑', 오사카에 사는
큰 뜻을 가진 분들을 기념하는 비석이다.

아무튼 이렇게 오사카로 넘어간 제주인들은 힘들게 살아가는 고향의 가족과 마을 주민들을 위해 많은 기부를 하였고, 그 돈으로 수도도 놓고 학교도 만들었다. 당연히 감사의 뜻으로 비석을 세웠다.

제주 효돈초등학교, 서호동 두 곳으로 간다. 먼저 효돈초등학교. 효돈은 제주의 유명한 귤 브랜드다. 나는 이게 동네 이름인지 몰랐다. 효돈초등학교 안으로 들어간다. 학교 운동장 서쪽에 삼각기둥 자연석을 이용하여 만든 멋진 비석이 있다.

'재판특지자기념비在阪特志者

記念碑', 오사카에 사는 큰 뜻을 가진 분들을 기념하는 비석이다. 우측에는 작은 글씨로 '신효국민학교후원회新孝國民學校後援會'라 새겨져 있다. 좌측에는 '서기 1943년 5월'이라 되어 있는데 원글은 '昭和十八'(소화 18)이었을 것이다. 아래에는 기부자들의 이름이 새겨져 있는데 창씨개명을 한 분들도 있고 아닌 분들도 있다. 필체도 화려하고 획을 깊게 판 것이 인상적이다.

이제 서호동으로 간다. 제주 서호동은 뭍사람들은 잘 모르는 중산간 마을이다. 제주는 항상 물이 부족했다. 이 마을은 제주에서 가장 먼저 수도를 시설한 곳이다. 이를 기념하기 위해 1940년 비석을 세웠다. 비석은 어느 집 장독대에 있다.

'서호수도기념비西好水道紀念碑'. 비문을 풀어 보면 "1926년 겨울 오사카에 사는 청년들이 5,000원을 출연하고 마을의 여러분이 4,000원을 보태어 수도기성회를 조직했다. 원래는 학수의 동쪽 계곡을 개척해 먼저 도관을 사용할 계획이었으나 계획대로 부합하지 않아서 다시 철관을 사용하였더니 지형의 높고 낮음에도 불구하고 고르고 평평하게 아래로 흘러내리니 서호의 중앙에서 다섯 구역으로 나누어 1927년 7월 7일 준공하였으니 거리가 1,900칸, 비용은 3,610원이 쓰였다. 물맛은 맑고 담백하여 만세토록 목을 축여 주니 모두가 진심으로 원근의 모범이 되길 바랐다."

제주에는 이처럼 군대환을 타고 오사카로 넘어가 열심히 돈을 벌어 마을을 위해

오사카 청년들이 출연하여 제주에서 가장 먼저 수도를 시설한 기념으로 서호동에 세운 '서호수도기념비.'

기부한 사람들을 기리는 비석이 정말 많다. 교육청 자료를 뒤져 보니 도내 138개 학교에 856기의 공덕비가 있다고 한다. 이게 학교 내에 있는 것만 조사한 것이다. 이 중 상당수가 재일교포를 기리는 비석이다.

'객고풍상'을 견딘 제주 출가 해녀 영세불망비

제주 출가出嫁 해녀. 제주를 떠나 타지에서 물질을 하는 해녀를 일컫는다. 제주 해녀의 타 지역 진출은 대략 1890년대 말부터 시작되어 일제강점기를 거쳐 해방 이후 1970년대까지 활발히 이루어졌다. 출가 해녀에 대한 자료를 찾다 보면 엄청난 양의 일제강점기 때 자료를 만난다. 총독부부터 민간 학자들까지 해녀의 출가 지역, 해녀 수, 출가 상황, 나잠 기술, 나잠 노동 형태 등을 자세히 기록해 두었다.

제주의 여성들은 15, 16세가 되면 마을 어촌계의 해녀회에 가입하여 불턱(해녀들이 잠수복을 갈아입는 노천 탈의장)에서 상군, 중군, 하군의 위계질서를 따르며 살았다. 바다에서 자란 여자아이는 자연스럽게 한 명의 능숙한 해녀로 변신하는 체계였다.

개항 이후 일본의 자본주의가 들어오며 해녀들이 채취한 해산물의 상품 가치는 상승했고 일본인 무역상들의 등장으로 그 수요는 지속적으로 증가했다. 1922년 제주-오사카 정기 여객선이 등장하면서 대규모 인력이 건너가기 전까지는 해녀들의 채취물은 제주도의 거의 유일한 현금 수입원이었다. 게다가 잠수경이 들어오며 작업 능률도 비약적으로 증가하였다.

해산물은 제주에만 있는 게 아니었다. 전국 각지에 널려 있었고 일본으로의 판로도 있었지만 채취할 사람이 없었다. 출가 해녀는 이 지점에서 시작되었다. 최초의 출가지는 부산 목도牧島였으나 이후 경상도, 강원도, 함경도 및 일본, 중국, 러시아 (블라디보스토크)까지 진출했다.

출가 방식은 여러 가지였으나 대부분은 이러했다. 부산 영도에 있는 해조류 수출상에 고용된 인솔자들이 1, 2월경 제주로 들어온다. 제주의 마을을 돌며 목적지와 임금 수준을 알리며 해녀들을 모집한다. 선수금을 주고 계약이 완료되면 정해진 날짜에 부산에서 만나 목적지로 출발하는 수순이었다. 1920년에 들어 출가 해녀의 수는 4,000명 이상이었고, 한 사람당 평균 수입은 300원으로 도내 해녀에 비해 2~3배나 많았다. 따라서 해녀의 출가 현상은 이후에도 지속적으로 증가했다.

출가 해녀들이 마을의 번영을 위해 기부한 것을 기리는 비석. 아래는 뒷면.

출가 해녀에게는 고충도 많았다. 출가지 어촌의 텃세가 심했다. 과중한 입어료를 징수하여 해녀들의 수익을 빼앗아 갔다. 계약 당시 준 선수금에 대해 높은 이자를 붙이거나 선수금만큼 다 하지 못하면 귀가를 허락하지 않았으며 무엇보다도 해녀들의 채취물 가격을 후려치기 일쑤였다.

현지에서 차별과 폭행 등의 일도 빈번했다. 물질 자체도 어려운 일인데 타지에서 설움도 많이 당했다. 제주 출가 해녀들이 이렇게 억척스레 번 돈은 1970년대까지 제주도 총 수산 수입의 30퍼센트 이상을 담당했다고 한다.

출가 해녀의 흔적을 찾아 한림으로 간다. 비양도가 바라다 보이는 한림읍 협재리 해수욕장 인근 마을회관이다. 1950년대 협재 해녀들은 울릉도·독도로 출가를 나갔다고 한다. 힘들게 번 돈으로 마을을 위해 기부까지 했다. 이를 기리기 위한 비석이다.

    울릉도출어부인긔념비
    단긔四二八九년七월 일
    협재리 대한부인회 근슈
    객고풍상 성심성의 애향연금 영세불망

제주도에서 만난 비석의 시작이 '울릉도'다. 이어 '객고풍상', 이 한마디에 얼마나 많은 눈물과 한숨이 들어 있으랴. 눈에 아프게 들어온 글이다.

제주 협재리 마을회관 앞의 영세불망비.

국내 유일의 군의관 충혼비

익숙한 육군 논산훈련소의 정식 명칭은 육군 제2훈련소다. 그렇다면 육군 제1훈련소는 어디에 있을까? 육군 제1훈련소는 한국전쟁이 발발한 뒤 1951년 제주도 모슬포에 창설되었다. 이후 1956년 해체될 때까지 약 50만 명의 신병을 배출하였다. 즉, 한국전쟁 중 후방에서 신병을 훈련시켜 전방으로 보내는 거대한 군 시설이 모슬포에 있었던 것이다.

대정읍 대정여고 앞 큰길을 따라 서쪽으로 가면 교차로를 만난다. 교차로에서 잘 살피면 큰 돌기둥 두 개가 보인다. 이곳이 육군 제1훈련소의 정문이었다.

제1훈련소 부설 군병원으로 98육군병원이 창설되었다. 한국전쟁 당시에는 최후방 병원이었다. 1951년부터 1956년 폐쇄될 때까지 5년간 수만 명의

98육군병원 막사로 쓰인 대정여고 가사실.

한국전쟁 후 후송된 부상병을 치료한 군의관과 간호사, 의무요원을 위해 세운 비석. 아래는 뒷면.

부상병 치료를 담당하였다. 돌집 막사 병동 50여 동에 400여 병상 규모였다. 대령급 원장에 군의관은 최대 10여 명, 민간인 간호사 7명, 의무요원 40~50명 있었던 것으로 전해진다. 매일 후송되어 오는 부상병을 치료하기에 여념이 없었을 것이다.

98육군병원은 부상이 심한 병사들이 육지의 다른 군병원을 거쳐 후송되어 오는 특성상 사망자가 많았다. 많을 때는 하루 15구의 시신을 병원 옆 '노른곳 화장터'에서 화장했다고 한다. 대정여고 안에 들어가 보면 50여 돌집 막사 동 중 유일하게 남은 건물이 있다. 현재 이곳은 가사실로 활용되고 있다. 대정여고 동쪽으로 노란색 빌라 여러 동이 있다. 이 빌라 동남쪽 코너 외진 곳으로 가면 98육군병원에서 근무하다가 장염으로 사망한 군의관 충혼비가 있다. 자세히 들여다보면 뱀 두 마리가 꼬여 있는 군의 병과 마크가 보인다.

1955년에 세워진 이 비석의 뒷면에는 '겨레 위해 몸 바친 제 영위의 공적은 길이 조국 위에 비치오리. 단기 4288년 10월 31일 제98육군병원 장병 일동'이라고 새겨져 있다. 사실 저기 비석에 새겨진 이름인 김의헌 소령이 실제 군의관이었는지는 알 수 없다. 확실한 건 사망자 세 분 모두 의무요원으로 복무 중 사망했다는 사실이다. 또 이 비석은 군의관 충혼비로 불리고 있다.

거제도에 가면 미군 군의관 기념비가 잘 보존되고 있다. 현재 한국에 군의관을 기리는 비석은 없는 걸로 알고 있다. 의사협회에서 이런 비석도 좀 관심을 두었으면 좋겠다는 생각이 들었다. 젊은 시절 군의관으로 복무했고 또 익숙한 병과 마크를 비석에서 발견하니 반가운 마음과 씁쓸한 마음이 함께 들었다.

08

두 차례나 왕위를 놓친 월산대군

추강秋江에 밤이 드니
물결이 차노매라
낚시 드리우니
고기 아니 무노매라
무심한 달빛만 싣고
빈 배 저어 오노매라

이 시의 주인은 월산대군月山大君 이정李婷(1454~1488)이다. 시의 분위기처럼 차분하고 쓸쓸한 인생을 살다 간 월산대군을 따라가 보겠다.

숙부와 동생에게 밀린 불우한 왕자의 태비

계유정난(1453)으로 단종을 몰아내고 왕위에 오른 세조. 세조가 왕위에 오르니 그의 장남은 의경세자에 봉해졌다. 의경세자의 부인은 훗날의 인수대비. 안타깝게도 의경세자는 열아홉의 나이에 요절했다. 아들 둘을 남겼다.

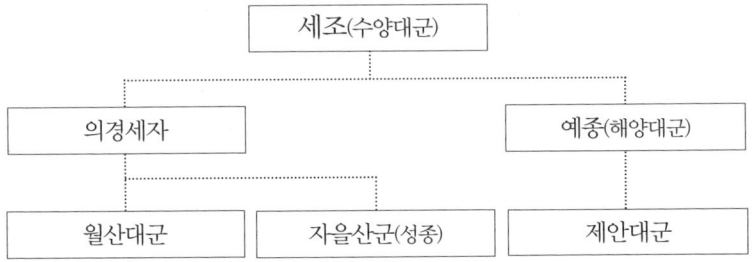

장남 월산대군, 차남 자을산군(잘산군)이다.

세조가 죽었다. 왕실 종법제를 따르자면, 왕위는 요절한 의경세자의 장남인 월산대군에게 가야 했다. 하지만 이 당시 집권 세력들은 계유정난의 주모자들이었다. 단종을 생각하니 어린 왕을 세우기가 두려웠다. 그래서 왕통은 의경세자의 동생 해양대군에게 넘어간다. 그가 예종이다. 안타깝게도 예종은 즉위 1년 만에 죽는다. 예종의 세자도 어렸다. 그래서 다시 왕통은 월산대군이 아닌 월산대군의 동생 자을산군(잘산군)에게 넘어간다. 그가 성종이다. 자을산군의 장인은 당대 최고의 권력자 한명회였다. 세조가 죽었을 때 월산대군은 왕위 계승 서열 1위였지만 3위인 숙부 예종에게 양보해야 했다. 예종이 죽었을 때 월산대군은 왕위 계승 서열 2위였다. 하지만 3위인 친동생 성종에게 양보해야 했다.

왕권을 지키기 위해 혈육을 베는 것이 조선의 왕가에서는 낯선 장면이 아니었다. 이런 서슬 퍼런 권력의 소용돌이 한 중심에서, 두 번이나 왕권을 아슬아슬하게 놓친 남자의 운명은 풍전등화나 마찬가지다. 그래서 월산대군은 항상 몸가짐을 바르게 하였고 은둔한 채 조용히 살았다고 한다. 꼬투리 하나만 잡히면, 역모 혐의로 옭아매여 죽임을 당했을 것이 자명한 상황에서 그가 선택한 도피처는 술과 글이었다. 그의 동생 성종이 월산대군 사후에,

월산대군의 시 488수를 모아 시집을 간행했다. 월산대군의 호 풍월정을 따라서 《풍월정집》이라 하였다.

서울 서초구의 가장 남쪽 우면동에 가면 월산대군의 태실胎室, 태봉胎峰이 있다. 태실은 왕실에서 자손을 출산한 뒤 길지를 선정해 그 태(태반과 탯줄)를 봉안하는 공간을 말하며, 비석을 세우기도 한다. 태봉은 태를 봉안한 산봉우리다.

서초구 우면동의 태봉에 있는 월산대군의 태비 1기와 석함 1기.

양재 IC 근처 삼성전자 R&D센터 뒤, 답사를 함께 떠난 아이들과 한걸음에 달려서 정상에 올라갈 정도로 야트막한 동산이 나온다. 이 동산의 정상에 월산대군의 태실이 있다. 그리고 이 동산이 월산대군의 태봉이다. 비교적 원형이 잘 유지되어 있다. 또 전국에 산재한 조선 왕실의 태실, 태봉 중 유일하게 서울에 있는 것이어서 의미가 있다.

정상에 오르면 태비胎碑 1기와 석함 1기가 남아 있다. 비 앞면에는 '월산군정태실月山君婷胎室'이라 새겨져 있고, 비 뒷면에는 '천순육년오월십팔일입석天順六年五月十八日立石'이라 새겨져 있어 이 비가 성종의 형인 월산대군이 월산군月山君으로 봉해진 해(1460)로부터 2년 뒤인 1462년 조성된 사실을 알 수 있다.

월산대군의 흔적, 망원정과 석어당

강변북로를 타고 서쪽에서 동쪽으로 이동할 때 양화대교에 못 미쳐 왼쪽 강변에 누각 하나가 있는 것을 본 사람이 많을 것이다. 망원정이다. 최근 핫

해진 망리단길이라는 명칭도 이 망원정에서 시작된 말이다.

처음에는 세종의 형인 효령대군의 별장이 이곳에 있었다. 1425년 가뭄이 계속되자 세종은 농민들의 형편을 살피고자 서울 서쪽 들판을 둘러보고 효령대군의 정자에 들렀다. 이때 단비가 내렸다. 세종은 기뻐하며 정자의 이름을 '비가 옴을 기뻐한다'는 의미의 희우정喜雨亭이라 명명하고 현판을 내려 주었다.

시간이 흘러 이 정자의 소유권은 성종의 형인 월산대군에게 돌아갔다. 월산대군은 정자를 크게 고치고 '아름다운 경치를 멀리까지 바라본다'는 의미로 망원정望遠亭으로 개명하였다. 효령대군에서 월산대군으로 주인이 바뀌었다는 정보를 접하고 '효령대군 후손들이 팔았겠구나' 하고 막연히 생각했는데 여기에 재미있는 점이 있다. 효령대군은 조선 왕가의 손꼽히는 장수인이다. 만 90세까지 살아, 성종 17년에 사망했으니 '태정태세문단세예성'까지 겪은 것이다. 그러니까 망원정이 월산대군에게 넘어갈 때 효령대

월산대군이 머물던 덕수궁 석어당(왼쪽). 효령대군 소유였던 희우정은
월산대군의 소유가 되면서 망원정이 되었다(오른쪽).

군은 살아 있었던 것이다. 물론 효령대군이 직접 월산대군에게 별장을 판 것인지, 그 둘 사이에 여러 번 손 바뀜이 있었는지는 알 수 없다.

　이번에는 중구의 덕수궁으로 가본다. 덕수궁의 정전인 중화전을 우측으로 돌아가면 2층 한옥이 나타난다. 석어당昔御堂(임금이 머물던 집)이다. 성종이 형인 월산대군에게 석어당 주변 토지와 건물을 선물하여 이곳은 월산대군의 집이 된다. 그리고 100년 후 임진왜란 때 서울에 입성한 왜군이 이 석어당 건물을 사령부로 쓴다. 임진왜란 동안 파괴되지 않은 월산대군의 집은 한양에 몇 없는 온전한 저택으로 남는다. 피란에서 돌아온 선조는 월산대군의 후손에게서 이 건물을 받고 주변의 땅을 징발하여 궁으로 만든다.

　확실하지는 않지만 정황상, 선조는 이 건물에서 죽은 것으로 보인다. 그 후 역사를 보면 광해군은 인목대비를 이곳 석어당에 유폐시켰고, 인조반정시 반정군이 광해군을 인목대비 앞에 무릎을 꿇게 한 곳도 이 석어당 앞마당이다. 궁궐 건축물 중 내가 가장 좋아하는 건물이 석어당이다. 1904년에 불타고 지금의 건물은 1905년에 다시 지은 것이다. 이 건물 앞에 서면 이질적 느낌을 받는다. 궁의 건물답지 않게 단청이 없기 때문이다. 석어당 좌측 깊숙한 곳을 유심히 보면 2층으로 올라가는 나무 계단이 빼꼼히 보인다. 이런 나무 계단을 본 적이 없어서 들어가서 보고 싶지만, 큰일 날 테니 방문할 때마다 침만 꿀꺽꿀꺽 삼킨다.

더럽혀진 이름, 월산대군의 부인 박씨

처음 월산대군에 대해 관심을 갖게 된 건 그의 신도비 때문이다. 신도비 전액篆額(비석의 머릿글), '월산'의 '달 월', '뫼 산'이 상형문자로 되어 있다고 했다. 상형문자로 된 신도비가 있다는 말에 보고 싶다는 생각이 간절해지면서 월산대군의 흔적을 따라가기 시작했다.

월산대군은 성종 19년 향년 35세의 나이로 세상을 떠난다. 동생인 성종은 극진한 예를 갖춰 형의 별장이 있었던 경기도 고양군 견달산 정좌에 안장했다. 이곳은 조선시대 사대부 장묘문화의 원형을 비교적 잘 보존하고 있다. 산 아래에는 무덤 주인공을 기리는 사당 혹은 재실이 있고 산을 오르다 보면 신도비를 만나고 신도비를 지나 언덕에 오르면 봉분을 만나는 구조가 살아 있다. 다만 신도비와 사당 사이에 4차선 도로가 지나간다는 아쉬움이 있다. 즉 신도비에서 사당으로 가려면 도로 밑 배수로를 지나야 한다.

사당 주변에는 월산대군 후손들의 묘가 있다. 특히 월산대군의 증손자 양천도정陽川都正 이성李誠의 묘가 눈길을 사로잡는다. 피란갔다 돌아온 선조에게 집(석어당)을 넘긴 인물이기 때문이다. 월산대군 신도비는 비각 안에 있다. 비신의 본문은 마모되어 알아보기 힘들다. 하지만 전액 부분의 상형문자 '월

월산대군의 묘소. 현역 왕의 친형인 만큼 석물들이 크다(왼쪽).
신도비 전액의 상형문자(오른쪽).

산'은 또렷하다. 이 두 글자를 보려고 추운 겨울에 이곳까지 온 것이다.

재위 중인 임금의 형, 게다가 우애마저 깊었다고 하니 무덤의 위세가 대단하다. 신도비의 크기도 큼직하고 문인석 또한 여타 능의 그것에 뒤지지 않는다. 봉분도 큼직하다. 앞의 봉분은 월산대군의 것이고 뒤의 봉분은 그의 부인인 승평 부대부인 박씨의 것이다. 이 때문에 월산대군 봉분 앞에 서면 부인 박씨의 봉분은 보이지 않는다. 두 봉분이 앞, 뒤 혹은 상, 하로 배치되는 경우는 드물다. 보통은 하나의 봉분에 합장을 하거나 옆으로 나란히 놓는 것이 일반적이다.

박씨의 한 많은 스토리를 알고 보면 마치 월산대군의 봉분이 아내를 숨겨주고 지켜 주는 느낌이다. 《조선왕조실록》이 한 여인에게 가한 가장 강력한 테러의 피해자가 승평 부대부인 박씨다. 흔히들 연산군의 악행 중 최고로 꼽는 것이 바로 큰어머니 월산대군 부인 박씨와 간통을 했고 그녀를 임신시켰다는 '사건'이다. 월산대군과 박씨 사이에는 자식이 없다. 그녀는 불임이었을 것이다. 성종은 아들인 연산군의 양육을 박씨에게 부탁한다. 연산군이 세자 시절 월산대군의 사저에서 오래 머물렀다는 기록이 있다. 즉, 유사 모자관계였던 연산과 박씨를 더러운 관계로 엮어 버린 것이다.

《실록》이 기록한 두 사람이 통정했다는 시기에 박씨는 50대 초반이었다. 아무리 생각해도 불가능한 일이다. 연산군의 패륜성을 부각시키기 위해서 엉뚱한 여성을 희생양으로 삼았다. 쓸쓸한 인생을 살다 간 월산대군과 죽어서 이름이 더럽혀진 그의 부인의 운명이 기구하다.

09
그 밥에 그 나물, 반정 주역들

조선 제10대 국왕 연산군 12년, 성희안, 박원종 등이 연산군을 몰아내고 이복동생 진성군(중종)을 왕으로 추대하였다. 중종반정이다.

반정反正은 바른 상태로 돌아간다는 뜻이다. 쿠데타의 옛날식 표현이라고 할 수 있겠다. 조선의 성공한 쿠데타는 총 네 번이었다. 무인정사(1차 왕자의 난: 1398), 계유정난(1453), 중종반정(1506), 인조반정(1623). 한데 역사를 보면 반정이나 혁명, 쿠데타가 반드시 정의롭거나, 그 끝이 아름다웠던 것은 아니다. 세상이 뒤집어졌지만 바뀐 것이 별로 없는 경우도 적지 않다. 중종반정이 그랬다. 내쳐진 자와 쫓아낸 자가 크게 다를 것이 없었기 때문이다. 이른바 "그 나물에 그 밥"인 탓이었다.

각 쿠데타에서 주인공이 갖는 지배력은 모두 다르다. 내 생각이긴 하지만 무인정사에서 태종이 갖는 지분은 100, 계유정난에서 세조가 갖는 지분은 70, 인조반정에서 인조가 갖는 지분은 대략 50 정도이다. 하지만 중종반정에서 중종의 지분은 0이었다. 반정 당일이 되어서야 본인이 왕으로 추대된다는 사실을 알았을 정도였다. 철저히 수동적인 위치였으니 즉위 후에도 중종은 휘둘렸고, 정국은 반정의 삼대장인 성희안成希顔, 박원종朴元宗, 유순정柳順汀이 끌고 나갔다. 그런데 이들의 행보가 그리 아름답지 않았다.

중종반정의 행동대장, 충렬공 박원종

성희안은 반정의 설계자, 박원종은 압도적 행동대장, 유순정은 따까리 행동대장. 중종반정의 주역인 이들은 '삼대장'이라 불린다. 이 표현은 후대의 사가들이 붙여준 일종의 별명이라고 생각했다. 하지만 이 낯 뜨겁고 유치한 명칭이 엄연히 《실록》에 등장한다. 그것도 여러 번.

태조 이성계의 개국공신 52명, 세조 좌익공신 44명, 중종 정국공신 117명. 다른 공신 책봉에 비해 중종반정만 공신이 두 배 넘게 많다. 이유는 이렇다.

첫 번째 이유는 반정의 브레인, 성희안의 얼치기 설계다. 인조반정의 막후 설계자인 최명길은 슈퍼천재였다. 성희안은 서툴렀다. 해가 지고 3경(23시~01시) 즈음에 박원종이 군사를 몰아 연산이 있는 창덕궁을 에워싸고 정문에 진을 친다. 횃불을 밝히고 둥둥 북을 치니 도성 사람들은 변고가 터진 것을 다 알게 되었다. 올 것이 왔다고 느낀 신하들은 모두 도망치고, 도성 내에 연산의 수많은 현직 신하들은 반정군의 빅 텐트에 속속 합류한다. 연산군 대에 무오사화를 일으킨 유자광, 연산과 사돈지간이자 최측근이었던 구수영까지도 반정의 주체가 된 것이다. 전광석화와 같이 일을 처리하지 못하여, 심판 대상들이 그물에서 다 벗어났다.

두 번째 이유는 중종반정에서 중종의 지분이 제로였다는 점이다. 반정 주체 세력이 자기네 일가친척을 공신 명단에 끼워 넣기를 해도, 중종에게는 이를 견제할 능력이 없었다. 연산의 승지였던 윤장, 조계형, 이우 등은 반정 당시 궁내에 있다가, 밖의 상황을 알아 보겠다고 둘러대고는 하수도를 통해 궁을 탈출하여 반정 세력에 붙었다. 당시 사람들이 이들을 수구군水口君이라 비아냥거렸다. 이런 상황에서도 중종은 공신 명단 추가 시 무기력하게 도장만 찍어 주었다.

세 번째 이유는 반정 주체 세력 또한 연산군 세력에 비해 딱히 우월한 도덕적 지위를 점하지 못했다는 사실이다. 이는 박원종이라는 인물을 살펴보면 쉽게 이해할 수 있다. 삼대장 중 박원종은 엄청난 명문가 출신이다. 박원종의 아버지 박중선朴仲善(1435~1481)은 무관으로 세조 시절 발생한 이시애의 난을 평정한 공으로 병조 판서에 오른 인물이다. 이후 성종 대에 조선에서 딱 세 번만 있었던 무관 출신 이조 판서에 오르기도 했다. 박원종의 누이 중 하나는 성종의 형인 월산대군의 부인, 하나는 예종의 아들 제안대군의 두 번째 정실부인이다. 게다가 박원종은 중종반정 이후 중종이 맞아들인 제1계비 장경왕후의 외삼촌이다. 그의 가문은 삼대에 걸친 권력 최중심의 외척 세력이었다.

박원종은 음서로 무관 벼슬길에 올라 성종과 연산군의 총애를 받아 승승장구한다. 월산대군은 처남인 박원종을 동생처럼 아꼈고, 성종은 형님인 월산대군이 아끼는 박원종의 벼슬길을 든든하게 지원한다. 연산은 어린 시절 본인의 큰어머니인 월산대군의 아내, 박원종의 누나인 승평 부대부인 박씨 손에서 자랐다. 광증을 보이던 시기에도 연산은 월산대군의 아내는 살뜰히 챙기는 모습을 보였다. 따라서 박원종은 연산 치하에서도 총애를 받았다. 이처럼, 박원종에게는 도무지 반정을 일으킬 명분이 없었다. 반정 삼대장 중 연산의 탄압을 받은 이는 성희안 정도이고 나머지는 무탈하게 벼슬살이를 이어 가는 인물들이 대부분이었다. 적폐가 적폐를 내몬 것이다.

이렇게 무탈하게 지내던 박원종이 반정이라는 위험을 무릅쓰는 도박을 하게 된 이유는, 연산군 재위 후반이 눈치게임으로 전개되었기 때문이다. 연산의 광증이 선을 넘어 오랜 기간 유지되자 여기저기서 반역의 움직임이 포착되었다. 어디서 누군가가 들고 일어나도 이상할 게 전혀 없는 시절이었다. 이 상황에서 다른 세력이 반역에 성공하면 박원종은 빼도 박도 못하

임사홍이 쓴
박중선 신도비.

는 연산의 부역자가 된다. 곧 침몰할 게 뻔히 보이는 배에서 박원종은 뛰어내렸다. 당연한 말이지만, 박원종은 반정 이후 엄청난 권력과 돈을 쥐게 된다. 박원종은 조선시대 무인 출신으로 영의정에 오른 인물인데, 무인 출신 영의정은 조선시대 단 두 명이다. 《중종실록》의 사관은 박원종 졸기에 "뇌물이 사방에서 모여들고 남에게 주는 것도 지나쳤다. 남에게 이기기를 좋아하여 임금 앞에서도 말과 낯빛에 표시가 났다. 연산의 궁궐에서 나온 이름난 창기娼妓들을 많이 차지해 여종으로 삼고 별실을 지어 살게 했으며 거처와 음식이 분수에 넘쳐나 사람들이 그르게 여기었다"고 적었다.

경기도 남양주 와부로 간다. 이 일대에는 박원종 일가(순천 박씨)의 묘들이 모여 있다. '충렬공 박원종 묘'라는 표지판도 잘 갖추어져 있다. 주차장이 따로 없어 신도비 앞 풀밭에 주차하면 된다. 차를 여기에 두고 잠시 왔던 길을 돌아가 100미터 정도 지방 소로를 따라 내려가다 보면 우측으로 비포장 오솔길이 나온다. 따로 표지판은 없다. 그 길로 들어가면 박원종의 아버지, 박중선의 묘와 신도비가 있다. 이 신도비가 이 글의 주제를 적확하게 표현해 준다. 중종반정 때 박원종이 때려죽인 임사홍이 글을 짓고 쓴 것이다. 쫓아낸 자와 쫓겨난 자가 평소 신도비문을 청하고 써 주는 사이였던 것이다. "그 나물에 그 밥."

중종반정으로 죽음을 맞이한 대표적 3인. 임사홍, 신수근, 장녹수. 임사홍·신수근은 박원종이 보낸

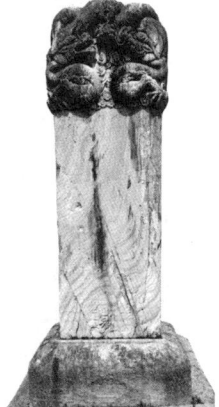

박원종의 신도비.

군사들에 의해 맞아 죽는다. 박중선 신도비는 중종반정 때 박원종이 때려 죽인 임사홍이 글을 짓고 썼다. 조선에서 아버지의 신도비를 누군가에게 부탁한다는 것이 어떤 의미인지를 안다면 반정을 일으킨 박원종과, 반정 때 맞아 죽은 임사홍이 엄청나게 가까운 사이였음을 알 수 있다. 아이러니가 아닐 수 없다.

다시 주차한 곳으로 돌아오면 박원종의 신도비가 있다. 글씨는 마멸되어 잘 보이지 않지만 이수 부분의 용은 아직도 생생하다. 그리고 언덕을 오르면 처음 나타나는 것은 박원종의 아들 박운의 묘이다. 박운은 박원종의 서자로 대를 이었다. 사실 내가 박원종 묘역에 관심을 갖게 되고 답사를 오게 된 가장 큰 이유가 박운의 묘표 때문이다. 앞면에 삼족오, 뒷면에 방아 찧는 옥토끼가 새겨진 묘표가 있다는 사실을 듣고 찾아왔다. 박운 묘 뒤에는 박원종의 묘이다. 특이하게 부부의 쌍묘가 종으로 배열되어 있다. 그의 누나와 매형인 승평 부대부인과 월산대군의 묘 배치와 동일하다.

박원종의 아들 박운의 묘표에는 앞면에 삼족오(왼쪽), 뒷면에 방아 찧는 옥토끼(오른쪽)가 새겨져 있다.

 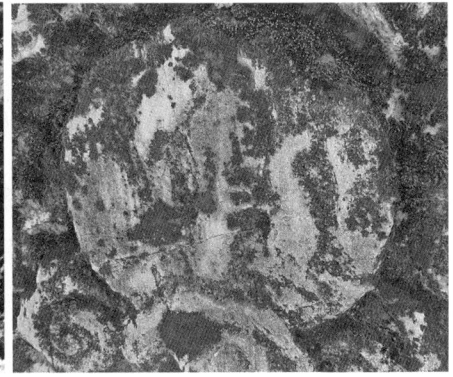

중종반정의 '브레인' 성희안

성희안成希顔(1461~1513)은 성종이 아끼는 신하였다. 중종 때 김안로(1481~1537)가 쓴 야담집 《용천담적기龍泉談寂記》에 재미있는 일화가 있다. 성종과 술을 마시던 홍문관 정자(정9품) 성희안은 술상에 있던 감자柑子(밀감) 10여 개를 소매 속에 넣고는 술에 취해 정신을 잃었다. 내시가 성희안을 업고 나가는데 소매 속의 밀감이 떨어져 어전에 이리저리 흩어졌다. 그러나 성종은 이튿날 밀감 한 쟁반을 홍문관에 내리면서 "어제 성희안이 어버이에게 드리려 한 과일이 쏟아졌으니 지금 다시 내려준다"고 했다. 죽을죄를 지었다고 여긴 성희안은 "이 은혜를 죽음으로 갚을 것"이라고 다짐했다.

성종의 아들 연산의 시대에도 이조 참판(종2품) 자리까지 올랐으나, 연산을 비꼬는 시를 써서 분노를 사는 바람에 부사용(종9품)으로 한방에 좌천당한다. 지금으로 치면, 차관급에서 9급 공무원으로 내려간 것이다. 즉 성희안은 중종반정 삼대장 중 그나마 연산에게 탄압받은 이력이 있는 자이고 반정의 명분을 갖춘 인물이다.

반정 이후 박원종, 유순정, 성희안 순으로 영의정을 차지한다. 성희안은 반정의 시동을 걸고, 핵심적인 계획을 수립했으나 나머지 둘에게 영의정을 양보하고 가장 늦게 영의정에 오른다. 하지만 삼대장은 영의정만 되었다 하면 금세 죽었다. 성희안도 영의정이 되고 3개월 만에 죽는다.

《실록》에 나온 그의 졸기를 보자.

> 사신은 논한다.……그러나 끝내는 구은舊恩을 써서 유자광을 끌어들여 원훈의 반열에 참여시키고, 폐조(연산군)에게 총애를 받던 사람들에게 모두 공신 녹권을 주는가 하면, 시시하고 자질구레한 인아姻婭

(사위의 아버지와 사위 상호 간, 곧 동서를 아울러 이르는 말)와 어리석은 자질까지 모두 훈적勳籍에 기록하여 후일의 무궁한 화단을 열어 놓으므로 식자들은 그를 대단찮게 여겼다.……희안은 경솔한 잘못이 있어 모두 나라를 다스리는 원대한 꾀에 어두웠으며, 호화로움을 믿고 의리를 경멸하여, 사는 집은 그 사치를 극도로 하고 시첩侍妾은 그 곱고 아름다움을 극도로 하여 마음대로 방종하다가 생명을 잃는 데까지 이르렀으니, 어찌 좁은 국량으로 큰 공을 탐한 것이 스스로 분에 넘쳐 이와 같은 낭패를 일으킨 것이 아니겠는가!

참담한 졸기이다. 하지만 반정 삼대장 중 가장 후한 졸기를 받은 이가 성희안이다. 그만큼 반정의 주체는 타락한 것이다.

성희안 묘는 양주군 장흥면 일영리 절골에 있다. 절골, 사곡寺谷이라 불리던 마을이다. 《조선왕조실록》에서는 이곳 양주 일영 일대의 산들을 모아서 서산西山이라 칭했다. 왕실의 오랜 사냥터였다. 태종, 세종, 단종, 세조, 성종, 연산 등이 이곳에서 사냥을 즐겼다. 성희안 묘에 무인석이 있다고 해서 답사를 계획했다. 문인석과는 달리 무인석은 주로 왕릉에서 쓰인다. 하지만 공이 높거나 권세가 높은 사대부도 무인석을 쓰는 경우가 드물게 있었다.

네이버 지도에서 답사 루트를 확인하다가 황당하고 충격적인 사실을 보게 되었다. "잔인한, 이토록 잔인한 못자리가 있단 말인가!" 절골 마을 내에 중종반정 공신의 묘가 두 개, 반정의 최대 피해자 신수근의 묘가 있다. 반정 세력에 맞아 죽은 연산의 매형이자 장인인 신수근.

절골 가장 상단에 성희안의 묘가 있다. 그리고 거기서 450미터 아래 신수근의 묘가 있고 다시 300미터 아래 반정 공신 박건의 묘가 있다. 흡사 반정 공신 묘 두 기가 위아래에서 신수근의 묘를 에워싸고 있는 형국이다. 그리고 이 마을에서 동쪽으로 1,500미터 떨어진 곳에 신수근의 딸이자 중종의 첫부인 단경왕후 신씨의 온릉이 위치한다. 몰년에 맞추어 묘를 썼을 테니 살펴보면, 신수근 1506년, 박건 1509년, 성희안 1513년, 단경왕후 1557년이다. 신수근이 먼저 묘를 쓰고 이후 박건과 성희안이 아래, 위로 따라 들어온 셈이다.

야사에 의하면 단경왕후 신씨가 반정 8일 만에 궁에서 쫓겨나서 한동안 한양 모처에서 지내다가 아버지 신수근의 묘가 있는 이곳 절골에 들어와 살았다는 이야기가 있다. 그렇다면 단경왕후는 자기 아버지를 때려죽이고 본인을 쫓아낸 인물들이 죽어 이 절골로 들어오는 모습을 다 지켜봤을 수도 있다.

절골 입구에 도착하면 신수근과 박건 후손들이 만들어 놓은 표지석을 만난다. 하지만 창녕 성씨, 성희안 묘의 표지는 이 계곡에 단 하나도 없다. 절골 계곡을 따라 끝까지 올라가면 마지막 갈림길이 나온다. 여기서 불가마와 일영기도원으로 나뉜다. 우측 일영기도원으로 간다. 일영기도원 앞에서 다리를 건너지 말고 공터에 차를 대고 서쪽으로 보면 작은 농막이 있다. 이 농막 위로 가야 한다. 우선 처음 만나는 묘는 성희증의 묘이다. 성희안의 형이다.

성희안 신도비는 성희증의 묘를 지나 100미터가량 경사로를 내려가면 만난다. 당시의 권력가답게 크고

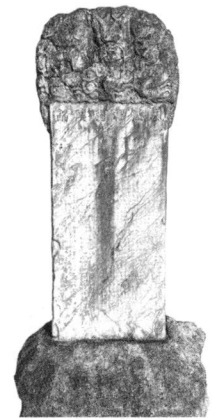

호화롭다. 비신을 받치고 있는 귀부가 평행하게 배열된 것이 이채롭다. 신도비를 등지고 북쪽 가파른 언덕 위에 성희안의 묘가 있다. 후손들이 잘 돌보지 않는 것인지 길도 희미하고 무척이나 가파르다. 게다가 조심스럽게 낙엽을 치워 가면서 오솔길을 오르다 보면 난데없는 묘비 하나가 길 중간에 있는데 찬찬히 살펴보면 성희안의 아버지 성찬의 묘표이다. 성찬의 묘는 이 옆 언덕에 있는데 이게 왜 여기에 있는 것인지……

성희안의 묘는 웅장했다. 듣던 대로 무인석도 있었다. 하지만 무인석의 크기가 그다지 큰 편은 아니다. 묘비의 귀부는 특이하게 머리가 두 개이고 신도비와 마찬가지로 비신과 귀부가 평행하게 위치한다.

절골이 내려다보이는 곳에 있는 성희안 묘.
왼쪽 페이지 사진은 위로부터 차례로 성희안 묘소의 무인석, 묘표, 신도비이다.

연산의 '칼'에서 반정 공신이 된 박건

중종반정 공신 박건朴楗(1434~1509)을 만나러 간다. 일영 절골의 최상단에서 성희안의 묘가 절골을 내려다보고 있다면 마을 입구에서 손님을 맞이하는 것은 박건의 신도비다.

조선의 박건은 낯선 인물이다. 그의 아버지는 박중손朴仲孫(1412~1466). 계유정난의 1등 공신으로, 김종서, 안평대군 등을 숙청하는 일을 맡았다. 파주 깊숙한 곳 북한을 바라볼 수 있는 언덕에 박중손의 묘가 있다. 박중손의 묘는 장명등이 아름답기로 유명하다. 아버지는 계유정난의 1등 공신, 아들은 중종반정의 공신. 반골의 피가 흐르는 가문인가, 아니면 정치적 풍파에 유연한 가문인가.

《실록》에 나오는 박건의 기록을 따라가다가 충격을 받았다. 박건은 무오사화의 추관推官이었다. 선비들을 신문하여 김종직의 제자들인 사림 선비들을 쓸어 버린 무오사화의 최일선에서 활약한 것이다. 이 일을 잘 처리한 공(?)으로 승진도 한다. 중종반정 2개월 전 박건은 연산군에게 충성 맹세문(경

일영리 절골에 자리한 박건의 사당(왼쪽)과 신도비(오른쪽).

서문)을 여러 대신과 함께 서명하여 바친다. 그리고 중종반정이 벌어졌다.

박건은 무오사화의 추관으로 활동하였고 반정 삼대장 중 하나인 유순정은 무오사화로 쓸려 나간 김종직 문하의 직계 제자이다. 즉, 유순정 입장에서는 박건이 추관으로 활동하며 본인의 동문들을 죽여 버린 것이다. 자기 동문을 죽인 자들과 친구로 지내는 게 가능한 것인지……. 조선 중반을 넘어 붕당정치가 본격화된 이후에 이런 일은 말도 안 되는 것이다. 한 치 양보가 없는 당쟁의 시대를 읽다 보면 물 없이 고구마를 먹는 듯한 답답함을 느끼기도 했지만, 이들은 유연해도 너무 유연한 것이 아닌가. 야만의 시간을 통과하는 인간에겐 생존본능만 남는 것인지.

절골 입구
박건 묘소의 표석.

일영리 절골에 들어서면 박건 신도비와 비각이 답사객을 맞이한다. 신도비에서 좌측으로 틀어서 50미터가량 들어가면 여러 민가 사이로 박건의 사당이 보인다. 그의 시호를 따서 공간묘恭簡廟라 불린다. 공간묘에서 뒤로 난 작은 길을 따라 올라가면 박건의 묘가 있다고 한다. 하지만 나는 보지 못했다. 답사를 다니면 가끔 겪는 일이다. 시골에는 개를 풀어 놓고 기르는 경우가 있다. 박건 사당 쪽으로 걸어가는데 산 위에서 정신없이 짖으며 달려 내려오는 개 세 마리를 보았다. 잽싸게 차로 뛰어가서 30분을 기다렸다. 개들은 산 위에서 나와 대치하고 있었다. 저들이 주인이고 내가 객인데 다른 도리가 없었다.

성희안, 신수근, 박건의 묘를 한꺼번에 보니 문득 저승에서 만난 세 사람이 오해는 풀었는지 궁금해진다.

10 선조의 문제아 아들들

선조는 조선 최초로 방계에서 왕위에 올랐다. 그래서 그의 아버지는 최초의 대원군이 된다. 적통을 중시하는 유교 성리학의 조선에서 이는 선조에게 콤플렉스가 되어 재위 기간 내내 이어졌다. 그리고 불행히도 그의 아들인 광해군까지 이 콤플렉스는 이어졌다.

여기서 흥미로운 점은, 적통의 콤플렉스가 있는 왕들은 자식(아들) 단속을 단단히 하게 마련인데 선조는 이 점에서는 허술했다. 조선 왕조에는 수많은 왕자가 있었다. 모집단이 큰 만큼 다양한 양태의 왕자들이 있었는데 대표적인 개차반 왕자들은 유독 선조 아들들이다.

갑질에 살인까지, 맏이 임해군

경기도 남양주에는 선조의 맏아들 임해군 이진李珒(1574~1609)의 묘가 있다. 여기서 "어?" 하시는 분이 있으리라. 맏아들이 있는데 왜 광해군 이혼李琿이 왕이 되었어? 선조 초기에는 정실부인 소생 아들이 없었고 다 후궁 소생들만 있었다. 선조는 세자 책봉을 미루고 정실부인 아들을 기다리다가 임진왜란이 터지고 나서야 서둘러 광해군을 세자로 책봉한다. 첫째 아들 임해군은 하도 몹쓸 짓을 하고 돌아다녀서 애초에 후보군에 있지도 않았다.

임해군의 대표적 악행을 알아보자. 임진왜란이 터지자 선조는 분조分朝를 단행한다. 분조란 일종의 정권(조정)을 쪼개는 것이다. 선조 본인은 국경도시 의주로 도망가서 여차하면 명나라로 튈 준비를 했고, 선조의 여러 왕자가 각기 구역을 맡아 흩어져서 병력을 모으는 임무를 받았다. 세자 광해군은 조선 8도를 돌면서 병력을 모으고 왜놈들과 싸우는 역할을 했다.

임해군은 함경도로 갔다. 함경도에서 그는 6남 순화군과 합류하여 온갖 패악질을 벌인다. 관리들과 백성들이 왕자 대접에 소홀하다고 생떼를 부리고 폭행을 일삼았다. 이에 분노한 국경인·국세필이란 사람이 함경도 주민들과 손잡고 이 두 왕자를 감금했다. 그리고 왜장 가토 기요마사에게 넘긴다. 이로써 조선시대에 매국노의 대명사는 저 국경인·국세필이었다고 한다.

임진왜란을 7년 전쟁으로 알고 있지만 실제 후반 4년은 강화 협상을 하면서 지지부진하게 국지전만 있었다. 협상을 해야 하는데 우리 쪽 왕자 두 명이 포로로 잡혀 있다? 이건 뭐……. 임진왜란이 끝나고 풀려난 임해군은 '개과천선은 개나 줘 버려!' 하며 폭주한다. 민간인 폭행, 강도, 권력을 이용한 재산 강탈, 조정으로 가는 공물 가로채기는 기본이었고, 도승지 유희서의 첩을 빼앗기 위해 강도로 위장하여 유희서를 살해한다. 선조는 이런 임해군을 엄벌하지 않고 유야무야 넘어갔다. 심지어 피해자인 유희서의 아들을 곤장 100대를 때리고 유배형에 처했다.

임해군을 감싸고돌던 아버지 선조가 죽고 광해군이 왕에 오르자, 서인·북인 남인들이 당파를 버리고 대동단결하여 임해군을 처단하라고 줄상소를 올린다. 결국 강화 교동도로 귀양을 가 그곳에서 의문사했다. 임해군의 무덤은 경기도 남양주에 있다. 그의 어머니인 공빈 김씨의 무덤이 건너편

산에 있다. 동복 동생 광해군의 묘도 바로 옆 산에 있다. 공빈 김씨, 임해군, 광해군의 묘가 대략 1킬로미터 이내 간격으로 삼각형으로 위치한다.

임해군 묘 답사는 악몽이었다. 엄청 추운 날 대략의 위치를 파악하고 갔는데 길도 없는 야산에서 두 시간을 하릴없이 헤맸다. 남양주 송능리 골짜기 좁은 국도를 타고 가장 깊은 곳으로 올라가다 보면 작은 마을 입구에 '임해군 묘 입구'라는 친절한 표지석이 있다. 이 표지석 방향으로 진입하면, 네이버 지도 켜고도 두 시간 헤매게 마련이다.

저 표지석을 무시하고 계곡 깊숙

쓰러진 장명등. 임해군의 묘가 관리되지 않고 있다는 것을 알 수 있다(오른쪽).
임해군의 묘소(아래).

이 더 가야 한다. 그러다 보면 난데없이 길 가운데 나무 전봇대 하나가 서 있다. 여기서 서쪽 산을 바라보면 희미하지만 누군가 길을 낸 흔적이 보인다. 이 길로 올라가야 한다. 올라가다 보면 길은 선명해진다. 표지석이 왜 하필 저곳에 있어서……

묘의 관리 상태는 엉망이다. 장명등(묘지 앞 석등)은 쓰러져 땅에 반쯤 묻혀 있고 망주석은 하나만 남아 있다. 문인석은 얼굴이 다 마멸됐다. 동정할 수 없는 인생을 산 인물이지만, 그래도 죽어서는 어머니 곁에 있게 되어 위로가 되겠구나 싶었다.

큰어머니 납치도 했던 정원군

선조의 문제아 아들 삼 형제 중 두 번째인 5남 정원군 이부李琈(1580~1619)는 경기도 김포에 묻혀 있다.

임진왜란 중 정원군은 선조를 모시고 의주로 피난을 간다. 다른 왕자들은 변방으로 보내 병사를 모으는 역할을 하였지만, 선조는 특히 아끼던 후궁 인빈 김씨와 그 소생들은 의주로 데리고 갔다. 정원군은 피난처마다 행패를 부려 원성이 자자했다고 한다. 왜란 후에는 처남을 슬쩍 과거시험에 부정합격시켰다 걸리고, 군적 회피자들을 돈을 받고 숨겨 주기도 했다.

《실록》에 의하면 노비들 간에 싸움이 났다는 이유로 본인의 큰어머니인 하원군의 부인을 납치하는 엽기적 행각도 벌인다. 유교 국가 조선에서 이유가 뭐든 간에 큰어머니를 납치했다는 건, 정원군의 정신 상태를 간접적으로 알려 준다. 이후 정원군의 형인 광해군이 왕위에 오른 뒤, 정원군의 셋째 아들인 능창군이 역모에 가담했다는 혐의를 받는다. 그리하여 능창군은 유배를 가고 그곳에서 자결한다. 정원군은 아들 능창군이 죽자, 화병으로 얼마 후 사망한다.

광해군 재위 시, 정원군 집에 왕기가 서려 있다는 점쟁이의 말을 듣고 그 집을 빼앗아 허물고 그 자리에 궁을 세운다. 그 궁이 경희궁이다. 결국 정원군의 큰아들인 능양군이 인조반정을 일으켜 왕이 되었으니, 저 점쟁이의 예언은 맞는 말이 된 셈이다. 《실록》에 등장하는 여러 점쟁이 중에 거의 유일하게 용한 점쟁이랄까.

정원군의 묘는 장릉이다. 어, 능이라고? 인조반정으로 왕위에 오른 인조가 자기 아버지 정원군을 원종으로 추숭했다. 그래서 대원군이 아닌 원종이란 묘호를

장릉의 묘표(위).
정원군의 능인 '장릉'의 석물들.
추존된 왕 치고는
석물이 크다(아래).

받게 되었기에 그의 묘는 '장릉'이다. 저지른 악행에 비해 너무 대접이 후하다.

몇 해 전 김포 장릉이 다시 주목받았다. 문화재청과 지자체의 실수로 유네스코 세계문화유산으로 지정된 조선 왕릉(김포 장릉도 포함) 근처에 규정을 어긴 아파트가 건축되었다. 그래서 저걸 부수네 마네 했었다. 직접 가서 보았을 때는 아파트가 별로 눈에 들어오지는 않았다. 김포 장릉은 정비가 잘 되어 있었다. 그런데 유네스코 세계문화유산으로 지정되면서 왕릉 접근을 허락하지 않는다. 아주 멀리서 바라보아야만 했다. 장릉의 하이라이트는 웅장한 무인석인데 망원 렌즈로나 담을 뿐, 가까이서 볼 수는 없다.

당대에도 망나니짓으로 사람들을 괴롭히고 죽어서 수백 년이 흐른 지금도 사람들을 성가시게 하고 있는 정원군이다.

역대급 사이코패스, 순화군

선조의 문제아 삼형제 중 막내, 6남이자 수원이 지도에서 사라질 뻔하게 한 순화군 이보李玨(1580~1607)의 묘는 경기도 남양주 별내면에 있다. 수락산 근처다. 앞서 임해군이 왜놈들에게 포로로 잡혔을 때 같이 잡힌 인물이 순화군이다. 그렇다면 함경도에서 패악질한 건 주지의 사실이고 《실록》을 보자.

> 내(선조)가 말하는 것은 미안하긴 하나, 내가 만약 말하지 않으면 조정이 어떻게 알겠는가. 그(순화군)의 성기性氣는 극히 이상하여, 어릴 때부터 천성적으로 잔인하였다. 이제 저곳에서 하는 일이 모두 사람

을 때려죽이는 짓으로 잔혹하기 그지없으니, 더욱 괴롭기만 하다. 비록 주색잡기와 같은 것에 광패狂悖한 사람이라면 그래도 괜찮겠으나 이 사람은 그렇지 않다. 어릴 때부터 새나 짐승일지라도 반드시 잔인하게 상해시켜야 만족해했다. 대체로 이 또한 나 때문이니, 조정 대신과 얼굴을 마주하고 말할 수가 없다(《선조실록》 선조 34년(1601) 2월 10일).

10대 중반에 여러 트집을 잡아, 하루에도 여러 백성에게 형장을 때렸다. 임진왜란 말기에는 여러 차례 살인을 저지르기도 했다. 해마다 10명 가까운 사람을 죽였다. 선조의 첫 중전이 죽어서 장례를 치르는 기간에, 중전을

어머니 순빈 김씨 묘에서 내려다본 순화군의 묘.

순화군 신도비.

모시던 궁녀를 대낮에 겁탈했다. 아들들을 감싸고 돌기 바빴던 선조도 이 사건만큼은 그냥 넘어가지 않았다. 이 일로 순화군은 경기도 수원으로 유배 간다.

유배 가서도 순화군은 정신을 못 차린다. 그래도 왕자님인지라 인사차 방문한 수원 부사를 두들겨 패고, 백성들에게 온갖 행패를 부리는데, 채소가 신선하지 않다고 백성을 잡아다 직접 몽둥이로 20여 차례 두들기고, 소고기를 올리지 않는다고 창고지기 집에 불을 지른다. 여자 무당을 잡아다가 치아를 빼고 부수어 무녀는 과다출혈로 죽는다. 이런 일들이 끊이지 않자, 수원 백성들이 피란을 떠나는 지경에 이르렀다.

수원이 망할 지경이 되자, 할 수 없이 다시 순화군을 한양으로 불러들여 가택연금을 한다. 선조는 이런 아들을 처벌하지 않고 방관하다 결국 서인으로 폐한다. 그래도 그의 못된 행각은 멈추지 않는다. 순화군이 온다는 말만 들어도 사람들이 도망치고 숨었다고 한다. 선조는 어쩔 수 없이 순화군을 집에 가두고 외출 자체를 막아 버린다. 이후 순화군은 26세에 풍병으로 요절한다. 후사도 없었다고 한다. 사후 다시 순화군으로 복권된다.

이 정도면 압도적 악인이다. 그런데 《실록》에 나온 그의 졸기卒記를 보면 "비록 임해군과 정원군의 행패보다는 덜했지만, 사람들을 해마다 10여 명씩 죽였다"라는 문구가 나온다. 그럼 나머지 두 왕자인

순화군 묘표.

임해군과 정원군은 도대체 뭐지?

　남양주 별내, 수락산을 넘는 고개가 있다. 순화궁 고개라 불린다. 이 고개 옆 야산에 순화군의 묘가 있다. 겨울에 가야 한다고 들었다. 고갯길에서 멀리 보면 범상치 않은 무덤과 석물들이 보이는데, 겨울에만 보인다는 것이다. 한길 가에서 분명 저기다 싶은 묘들이 보이는데 접근할 길이 없다. 차를 대고 찬찬히 보다가 공장지대 옆 개천을 따라 올라갔다. 이전에 군부대가 있었던 흔적들이 보인다. 얕은 야산 아래에는 순화군 신도비가 있고 이후 길을 따라가면 순화군의 묘가 있다. 그리고 그 위에는 그의 어머니인 순빈 김씨의 묘도 있다. 임해군과 마찬가지로, 어머니 곁에 묻혔다.

11 믿을 수 있는 송덕비 두 개, 이안눌과 이건창

전국 각지에는 비석거리, 비석군, 비석숲 등으로 불리는 장소가 있다. 거의 도청이나 군청 근처에 비석들을 모아둔 곳을 일컫는 말이다. 서울 송파구에도 있다. 대부분은 선정비다. 선정비는 그 고장을 다스리고 떠난 관리의 선정을 기리는 비석이다. 선정비의 다른 이름은 송덕비, 영세불망비(영원히 잊지 않겠다), 거사비(가셨지만 생각하겠다), 애휼비(아끼고 가엽게 여기어 주셨다), 타루비(눈물을 흘린다) 등이 있다.

그러나 선정비를 모두 믿을 수는 없다. 조선 말기로 가면서 선정비는 폭발적으로 증가하였고 도리어 학정虐政의 상징처럼 변화했다. 선정비를 세우는 데 필요한 비용은 고을 백성들의 부담이었고, 목민관이 바뀔 때마다 선정비를 세워야 하는 이상한 유행 때문에 백성들은 절규했다. 1893년 고부 군수 조병갑이 자신의 아버지 조규순의 영세불망비를 세우겠다고 군민들에게 1,000냥을 거두었고, 이듬해 동학농민운동이 터졌다. 탐관오리 대명사인 고부 군수 조병갑 본인의 선정비도 현재 두 개나 있다. 2007년 특정 지역 선정비 57개를 전수 조사한 임용한 교수의 논문은 조선 후기에 선정비가 얼마나 많은 백성을 고달프게 했는지를 보여 준다. 그래도 목민관에 진심으로 감사해하는 마음으로 만든 비석도 많이 남아 있다.

연산군 제사를 지낸 명문 사대부
이안눌의 '명월동문'

이안눌李安訥(1571~1637). 낯선 이름이다. 덕수 이씨. 덕수 이씨 중 율곡 이이와 이순신 장군은 알아도 이안눌을 아는 사람은 드물다. 하지만 나는 유독 이 사람을 답사길에서 자주 만났다. 처음은 부산에서, 서울 남산에서, 도봉산에서, 연산군 묘에서 그리고 강화도에서…….

그가 살았던 선조~인조 연간은 조선 역사상 가장 힘든 시기였다. 왜란과 호란, 두 번의 전란을 다 겪어 내야 했던 세대. 18세에 진사시에 수석 합격하였으나 관직에 나가지 않고 시를 지으며 지내다가 29세에 문과에 급제하여 관직에 나간다. 그는 후사가 없는 친척, 이필의 양자로 들어간다.

양아버지 이필 덕에 엄청난 재물이 생긴다. 연산군은 후손이 없어 그의 제사는 연산의 외손자인 구엄이 지냈다. 구엄의 딸이 이필에게 시집간다. 구엄 또한 후손이 없어 연산군의 제사는 이필의 양자인 이안눌에게 넘어간다. 즉, 이안눌은 연산군 외손자의 양외손자인 셈이다. 그리하여 서울 도봉구 방학동 일대 넓은 토지의 소유권은 이안눌에게 넘어갔다. 게다가 양아버지 이필의 할아버지는 명종 때 윤원형과 을사사화를 일으키고 영의정까지 오른 이기李芑(1476~1552)다. 즉 양아버지와 양어머니 가문이 연산군, 중종, 명종 때 잘나가던 훈구파 혹은 척신 가문이었고 그 재산이 1+1 형식으로 이안눌에게 돌아간 것이다. 이안눌은 이 재물과 배경에 매우 곤혹스러워했다는 기록도 있다.

내가 그를 주목하는 점이 여기에 있다. 그가 관직 생활을 하던 선조 때는 사림정치의 시대였다. 훈구 척신들을 몰아내려는 젊은 사림들이 조정을 장악한 시기. 아무리 양자라고는 해도 저 정도의 배경이라면, 사림들의 손가

락질을 받을 법도 했는데 그의 관직 생활은 순탄했다. 그의 처신이나 실력 혹은 마음 씀씀이가 남다르지 않았을까 생각한다.

서울 도봉구 방학동으로 간다. 방학동 터줏대감인 연산군 묘 입구에서 좁은 골목을 따라 조금 더 들어가면 한적한 곳에 작은 한옥 한 채가 있다. 연산군의 재실이다. 연산군 묘에는 제법 관람객들이 있지만 여긴 늘 한적하다. 이안눌이 처음 이곳에 재실을 지었다고 하며 이안눌의 후손, 덕수 이씨들이 대대로 연산군의 제사를 지냈다고 한다.

연산군 묘에서 320보 떨어진 언덕에 이안눌의 양할아버지 묘소가 있고, 그 남쪽 너머 연산군 묘에서 200보 떨어진 곳에 양아버지 묘소가 있다. 1604년 모친상을 당한 이안눌은 이곳에서 3년간 시묘살이를 하기도 하였다. 1606년 탈상 후에 할아버지 묘가 있는 북곡北谷에 세 칸 집을 짓고 조상 제사를 받들며 은거할 장소로 삼았다는 이야기가 있다. 즉 이 일대는 이안눌의 공간이었다. 그리고 이 공간에 여러 바위 글씨들이 있다. 하지만 이안

이안눌이 지은 연산군 재실. 그의 후손들이 대대로 제사를 지냈다.

눌과의 접점이 사료로 남아 있지는 않다. 그래도 나는 이안눌의 별업別業(조선시대 별장을 이르던 말)을 답사한다는 마음으로 이곳을 둘러보았다.

방학동에서 우이동으로 넘어가는 언덕길이 있다. 북쪽 방향으로 카페나 음식점들이 줄지어 있다. 이곳 중 한 공터 풀숲에 '명월동문明月洞門'이 있다. 밝은 달의 계곡으로 들어가는 입구, 제법 공을 들여 새긴 바위 글씨다. 길을 따라 정의공주 묘 방향으로 언덕을 내려가다 보면 좌측에 작은 산봉우리가 보인다. 시루봉이다. 도봉산에서 갈라져 나온 작은 봉우리다. 시루봉 초입에 천주교 혜화동교회 방학동 묘원이 있다. 안으로 들어가면 일반인들 묘지 가운데 너른 바위에 바둑판이 새겨져 있고 옆에는 석조石槽(돌로 만든 물통)가 있다. 어떤 연구자들은 이안눌이 만들었다는 해촌전장海村田庄의 터를 이 부근으로 보고 있다. 즉 저 멋들어진 바둑판도 이안눌과 연관성이 있지 않나 하는 답사가들의 마음이 있다.

묘원 울타리를 벗어나 시루봉 계곡으로 들어간다. 여기서부터 어렵다. 묘원의 울타리를 따라 동쪽으로 가면 통행문이 나온다. 멧돼지 피해를 막기

방학동과 우이동 일대에는 이안눌의 바위 글씨가 여럿 남아 있다. 왼쪽부터 시계 방향으로 '명월동문', '계수석', '와폭', '연월암삼폭'이다.

위해 한 방향으로만 열리니 당황하면 안 된다. 통행문을 열고 들어가면 작은 계곡이 있다. 물은 'Y' 자형으로 흐른다. 여기서 계곡을 바라보고 우측에 '계수석谿水石(계곡의 물과 바위)', '와폭臥瀑(비스듬히 떨어지는 폭포)', '연월암삼폭延月巖三瀑(달맞이 바위 아래 3층 폭포)'이 있다. 찾기가 정말이지 만만치 않다. 어느 정도 숙달된 나도 고생을 했으니 초심자 때 갔었다면 한두 개는 놓쳤을 것이다.

엄청난 미사여구 송덕비의 주인공

오래전 바위 글씨에 관심이 조금 생기려던 시점에 부산에서 열리는 학회에 갔다. 학회가 끝나고 KTX 시간까지는 한참이 남았다. 어디를 가 볼까 하다가 부산 범어사를 선택했다. 범어사에 대해서는 아무것도 몰랐지만 개화승 이동인이 이 사찰 출신이라는 단편적 기억이 떠올랐기 때문이다.

범어사로 올라가는 계곡은 금어동천金魚洞天이다. 금어동천 길을 휘적휘적 올라가다 계곡 바위 바위마다 이름이 새겨져 있다는 것을 알게 되었다. '일종의 반달리즘인가' 하며 별생각 없이 올라가다가 박정양(초대 주미공사), 민영돈(초대 주영공사) 이름이 새겨 있는 바위를 보곤 혼란에 빠졌다. 개화승 이동인을 배출한 사찰에서 만난 박정양과 민영돈의 바위 글씨……. 복잡한 개화기 역사의 한 페이지가 발치에 툭 떨어진 느낌이었다.

꽤 긴 시간이 걸려 경내에 도착한 나를 기다리고 있는 것은 청룡암이라는 커다란 바위였다. 이 바위에도 역시 여러 사람의 이름과 문구가 새겨져 있었는데 그중 시 한 편이 동악 이안눌이 남긴 것이었다.

덕수 땅 이 거사	德水李居士
동래산 혜정 상인	萊山晶上人
산수 즐기는 한가한 두 사람	丘壑兩閑身
바위를 밟으니 나막신에 이끼 파랗고	掃石苔粘屐
소나무를 보느라 두건에 이슬 젖는다	觀松露墊巾
수만 겁 내려온 푸른 바위에	蒼崖百千劫
이제 새로이 문장을 새기네	新什是傳神

 사연은 이러하다. 임진왜란이 끝나자 이안눌이 동래 부사로 부임하는데, 이때 범어사의 혜정 스님과 교류를 하였나 보다. 범어사는 임진왜란 때 불탔다가 막 중건을 마친 상태였다. 이안눌은 절에 머물며 26수의 시를

동래 부사로 부임한
이안눌의 시가 새겨진
청룡암 바위.

지었는데 이 중 하나를 범어사 경내 큰 바위(청룡암)에 새겼다. 금어동천의 수많은 바위 글씨 중에 이안눌이 첫 테이프를 끊었고 그 후 약 300년 동안 이 계곡에는 바위 글씨가 수없이 들어섰다.

이제 강화도로 간다. 강화대교를 넘으며 송강 정철과 서포 김만중을 떠올린다. 송강은 뭍이 보이는 강화도 어느 해안 마을에서 파란만장한 삶을 마감했다. 게다가 사인은 아사였다. 세상을 호령하던 서인의 수장이 굶어죽었다. 서포는 저 바다에서 태어났다. 병자호란 때 서포의 아버지가 선원 김상용과 강화 남문 위에서 순절하고, 그 어머니가 가까스로 피란선을 부여잡아 타자마자 배 위에서 태어났다. 그래서 아명이 '선생船生', 즉 '뱃동이'이다. 저 좁은 강화해협에서 서인의 수장은 죽었고 서인의 후예는 태어났다.

강화 답사 1번지는 갑곶진이다. 강화대교를 건너면 지근거리에 있다. 여

이안눌 송덕비.
가장 긴 수식어를 쓰고 있다.
그만큼 감사하는 뜻이다.

기에는 강화도 여러 곳에 있던 비석들을 모아 둔 비석군이 있다. 수도 압도적으로 많거니와 강화도의 지리적 중요성 때문에 우리가 알 만한 인물들이 제법 많다. 이곳에 이안눌 송덕비가 두 개나 있다. 모르고 왔다가 우연히 만나니 어찌나 반갑던지.

하나는 평범했다. 이안눌 청덕선정비. 그런데 두 번째 비 앞에서 나는 방긋 웃었다. 일단 귀부(거북이 받침)의 생김이 익살스럽고 고개를 약간 돌린 모양인 것이 귀여웠고 '유수이공안눌빙청옥백은애장졸대개군영불망지비留守李公安訥氷淸玉白恩愛將卒大開軍營不忘之碑'란 송덕비 제목이 자극적이어서다. '얼음처럼 청렴하고 옥처럼 결백하며 은혜와 사랑으로 장수와 병사를 다스려 군사를 크게 일으킨 이안눌을 영원히 잊을 수 없다'는 뜻이니 '빙청옥백은애장졸대개군'은 요즘으로 치면 '슈퍼 울트라 킹갓 제너럴'쯤 될 듯하다. 내가 만나 본 선정비 중 수식어가 가장 길다. 수식어가 길다는 것은 그만큼 진심으로 감사하다는 의미다.

이제 강화향교로 간다. 강화향교 앞에 아무런 설명도 없이 덩그러니 비석 두 개가 서 있다. 귀부가 있는 것이 강화향교 명륜당 창건비다. 내용은 얼추 "강화가 유수부로 승격되었음에도 공자묘를 모시는 명륜당이 없어 이안눌이 이를 창건하였다. 전당과 재사가 각각 그 법도에 맞았으며, 지붕은 새가 날아가듯 날렵하여 아름다우나 사치스럽지 않았다. 유생들과 선생에게 각각 숙사가 있고 부엌과 곳집도 차례대로 지어져 무릇 48칸에 이르는 강당이 되었다"는 내용이다. 비석의 글씨는 마모가 심하여 알아보기 힘들다. 강화에 관광객도 많이 온다는데 표지판 하나 없

강화향교 명륜당 창건비.
이안눌이 중창했다.

는 것은 안타깝다.

이제 서울로 온다. 중구 동국대학으로 간다. 이곳은 '청학동천靑鶴洞天'이었다. 남산에서 발원하여 청계천으로 흘러내리던 계곡. 동악 이안눌의 증조할아버지 이행이 청학동천에 살았다. 아마도 동악은 이 재산을 물려받아 이곳에서 살았나 보다. 이안눌은 당대의 문장가들과 교류하며 이 청학동천에서 시단(시 모임)을 결성했고 사람들은 그 시단을 동악시단이라 불렀다.

동국대 안에 '동악선생시단'이라는 바위 글씨가 존재했으나 새 건물을 지으면서 사라졌고, 대신 이 비석이 세워졌다.

영조 시절 이안눌의 현손 이주진이 이안눌을 기리려 청학동천 바위에 '동악선생시단'이라는 바위 글씨를 새겼고 글씨는 동국대학교 안에 1984년까지는 존재했다. 그런데 지금은 없다. 동국대학교에서 새 건물 올린다고 바위를 옮기다가 폭삭 깨 먹었다.

1983년 《동아일보》 기사를 보면 대강의 모습이 보인다. 미안했던지 동국대학교가 학교 외진 곳에 동악선생시단 비석을 세웠다. 그리고 그 밑에 건립 경위에 대해서 소상히 밝혔는데 깨뜨렸다는 내용은 없다. 동국대는 잘 알려진 것처럼 불교재단 학교다. 처음 저 동악선생시단 기념비를 새로 만들 때 당시 총장이 반대했다는 풍문이 있다. 불교 학교에 유학자의 비석이 어울리지 않는다고 반대했다고 한다. 그래서 총장이 바뀐 뒤에야 저 비석이 만들어질 수 있었다고 한다.

그 총장은 이안눌을 잘 몰랐나 보다. 이안눌이 남긴 《동악집》에 언급된 승려가 대략 100명가량 된다고 한다. 추사 김정희, 허균 등은 승려들과도 격의 없이 지낸 것으로 유명하다. 하지만 자기들 문집에 승려 이름을 저렇게 많이 남기지는 않았다. 이안눌이야말로 불교를 선입견 없이 바라봐 준 유학자인데, 조선시대보다 지금이 더 편견에 사로잡혀 있는 셈이다.

최연소 과거 급제자 이건창의 영세불망비

조선의 최연소 과거 급제자는 만14세에 급제한 이건창李建昌(1852~1898)이다. 시기는 1866년, 고종 3년이었다. 정종의 왕자인 덕천군의 15세 손으로 조선 후기 뛰어난 문장가였으나, 그의 급제에는 비하인드 스토리가 있다.

1866년 병인양요가 발생했다. 강화도는 프랑스군에 점령당했다. 이건창의 조부 이시원(이조 판서 역임)은 당시 벼슬에서 물러나 강화에서 여생을 보내고 있었다. 그는 외세의 침략에 무참히 무너진 강화 유수부를 바라보며 울분과

경기도 강화의 영세불망비.

경기도 하남의 영세불망비.

경기도 광주의 영세불망비.

책임감을 느꼈고, 임금에게 상소를 올린 후 자결하였다.

강화의 민심은 흉흉했고 이를 달래기 위해 조정은 강화 별시를 시행한다. 강화 별시는 강화도민에 국한된 과거시험이다. 이건창의 조부 이시원은 충의와 척화의 상징적 인물로 부상했고 당시 권력의 정점에 있던 흥선대원군은 이런 흐름을 놓치지 않았다. 이건창은 만14세에 급제하였고 그의 합격에는 이런 정치적 판단이 개입되었다. 이건창은 평생 이러한 사실에 대해 부끄러운 마음을 가지고 있었다 한다.

이건창의 관직 생활은 중앙에서보다는 주로 지방에서, 특히 감찰 임무를 맡는 경우가 많았다. 26세 충청우도 암행어사, 29세에 경기도 암행어사, 42세에는 함경도 안핵사를 맡아 지방 관청을 감사하고 비리를 바로잡는 역할을 했다. 가는 곳마다 탐학한 수령들을 파면했고 폐단을 해결했다. 이리하여 이건창은 조선 후기 암행어사의 대명사가 되었다.

야사에 의하면 고종은 신임 지방관에게 발령장을 줄 때 "네가 가서 잘못하면 이건창을 보낼 것이다"라고 말했다고 한다. 음, 이건 매관매직을 일삼

인천 옹진군 모도의 영세불망비.

서울 송파의 영세불망비.

충남 홍성 영세불망비.

던 고종과는 좀 다른 이야기가 아닌가? 이야기의 기원을 찾아보니《매천야록》에 나온다. "정태호가 황해 감사로 있을 때 부정축재하여 임금에게 바치는 것이 점점 줄어들었다. 임금은 매우 화가 나서 꾸짖기를 '너는 내가 이건창이나 어윤중을 보내 부정을 조사해 오도록 하지 못할 줄 아느냐?'고 하였다." 그럼 그렇지. 딱 이 장면만 보면 고종은 매우 신박한 비즈니스를 하고 있다. 매관매직을 하여 지방 수령을 앉히고 이후 상납이 줄면 청렴한 암행어사를 보내 파면시키기.

이건창이 암행어사로 경기도와 충청도에서 활약한 것은 비석으로도 많이 남아 있다. 확인된 '어사 이건창 영세불망비'는 서울 송파, 경기도 하남과 광주, 강화도, 인천 옹진군 모도(섬), 충남 홍성에 있다. 아마도 전수 조사하면 더 나올 것이다.

26세에 충청도 암행어사로 활동한 이건창은 당시 충청 관찰사 조병식을 파면한다. 조병식은 동학농민운동을 유발한 조병갑의 사촌이며 조병갑보다도 곱절은 악질인 탐관오리였다. 조병식은 수탈을 일삼다가 걸려서 파면당해 돌아왔고 또 파면당해도 돌아왔다. 정말 악귀처럼 거듭 돌아왔다. 돌아올 때마다 벼슬은 점점 올라갔다. 조병식은 이건창보다도 더 오래 살았고 훨씬 더 높은 벼슬살이를 했다. 그리고 전국에 남아 있는 조병식 관련 비석이 이건창 관련 비석보다 많다. 강화도에만 3기가 남아 있다(불망비 2, 선정비 1). 조병식 사례만 보아도 조선은 이미 빛을 잃은 나라였다.

역사서를 엮어 낸 소론 가문

정사正史 대 야사野史. 조선의 대표 정사는 실록이다. 정사가 아닌 모든 역사서는 야사이니, 야사는 여러 책이 있다. 조선 야사의 대표 저서는 이긍익(1736~1806)이 쓴《연려실기술》이다. 약 50권에 이르는 방대한 저술로 400여 종의 서적을 인용하였고 30년에 걸쳐 한 개인이 정리한 역사서이다.《연려실기술》은 태조에서 현종까지의 283년(1392~1674)을 다루었다.

조선 대표 명필 중에는 원교 이광사李匡師(1705~1777)가 있다. 이광사는 몰락한 서인 소론 가문이었다.《연려실기술》을 쓴 이긍익은 이광사의 아들이다. 아버지의 유배지로 따라가서 쓴 책이《연려실기술》이다.

몰락한 소론 가문은 강화도에 흘러들어 와 숨죽여 살았는데 그 후손이 이건창이다. 이건창의 할아버지 이시원이 병인양요로 초토화된 강화도를 바라보며 책임감을 느껴 자결하였고, 그 덕에 이건창은 조선 최연소 과거 급제자가 될 수 있었다고 앞서 언급했다. 이시원은 강화에서 일생에 걸쳐 100여 권에 달하는 역사서를 정리했고 이를 손자인 이건창에게 물려주었다. 이를 바탕으로 이건창이 쓴 책이《당의통략》이다.

《당의통략》은 선조에서 영조까지 180년(1575~1755)의 당쟁의 역사를 정리하였다. 이건창은 비록 서인 소론이었으나 최대한 객관적 자세를 유지하며 저술에 임하였고 현존하는 가장 우수한 조선 당쟁의 기록으로 꼽히고 있다. 몰락한 소론 가문, 이긍익, 이시원, 이건창은 조선의 역사를 정리하고 있었다.《연려실기술》과《당의통략》을 연결하면 조선의 건국부터 영조까지의 역사가 이어진다. 수백 수천의 사관들이 만든 조선의 정사와는 달리 한 몰락한 가문의 사람들이 점점이 이어지며 조선의 역사를 써 내려간 것이다.

그럼 조선의 후반부가 빈다. 이 공백은 이건창의 영혼의 단짝 매천 황현이 맡았다. 황현은《매천야록》을 썼다. 1864년부터 1910년까지의 역사를 남겼다. 그리고 조선은 끝났다.《연려실기술》,《당의통략》,《매천야록》을 줄 세우면 약 100년(정조, 순조, 헌종, 철종)을 제외한 조선의 야사가 완성된다.

위부터 이건창의 생가, 묘소, 이건창의 조부 이시원의 묘이다.

강화도로 간다. 이건창의 생가가 있다. 아담한 초가집으로 지자체가 복원한 것이다. 생가 뒤에는 이건창의 선조들 묘소가 모여 있다. 조부 이시원의 묘도 이곳에 있다. 길 건너에는 이시원이 심었다는 탱자나무도 잘 자라고 있다. 닳아 버린 천연기념물 표석이 정겹다. 이건창의 묘소는 이곳에서 조금 떨어져 있다. 묘비도 없는 담백한 묘소다. 그래도 괜찮다. 전국에 암행어사 이건창을 기리는 비석이 아직도 여섯 기나 남아 있으니 말이다.

이건창 묘소 가는 길.

12 덕흥대원군 집안과 현충원

조선에는 단 네 명의 대원군이 있었다. 대원군大院君은 왕의 아버지에게 주는 칭호다. 조선은 왕위 계승권자가 아닌 왕족의 아들이 즉위하면 아버지에게 이 칭호를 주었다. 네 명 중 처음은 덕흥대원군 이초李岹(1530~1559)이다. 최초의 방계 출신 왕인 선조의 아버지다. 그저 그런 흔한 왕족 중 한 명으로 역사에서 사라졌을 인물이, 조선 왕실의 중심 줄기로 등장하는 이야기를 따라가 보겠다. 그 후손들의 좌충우돌 인생사를 보면 조선의 흥망성쇠를 반영하는 듯하여 서글프다.

국립서울현충원의 '원주인', 창빈 안씨

2001년 SBS에서 방영된 〈여인천하〉라는 드라마를 기억하시는지. 월탄 박종화의 소설이 원작인 대하 사극이었다. 중종, 인종, 명종으로 연결되는 시간 속에서 궁궐 내 여인들을 중심으로 전개되는 권력투쟁을 보여 주는 드라마였다.

저기 등장하는 중종의 부인들—문정왕후, 경빈 박씨, 희빈 홍씨, 창빈 안씨—중 당시의 승자는 단연 문정왕후이다. 본인의 아들(명종)을 결국 왕위에 올렸으니 말이다. 그 투쟁 과정에서 경빈 박씨와 그녀의 아들 복성군은 사사당했다(조선에서 자기 아들을 죽인 왕이 두 명 있다. 영조와 사도세자 사례가 유명하지만 최초는 중종과 복성군이다).

하지만 긴 시간으로 보면 최후의 승자는 창빈昌嬪 안씨安氏(1499~1549)다. 드라마에서 창빈 안씨는 문정왕후에게 납작 엎드렸다. 혹자가 문정황후를 조선의 유일한 여왕이라고 할 만큼 절대권력을 가졌기 때문이다. 당시의 창빈 안씨는 경쟁을 할 체급이 되지 않았다. 중종이 승하하자 3년상을 치른 뒤 궁 밖으로 나가야만 했던 창빈 안씨는 문정왕후의 배려로 궁 안에 머물게 된다. 드러내지 않고 조용히 지내는 것이 그녀의 롱 런 비결이었다.

중종이 죽었을 때 안씨는 종3품 숙용이었다. 왕이 죽으면 품계를 한 단계 올려 주니 그녀는 정3품 소용이 되었다. 소용 안씨는 명종 4년, 향년 51세의 나이로 죽는다. 그런데 왜 우리는 그녀를 정1품 빈(창빈 안씨)으로 알고 있는 것일까? 문정왕후의 아들 명종은 후사가 없었다. 그래서 명종은 소용 안씨의 아들 덕흥군의 아들 하성군을 세자로 책봉한다. 하성군은 훗날 선조가 된다. 즉 소용 안씨의 손자가 선조다.

선조 이후 임금은 모두 창빈 안씨의 후손이다. 과장해서 말하면 이때부터 조선은 '창빈 안씨의 조선'이라고 할 수 있다. 선조는 즉위한 후 본인의 할머니인 소용 안씨를 창빈 안씨로 추증한다. 그리고 선조의 아버지 덕흥군은 조선 최초의 대원군인 덕흥대원군이 된다.

창빈 안씨는 처음엔 경기도 양주 장흥리에 묻혔다. 하지만 이듬해 자리가 좋지 않다고 하여, 그녀의 아들 덕흥군은 이장을 결심한다. 덕흥군은 명당자리를 찾았고, 그곳이 바로 지금의 국립서울현충원, 과거의 동작진에 있는 창빈 묘역이다. 이장한 지 3년 만인 1552년 하성군이 태어났다. 그리고

1567년에 하성군은 선조 임금이 되었다. 이런 드라마틱한 연유로 동작나루에 있는 창빈 안씨의 묘역은 조선 최고의 명당자리로 등극했다. "할머니 묘의 발복으로 왕위에 올랐다"는 소문은 사대부 가문에서 유행하던 풍수설에 기름을 부었다.

겸재 정선의《경교명승첩》에〈동작진〉그림이 있다. 산으로 둘러싸여 소담스레 담긴 작은 마을의 중심부가 창빈 안씨의 묘역이다. 풍수적으로 창빈 안씨의 묘역은 가장 좋은 혈穴 자리에 해당한다고 한다. 그리고 이 일대는 창빈 안씨 집안, 즉 선조의 아버지가 되는 덕흥대원군 가문의 소유가 된다. 창빈 안씨가 현충원의 원래 주인이라는 말이 괜히 나오는 게 아니다. 현충원이 조성되기 400년 전부터 창빈 안씨는 이곳을 지키고 있었다.

국립서울현충원으로 간다. 김대중 전 대통령 묘역 입구에서 언덕을 내려

겸재 정선의《경교명승첩》중〈동작진〉.
산으로 둘러싸인 작은 마을의 중심부가 창빈 안씨의 묘역이다.

오다가 좌회전하여 이승만 전 대통령 묘역 쪽으로 향하다 보면 작은 공터가 하나 있다. 여기서 숲을 바라보면 작은 오솔길이 있고 멀리 비석 하나가 보인다. 오솔길을 따라 올라가 보자. 창빈 안씨의 신도비다. 원래 후궁은 신도비가 없다. 하지만 손자가 왕이 된, 선조 이후 조선 모든 적통의 근원인 여자다. 그래서 이례적으로 그녀에겐 신도비가 있다. 게다가 신도비가 사면비다. 단면이 정사각형이고, 사면이 넓이가 같은, 사면비. 매우 드문 것이다. 나는 의정부에 있는 신숙주 신도비에서 한 번 본 적이 있다. 그녀의 위상을 짐작할 수 있다.

신도비를 차분히 감상했으면 길을 따라 조금 더 오르자. 작은 언덕 정상에 창빈 안씨의 묘역이 있다. 아무리 후손들이 막강했다고 해도 능의 격식을 따를 수는 없는 법. 묘역은 여느 후궁의 것처럼 소박한 편이다. 찬찬히 곡장(묘소의 담장)을 따라 살펴보는데 뭔가 이상하다. 곡장 한 부분이 망가져 있다. 무너진 부분으로 다가가서 그 너머를 보고 나는 탄식했다. 아······.

국립서울현충원 안에 있는 창빈 안씨의 신도비.

2004년 노무현 정부 시기 국립서울현충원에 공간이 부족한 것을 인지하고 대전현충원에 8기 규모의 국가원수 묘역을 조성한다. 2006년 최규하 전 대통령이 서거하자 대전현충원 국가원수 묘역에 최초로 안장된다. 문제는 2009년 김대중 전 대통령이 서거하자 발생한다. 유가족은 대전이 아닌 서울현충원 안장을 요구하여 논란이 일었다. 노무현 정부에서 정한 약속을 뒤집는다는 것, 서울과 대전 현충원에 우열이 없는데 서열을 부추긴다는 것, 이미 만장 상태인 서울 경내에 부지를 확보하려면 추가 비용이 발생한다는 것이 반대 이유였다. 당시 대통령이었던 이명박은 난처했지만 유가족의 입장을 최대한 존중하라고 지시했다. 이에 "유족이 서울현충원 현지를 직접 둘러보고 소박한 장소를 구할 것"이라고 당시 행안부 장관이 발표한다.

창빈 안씨의 묘역. 곡장이 무너져 있다. 곡장 너머에 김대중 대통령의 묘역이 있다.

유족이 고른 장소는 창빈 안씨의 묘역이 있는 동산의 후면. 창빈 안씨 곡장 바로 뒤였다. 앞에 언급한 풍수의 혈 자리를 공유하는 '그곳'과 가까워도 너무 가까웠다. 풍수 용어로 이런 걸 범장犯葬이라고 한다. 남의 산소 묘역을 침범하는 것. 풍수가들은 좋은 기운에 곁불 쬐는 것이라고도 표현한다. 창빈 안씨 묘역의 망가진 곡장에서 그 너머를 바라보면 손에 잡힐 듯이 김대중 전 대통령의 묘역이 보인다.

조선에서 이런 일은 목숨 걸고 싸우는 일이었다. 김대중 전 대통령 유족이 창빈 안씨 명당의 기를 쐬려고 이곳으로 정했다고는 생각하고 싶지 않다. 자리가 없었던 것이라고, 어쩔 수 없었던 일이라고 믿고 싶다.

아들 잘 둬 영광을 누린 덕흥대원군

중종의 여덟째 아들인 덕흥대원군德興大院君 이초는 13세에 정인지의 증손녀와 결혼을 했다. 아들 셋을 두고 29세에 요절한다. 그냥 평범한 왕족의 삶이었다. 살면서 행한 유일한 굵직한 일은 어머니 창빈 안씨의 묘를 양주에서 동작동으로 이장한 것 정도가 되겠다. 아들 셋은 순서대로 하원군, 하릉군, 하성군이다.

야사에 따르면 어느 날 명종은 덕흥군의 세 아들을 궁으로 불렀다. 명종은 대뜸 익선관을 벗어 한 번씩 써 보라고 시켰다. 두 형은 시키는 대로 써 보았는데 하성군만 극구 사양했다. 명종이 하성군에게 임금과 아버지 중 누가 중요하냐고 묻자 하성군은 둘은 다르게 보이지만 본디 충과 효는 하나라고 대답했다. 감동한 명종이 하성군(선조)에게 "이 관은 네 것이다"라 했다고 전한다.

덕흥군은 평범한 왕족의 삶을 살다 갔으나 그의 후손들에게는 대운이 터졌다. 인조 4년 하원군·하릉군을 정1품으로 하고 그 후손들은 도정都正(정3품 관직)으로 삼아 대대로 제사를 모시게 하라는 명을 내린다. 영조는 창빈 안씨, 덕흥군과 아내, 하원군과 아내를 불천지위不遷之位에 올린다. 불천지위란 신주를 묘에 묻지 않고 사당에 영원히 모시고 제사를 지낼 수 있게 하는 것이다. 시간이 흘러 조선 말, 순조는 '대원군 적장손 세습제'라 하여 몇 대가 흘러가도 군 작위를 받는 정식 왕족으로 인정받게 하였다. 원래 조선에서 대군은 4대까지, 군은 3대까지만 왕족으로 인정했다. 즉 조선이 망하지 않았다면 덕흥대원군 집안의 후손들은 영원히 왕족의 지위를 누릴 수 있었을 것이다.

덕흥군의 사저는 종로 사직단의 서쪽에 있었다. 하성군은 이곳에서 태어났다. 경복궁 앞에서 좌회전하여 사직단을 지나 사직터널을 지나기 직전 초록색의 GS칼텍스 주유소가 있다. 이 일대가 덕흥군의 사저 도정궁이었다. 대대로 도정들이 살았다고 하여 도정궁이다. 주요 건물인 경원당은 건국대학교 내로 이전되었고 불천지위 6인의 제사를 모시던 덕흥궁은 남양주 별내에 있는 재실로 옮겼다. 지금 남아 있는 흔적은 운경 고택과 주유소 뒤, 현대 가문 소유의 건물 안뜰에 남은 도정궁 별채 정도가 있다.

남양주 별내로 가 보자. 상계동에서 수락산 자락을 넘어가는 고개 이름이 덕릉 고개다. 덕릉 고개를 넘으면 덕릉 마을을 만나게 된다. 마을에는 흥국사가 있다. 신라시대에 창건한 유서 깊은 사찰로, 조선시대에는 덕흥대원군 묘의 원찰이었다. 이 절의 별명이 '덕절'이다. 엄밀히 말하면 덕흥대원군의 묘는 능이 아니다. 하지만 지명에는 일관되게 '능'으로 표현되고 있다. 당시의 위세를 가늠할 수 있는 부분이다.

서울 노원구 상계동부터 수락산 일대, 국사봉까지의 어마어마한 면적이 모두 덕흥대원군 가문의 사패지였다. 지금 덕흥대원군의 묘 입구는 큰길가에 있다. 하지만 묘의 동쪽에 있는 덕릉 마을을 답사하다 보니 원래는 마을에서 올라가는 입구가 있었겠구나 싶었다. 재실에서 묘로 올라가는 방향으로 작은 금천교도 있다. 지금은 민가가 무질서하게 들어서서 당시의 모

덕흥군의 사저 도정궁. 선조는 이곳에서 태어났다.

습을 정확히 추정하기는 어렵다. 이 덕릉 마을에는 덕흥대원군과 그의 큰 아들 하원군의 후손들 묘가 많이 남아 있다. 이들은 덕흥대원군으로부터 시작된 도정궁의 역대 사손祀孫(제사를 지내는 후손)들이다. 아들 하나를 잘 두어 후손들이 어마어마하게 번성한 가문이라 하겠다.

창산군 이해창과 사찰 간의 소송 해부

2005년 작은 소송이 있었다. 도정궁의 14대 사손 이해창李海昌(1865~1945)의 후손들과 수락산 중턱에 있는 내원암이라는 사찰 간의 소송이었다. 특별할 것은 없었다. 철없는 친일파 후손들이 "우리 땅 돌려줘"를 시전한 것.

덕흥대원군 묘소(왼쪽).
덕흥대원군의 무인석. 아래 보이는 무덤은
덕흥대원군의 장남인 하원군의
묘이다(오른쪽).

그런데 특정 기사들이 거슬린다. 팩트와 맞지 않다.

이해창은 누구인가? 덕흥대원군의 후손이다. 도정궁 13대 사손인 경원군 이하전이 후손 없이 죽자 경원군의 양자로 입적되면서 도정궁의 14대 사손이 된다. 도정궁의 사손이 되었다는 말은 이전 글에서 언급한 순조의 '대원군 적장자 세습제'에 의해 정식 왕족이 된다는 의미다. 그의 봉호는 창산군. 음서로 관직에 올라 참봉으로 시작하여 한성 판윤까지 오른다.

1908년 사직동에서 학교 설립을 발기했고, 1909년 계몽단체인 기호흥학회를 지원하는 등 민족계몽운동과 교육사업에 힘썼다. 창산군 부인도 청진동에 양심여학교를 설립하였다. 그리고 나라가 망했다. 1910년 그는 왕족의 지위를 상실했지만 조선 귀족, 후작 작위를 받는다. 1931년에 단군을 모시는 단군신전 봉찬회의 고문을 맡아 민족주의 활동도 한다. 평범한 남자였다. 입양이 된 만큼, 도정궁의 존재 이유에 충실한 삶의 궤적을 따랐을 뿐이다. 기사 하나를 보자.

2005년 9월 11일 자 한 신문의 〈스님들 '절 땅 걸었다. 친일파 후손 한판 붙자'〉란 기사다.

> 조선의 왕족이었던 이해창은 1910년 한일합방 당시 조선총독부로부터 '합병 공로작'으로 '후작' 작위를 받았다. 대표적인 매국노로 알려진 이완용과 송병준이 후작보다 낮은 '백작'과 '자작' 작위를 받았다. 이들보다 이해창이 높은 작위를 받은 것은 이해창의 당시 지위와 친일활동의 정도를 가늠할 수 있는 증거다. 이해창은 한일합방 뒤에도 지속적인 친일활동을 벌여 1897년 설립돼 식민지 매판자본으로 성장한 한성은행의 감사 등을 지냈다. 이해창의 친일행위는 일반 국민의 원성을 사 '토이해창문'이 나돌고, 1913년에는 이해창의

집 도정궁이 불타기도 했다고 기록은 전한다. 이해창은 이 같은 친일행위의 대가로 일제로부터 작위는 물론 1917년에 경기도 남양주시 수락산 일대와 서울 상계동 일대의 방대한 토지와 은사금 16만 8,000원(현재 30억 원 이상)을 받았다.

이 기사의 참과 거짓을 살펴보자.

- 조선의 왕족이었던 이해창은 1910년 한일합방 당시 조선총독부로부터 '합병 공로작'으로 '후작' 작위를 받았다. →참.
- 대표적인 매국노로 알려진 이완용과 송병준이 후작보다 낮은 '백작'과 '자작' 작위를 받았다. 이들보다 이해창이 높은 작위를 받은 것은 이해창의 당시 지위와 친일활동의 정도를 가늠할 수 있는 증거다. →거짓. 일제가 후작을 준 사람들은 왕실과 혈연관계에 있던 사람들이었다. 친일활동의 정도로 후작을 받은 것이 아니다. 일종의 왕족 우대 차원이었다.
- 이해창은 한일합방 뒤에도 지속적인 친일활동을 벌여 1897년 설립돼 식민지 매판자본으로 성장한 한성은행의 감사 등을 지냈다. →거짓. 식민지 매판자본이란 해석은 너무 과도하다. 1878년 다이이치은행 등 일본계 은행들이 조선에 진출해 일본의 경제 침탈이 우려되면서 한국인들은 "근대적 금융기관을 설립해 자국 상공업자를 보호해야 한다"고 목소리를 높였다. 그리하여 1894년 조선은행, 제국은행, 한흥은행 등이 설립됐으나 한 해도 못 가 단명했고, 1897년 한성은행이 설립되어 본격적으로 순수 민족자본 은행으로 첫발을 내디뎠다. 이 한성은행이 훗날의 조흥은행이다. 이

해창이 1923~1928년에 한성은행 이사를 역임한 것은 사실이다.
- 이해창의 친일행위는 일반 국민들의 원성을 사 '토이해창문'이 나돌고→거짓. 일반 국민의 원성과는 아무 관련이 없다. 앞서 이해창은 도정궁 가의 양자로 들어왔다고 했다. 그런데 그의 양아버지 경원군의 친자라는 사람이 나타나서 도정궁은 뒤집히고, 이해창은 경성법원에 친자 확인 소송을 제기하여 승소한다. 이 친자 확인 소송과 관련하여 이해창을 성토하는 방이 나돌게 되고 이것이 '토이해창문'이다. 국민의 원성과는 아무 상관이 없었고 이해창 가족 문제로 발생한 일이었다. 당시 이 '토이해창문'과 관련된 자들은 처벌도 받는다.
- 1913년에는 이해창의 집 도정궁이 불타기도 했다고 기록은 전한다.→거짓. 마치 일반 국민의 원성을 사서 도정궁에 불이 난 것처럼 말하는데 집안 상 중에 부엌에서 불이 난 것임. 이쯤 되면 저 기사는 기사가 아니라 '소설'이다.
- 이해창은 이 같은 친일행위의 대가로 일제로부터 작위는 물론 1917년에 경기도 남양주시 수락산 일대와 서울 상계동 일대에 방대한 토지를 받았다.→거짓. 이전 글에서 밝힌 것처럼 저 일대가 다 원래 도정궁 소유의 토지였다. 그러니 원래 도정궁의 사손인 이해창의 땅이 맞다.

그럼, 저기 1917년은 무엇인가? 대한민국의 토지소유권 제도는 일제의 토지정리사업에 의하여 토지사정부가 작성되면서 이루어졌다. 일제가 토지정리사업을 시행하며 조선인에게 이미 소유하고 있던 토지를 신고하도록 하는 절차였다. 즉, 실제 소유권 취득 시기와 상관없이 신고된 토지를 확인해 주면, 그날로 소유권을 취득한 것으로 간주하였다. 그러므로 사정은 당시 누가 토지나 임야를 소유했는지를 알려줄 뿐 그가 실제로 언제 취득했는지는 알려 주지 않는다. 즉 1917년에 이해창은 일제로부터 저 땅을 받은 것이 아니고 원래 가지고 있던 땅을 1917년에 신고, 확정받아 문서화했다는 말이 된다. 이걸 신문 기사에서 이런 식으로 전달하면 소송에 개입하겠다는 말이다. 아니면 여론몰이를 하겠다는 의미이거나.

- 이해창은 이 같은 친일행위의 대가로 일제로부터 작위는 물론 은사금 16만 8,000원(현재 30억 원 이상)을 받았다. →일부 거짓. 일단 은사금이 아니다. 은사공채, 즉 채권이다. 50년 만기, 연 5퍼센트 이율의 채권. 일제의 은사공채는 조선 귀족, 교육기관인 경학원, 군수 등 한국 관리 3,638명, 병합 공로자들, 그 유족들, 조선 유생들 1인당 15원꼴로 30만 원, 효자·열녀·마을 모범자에게 1인당 10원씩 3만 2,090원, 기타 환자나 고아·광증자·일반 궁민·행려병자들에게 나머지 400만 원을 뿌리는 등 고위관료에서부터 하층민까지 식민지 통치를 원활하게 하기 위한 일종의 뇌물로 뿌렸다.

이해창 후손이 이제 와서 내원암 땅을 돌려 달라고 소송을 제기한 것은 괘씸하다. 하지만 팩트를 왜곡한 기사를 낸 언론도 마땅찮다. 이 나라는 봉건 왕정이 무너지고 근대 공화정으로 넘어가는 전환기에 불행하게도 외세의 개입과 식민지화가 있었다. 그래서 그 전환의 시기에 필연적으로 발생하는 엄청난 혼돈과 진통을 모두 당시 개입했던 외세에 떠넘기고 있는 게 아닌가 생각한다.

이해창의 묘는 다른 도정궁의 사손들처럼 남양주 별내, 덕릉 마을 내에 있다. 앞서 소개한 덕흥대원군 재실 바로 뒤다.

이제 내원암을 찾아가 본다. 내원암은 앞에 소개한 수락산 옥류폭포를 경유하는 등산로를 따라 올라가면 된다. 등산로 초입에서 엉뚱한 신도비 하나를 만난다. '충정공 이홍술 신도비'다. 이홍술李弘述(1647~1722)은 조선 후기 무인이었다. 노론 삼장신三將臣(조선 경종 신임사화 때 역적으로 몰려 죽은 노론 계열의 삼대장)으로 형조 판서를 지냈다. 연잉군(영조)이 왕세제로 책봉되는 데 기여했으나 목호룡의 고변 사건에 연루되어 죽는다. 신도비는 순조 시절 김조순이 썼다. 그리고 이홍술은 덕흥대원군의 5대손이다. 내원암 올라가는 초입에 위치한 이홍술 신도비가 무엇을 의미하겠는가? 여긴 그냥 모두 저 가문의 땅이었다.

40분가량 산을 오르면 내원암을 만난다. 단풍이 고운 가을에 찾아갔는데 작고 아름다운 암자였다. 절의 내력을 적어 놓은 팻말을 보면 정조 18년 내탕금(왕의 개인 금고)으로 중창 불사를 했다는 말이 있었다. 즉 내원암은 조

덕흥대원군 재실과 수락산 중턱에 있는 내원암(왼쪽).
이해창 묘소. 뒤로 역대 도정궁 사손들의 무덤이 줄지어 있다(오른쪽).

선 왕실과 매우 밀접한 관련이 있는 절이었다. 이런 사연이 있는 절이 왕실 후손들과 소송에 휘말리다니.

창산군 이해창은 해방되던 1945년 3월에 사망한다. 그는 구한말에 자기 앞가림하기 급급했던 왕족이었을 뿐이다. 게다가 창산군의 양아버지인 도정궁 13대 사손 경원군 이하전이 역모 혐의로 21세에 귀양지 제주에서 사약을 받고 죽은 이력이 있다. 이해창은 대가 끊긴 도정궁에 구원 투수로 영입된 사람이다. 그렇다면 왕실의 뜻을 거스르거나 독단적으로 힘을 키울 엄두를 내지는 못했을 것이다. 오로지 고종·순종을 잘 보필하면서 덕흥대원군파 일족이 번성하는 데 온 힘을 기울인 그저 그런 인물일 뿐이다.

다시 국립서울현충원으로 간다. 현충원 가장 높은 곳에 호국지장사라는 절이 있다. 고려 공민왕 때 보인대사가 창건하였으며, 1577년(선조 10) 선조

국립서울현충원 안에 있는 호국지장사. 한국전쟁 이후 국립묘지가
들어서자 호국영령을 위해 기도하는 사찰이 되었다.

가 할머니 창빈 안씨의 원찰로 삼아 갈궁사葛宮寺라고 하였다. 한국전쟁 이후 국립묘지가 들어서자 수많은 유가족이 호국영령을 위해 기도하는 사찰이 되었다. 그 뒤 1983년에는 국립묘지에 안치된 호국영령들이 지장보살의 원력으로 극락왕생하기를 기원하는 뜻에서 절 이름을 호국지장사護國地藏寺로 다시 바꾸어 오늘에 이르고 있다. 작지만 아름답게 잘 관리되는 절이다. 절 안쪽 으슥한 곳으로 간다. 오석으로 만든 비석이 하나 있다. 군데군데 부서진 흔적이 있다. 비석에 새겨진 글이다.

현충원 내
창산군 이해창의
송덕비.

경성부 사직정 도정궁
대시주 이해창 송덕비
동작정 산37번지 임야 3정
소화 17년 (1942)

임야 3정이면 지금의 1만 평이다. 호국지장사에서 150미터 떨어진 곳이 현충원 충혼당(호국영령들을 봉안해 둔 곳)이다. 저 1만 평이 어디까지일까? '친일파'가 기부한 땅에 호국영령을 기리는 절이 있다. 그리고 그 절 안에는 그 친일파에 감사하는 비석이 있다. 이 아이러니는 어떻게 바라봐야 하는 것인가?

13 명필 글씨, 미수 허목에서 추사 김정희까지

왜 그런지는 모르겠지만 내가 좋아하는 조선시대 인물들에는 공통점이 하나 있다. 우암 송시열과 치열하게 대립한 인물들. 송시열이 워낙 강력한 세를 과시하던 인물이라 그와 대립했다기보다는 그에게 핍박을 받았다고 하는 게 더 맞을 게다. 하지만 그에게 강하게 도전한 영혼의 맞수가 있었으니 미수 허목이다.

송시열의 최대 라이벌, 미수 허목

앞서 송시열이 '사문난적 4호'로 지목한 박세당을 다루었다. 허목許穆(1595~1682)은 '사문난적 2호'. 송시열의 최대 라이벌로, 송시열은 결국 사약을 받았으나, 허목은 천수를 다 누리고 88세에 사망하였다. 그의 호, 미수眉叟는 눈썹이 긴 늙은이라는 의미로, 남아 있는 그의 초상화에서도 하얗고 수북한 그의 눈썹을 볼 수 있다.

허목이 살아간 시기는 한반도 역사상 손에 꼽을 정도로 혼란스럽고 힘든 시기였다. 임진왜란 중 태어난 그는 두 번의 왜란과 호란을 다 겪어 내야 했다. 남인의 수장으로 서인들과 극렬히 대립하였다. 특히 임금이 상복을 입는 기간을 두고 서인들과 싸운 '예송논쟁'의 불씨를 지폈고, 예송논쟁이 심화되는 과정에서는 "송시열을 죽이라"는 강력한 상소를 올리기도 했다. 예술에도 다방면의 재주를 보여 혹자는 그를 조선의 레오나르도 다 빈치라 칭하였고 특히 서예에 높은 경지를 보여 전서篆書인 미수체를 완성했다. 이는 추사 김정희에게도 영향을 주었다고 한다.

그는 서울에서 태어났으나 그의 직계 조상 양천 허씨들은 대대로 연천에 살았다. 허목도 은퇴 후 이곳에 머물다가 사망했다. 그의 무덤도 경기도 연천군 왕징면 강서리에 있다. 그곳은 지금 민통선 안에 있다.

신기하게도 네이버 지도에 허목 선생 묘가 표시되어 있다. 주말 아침 네이버 지도를 켜고 부푼 마음으로 답사지를 향해 출발하였다. 네이버 지도의 안내를 받아 신나게 가 보니, 25사단 검문소다. 절차를 밟고 기다리니 군용 버기카 한 대가 내려왔다. 간부와 병사 한 명이 타고 있었다. 신기하게도 네이버 지도는 민통선 안에서도 길 안내를 해 주었고 버기카는 뒤에서 따라왔다. 어느새 포장도로를 벗어나 임도를 달렸다. 한참 가는데 뒤에서 버기카가 신호를 해서 정차했다.

"어디로 가십니까?"

"(지도를 보여 주며) 앞산을 넘을 듯합니다."

"여기부터는 저희도 안 가 본 지역입니다."

"왜요?"

"지뢰 매설 지역입니다."

"……."

망할 네이버 지도……. 25사단 지역으로 가면 안 된다. 다시 군남면으로 물러나니 친절하게 도로 표지판이 있다. 따라가 보니 다른 사단에서 관리

미수 허목의 묘표 앞면. 총탄 자국이 많이 나 있다.

하는 검문소가 있다. 여기가 맞는 장소다. 이번에는 군용 트럭이 따라온다. 민통선 안은 고요했다.

미수 허목의 묘역은 정비가 잘 되어 있었다. 아직도 후손들이 민통선 내에서 농사를 지으며 묘역을 관리하고 있다고 한다.

미수 허목의 묘표 뒷면. 앞면의 독특한 전서체는 허목이 직접 쓴 것이라는 내용이 적혀 있다.

아래에는 '석호石戶'라 새겨진 바위도 있었고 석관도 있었다. 작은 동산을 오르자 허목의 묘다. 연천 편의점에 들러 사 온 막걸리를 뿌렸다. 장명등, 망주석, 문인석 등은 엄청나게 새카맣고 묘표만 백옥같이 하얗다. 그의 기인적 풍모가 여기서 다시 한번 느

미수 허목의 묘소. 석물들은 모두 검은데 묘표만 밝은 색이다.

껴진다. 총탄 자국이 엄청나게 많이 난 묘표 전면에는 독특한 전서체 글씨로 '우의정문정공미수허선생지묘右議政文正公眉叟許先生之墓'라 쓰여 있다. 이게 허목 선생의 글씨인가 싶었는데 뒷면 첫 줄에 '허미수자명許眉叟自銘'(미수가 스스로 쓰다)이라 적혀 있다. 짜릿했다.

출발 전, 호젓하게 묘역에 앉아 막걸리 한모금 마시며 그의 생애를 차분히 돌아보는 계획을 세웠지만 실제는 정신이 사나웠다. 묘역 아래에서 작업 중이던 양천 허씨 후손들이 웬 낯선 자가 액체를 묘 주변에 붓기 시작하자 긴장해서 노려보기 시작했고, 따라온 군인이 언덕 아래에서 우리를 감시하고 있었기 때문이다. 묘역을 둘러보고 은거당 터로 간다. 묘소에서 500미터가량 떨어진 곳에 있다. 평지로 내려오니 양천 허씨 후손이 다가와 어떻게 왔냐고 묻는다. 평소 선생님을 흠모해서 한번 찾아와 보았다고 말하자 안도의 미소가 가득한 얼굴로 변했다.

허목은 은퇴하고 연천으로 물러나 살았다. 초막에서 살았는데 어느 날 불이 나 매우 곤란해졌다고 한다. 이 사실을 안 숙종이 집을 지어 주었고 허목은 이 집에 은거당이라는 이름을 붙였다. 그는 은거당에서 88세에 생을 마감한다. 은거당은 한국전쟁 때 파괴되었다. 조선 500년 동안 임금이 신하에게 집을 지어 준 건 딱 세 번이다. 방촌 황희, 오리 이원익 그리고 미수 허목.

주말에 쉬고 있는 군인 장병들을 귀찮게 해서 고맙고, 미안한 마음이 가득한 답사였다.

한반도 1세대 래퍼의 풍자

오늘은 야사를 따라 간다. 예송논쟁이 격렬해지던 시기, 남인 영수 허목은 이러다가 남인이든 서인이든 다 갈려 나갈 것 같은 위기감을 느낀다. 이에 허목은 서인 영수 송시열을 만나 사태를 해결하고자 했다. 그래서 송시열이 머물던 괴산 화양구곡을 찾아갔으나 송시열은 만남을 거절한다. 이에 허탈하게 돌아서며 허목은 시 한 수를 남긴다.

보지화양동步之華陽洞 불알송선생不謁宋先生
걸어서 화양계곡까지 왔건만, 송 선생님을 뵙지 못하네.

이토록 간결하고 폐부를 아프고 깊게 찌르는 디스diss가 어디에 있었던가?

송시열의 화양구곡 중 제1곡인 경천벽(왼쪽).
경천벽 바위 글씨(오른쪽).

허목의 발걸음을 따라 화양구곡으로 송시열을 만나러 간다. 화양구곡. 화華는 중화. 명나라를 지칭한다. 양陽은 일양내복一陽來復. 군자의 도가 부활한다는 의미이다. 즉, 명은 망했지만 다시 부활할 것이란 뜻이다. 구곡은 성리학을 집대성한 주자가 복건성 무이산에 아홉 개의 계곡을 설정하고 은거한 무이구곡에서 따온 말이다. 주자의 사생팬이었던 송시열은 성리학을 넘어 주자 그 자체가 되고자 했다. 그리하여 화양이라 이름 붙인 이 계곡에 아홉 곳의 명소를 설정하고 화양구곡이라 했다. 《조선왕조실록》 최다 출연자가 송시열이다. 무려 3,000회 이상 검색이 된다. 화양구곡은 300회 정도 검색이 된다. 조선 정치사에 이곳만큼 상징성을 갖는 곳은 없다.

타박타박 걸어 화양구곡에 접어들면 가장 처음 만나는 제1곡은 경천벽이다. 물길 넘어 높은 절벽이 있고 아래에 '경천벽擎天壁'이라 새겨져 있다. 다음은 제2곡 운영담雲影潭. 주자의 시에서 취한 문구로 하늘의 구름 그림자가 계곡 물속에 맑게 비친다 해서 붙여진 이름이다.

다시 길을 따라가면 길 양옆으로 바위 기둥이 있다. 만동묘 하마소下馬所다. 여기서는 말에서 내려야 하는 곳이다. 야사에 의하면 흥선대원군이 집권 전 만동묘 구경을 왔다가 여기서 하마하지 않아 만동묘지기에게 발길로 걷어차였다고 한다.

만동묘는 망한 명나라의 만력제와 숭정제를 제사 지내는 사당이다. 조선 후기 구전되는 노래 중에 "원님 위에 감사, 감사 위에 참판, 참판 위에 판서, 판서 위에 삼상(삼정승), 삼상 위에 승지, 승지 위에 임금, 임금 위에 만동묘지기"라는 말이 있었다고 한다. 그만큼 만동묘의 횡포는 상상을 초월했다.

제3곡 읍궁암泣弓巖. 효종이 죽자 송시열이 몸을 활처럼 휘며 울었다는 바위다. 맞은편에 만동묘가 있다. 제4곡은 금사담金沙潭. 여기가 송시열의 집

화양구곡 중 제2곡인 운영담과 바위 글씨(위).
화양구곡 중 제4곡인 금사담. 송시열은 저 정자 뒤에 초막을 지어 살았다.
네모 안은 금사담 바위 글씨(아래).

이다. 올라가 볼 수 없어 물 건너에서 바라본다. 절벽 위에 기와집이 있다. 암서재다. 송시열은 여기 암서재 뒤쪽 초가에 살았다. 바위 글씨 여럿이 보인다. 우선 이곳의 이름을 알려 주는 금사담金沙潭, 명 태조의 글씨로 새긴 충효절의忠孝節義, 명나라가 망한 것을 안타까워하는 송시열의 글씨. 창오운단 무이산공蒼梧雲斷 武夷山空 등이 눈에 띈다. 허목은 어디쯤 왔다가 돌아간 것일까?

금사담 맞은편 절벽에 누가 나무아미타불을 새겼다. 서인 노론의 최종 던전인 이곳에 누가 저런 빅 엿을 남겨 두었을까? 화양구곡의 하이라이트는 제5곡 첨성대瞻星臺다. 여긴 정말 어질어질하다가 토악질이 밀려 올라오는 바위 글씨들이 많은 곳이다. 추후 소개할 기회가 있을 것이다.

한반도 1세대 래퍼를 알아보았다. 나도 걸어서 화양구곡을 둘러보았으나 송 선생을 만나지 못했기에 '불알 송선생'이다.

서인이 짓고 남인이 쓴 '취선암'

〈그 여자 작사 그 남자 작곡〉. 좋아하는 영화다. 바위 글씨에도 비슷한 사연이 있어 소개한다.

율곡 이이는 1568년 33세였다. 이조 좌랑에 제수될 만큼 잘나가는 젊은 관료였으나 문득 쉬고 싶은 마음이 들었다. 외할머니 병환을 내세워 사직하고 강릉으로 내려온다. 친구, 친척들과 강릉 주변을 여행 다녔는데, 이때 지금의 오대산 소금강 지역을 여행하고 낸 기행문이 〈유청학산기遊靑鶴山記〉다. 여기에 이런 내용이 나온다.

절 근처의 너럭바위에 앉아서 점심을 먹은 후 곧 산을 내려오는데 토곡兎谷에 이르니 권신權愼이 길옆 반석 위에 술자리를 마련해 놓고 우리를 기다리고 있었다. 반석 곁에는 한 길쯤 되는 절벽 위에서 폭포수가 쏟아지고 있었다. 우리는 거기에 앉아 술잔을 돌린 뒤에 우리가 앉았던 바위를 취선암醉仙巖이라고 이름을 지었다.

취선암, '신선들이 하늘에서 내려와 경치에 취해 하늘로 올라가는 것을 잊어버릴 정도로 아름다운 바위'라는 뜻이다.

미수 허목은 참 많은 곳을 놀러다녔다. 젊어서 그리고 늙어서도 마찬가지

후학지기대. 허목의 글씨로 전해진다(왼쪽).
취선암. 율곡 이이가 이름을 짓고 후대 허목이 글을 새겼다(오른쪽).

였다. 허목의 후대 사람인 채제공이 관악산 기행문 〈유관악산기〉에 본인이 예순에 관악산을 힘들게 오르며 과거 허목이 여든 넘은 나이에도 관악산을 수월하게 등반하여 사람들이 신선이라 불렀다고 언급할 정도였다.

허목이 오대산 소금강에 간 적이 있다. 그리고 율곡 이이가 취선암이라 이름 지어 준 절벽 근처 바위에 '醉仙巖(취선암)'이라 글을 써, 새겼다. 서인 종주인 이이가 이름을 짓고, 남인 영수였던 허목이 글씨를 썼다. 둘의 세대가 달라서 만난 적은 없지만 남인과 서인은 앙숙이었는데, 이런 궁벽한 시골에서 아무도 모르는 화해(?)의 장면이 남아 있는 것이다.

오대산 소금강으로 간다. 강릉 쪽에서 접근하는 것이 여러모로 편하다. 소금강의 초입, 강릉시 연곡면 삼산리, 장천 삼거리 소금강 할인마트 뒷마당에서 초서체로 새겨진 취선암을 찾았다. 계곡물이 시원하게 흐른다. 원래 있던 곳은 여기가 아닐 것이다. 이이가 언급한 것처럼 어느 폭포 아래에 있었을 것인데 지형이 변하고 태풍으로 계곡이 범람하면서 이곳으로 밀려 났을 것이다. 이이가 짓고 허목이 쓴 바위 글씨를 감상하고 바로 뒤로 돌아 1미터 앞, 철제 펜스를 넘어가면 넓적한 바위에 글씨가 또 있다.

'후학지기대後學知己臺', '후학이 자신을 알게 된 곳'이라는 뜻이다. 이 또한 허목의 글씨라고 전해진다. 좌측에 갑술칠월일甲戌七月日이라 새겨 있어 1634년(인조 12) 7월에 새긴 것이라 본다. 허목이 젊은 시절에 다녀간 곳이다. 신문을 검색해 보니 '후학지기대' 바위도 원래는 이곳에 있던 것이 아니었다고 한다. 태풍 때 바위가 훼손되어 처박혀 있던 것을 관에서 이곳 취선암 바위 글씨 앞으로 옮겨 놓은 것이라 한다.

미수 허목의 사돈이자 친구, 이진무 묘비

파주와 연천은 분단 이전 개성과 한양을 연결하는 중간 지역으로 번성했다. 하지만 지금은 삭막한 군사 지역이 되었다. 그곳에서 과거의 영화를 상상하는 건 쉽지 않다.

연천 임진강에 고랑포라는 포구가 있다. 임진강 뱃길을 통해 물산이 모이는 매우 번성했던 곳이다. 특히 일제시대 화신백화점 분점이 이곳에 있었다는 주장도 있다(1945년 이전 신문을 아무리 검색해도 이 내용은 없는데 기사를 보면 연천 사람들은 철석같이 믿고 있음). 또한 역사적 장면들을 많이 간직한 곳이기도 하다. 임진강을 건널 수 있는 여울목이 있어 고대부터 수많은 발길이 끊이지 않는 곳이었다. 신라의 마지막 왕인 경순왕의 무덤이 이곳 고랑포에 있고 병자호란 때 청나라군이 도강한 지점도 여기다. 그 병자호란 끝에 청에 볼모로 끌려간 소현세자도 이곳에서 강을 건너 심양으로 갔다.

호로고루성에서 바라본 임진강과 고랑포.

허목이 쓴 이진무의 묘표 앞.

한국전쟁 때도 엄청난 격전지였으며 김신조가 북한 특수부대원들과 휴전선을 넘어와 도강을 한 지점도 고랑포였다.

임진강은 미수 허목의 놀이터였다. 허목은 낚시도 하고 배를 타고 나가 경치를 구경하고 절벽에 새겨진 바위 글씨를 찾아다녔고 본인도 바위에 글씨를 새겼다. 이때 그의 벗이 되어준 이가 있으니 이진무李曧茂(1608~1677)다. 이진무는 허목의 둘째 아들의 장인이니 허목과는 사돈관계였다. 효령대군의 후손으로, 평생을 연천 임진강 변에서 두 마리 학을 키우며 낚시를 즐겼다.

이진무가 죽고 그의 묘비문을 짓고 써 준 이도 허목이었다. 그의 주특기인 글씨로 먼저 간 사돈이자 친구와의 작별 인사를 했다. 허목 묘에서 나와 임진강을 건너 연천군 군남면으로 간다. 왕림리 부처 고개 정상까지는 포장도로가 있다. 여기서부터 비포장 군사도로를 따라 북쪽 경사로를 따라가면 이진무의 묘가 나온다. 1996년도에 한 답사가가 마을 주민의 제보로 찾았다고 한다. 건립 연대는 1680년(숙종 6), 전서체가 아니고 해서체다. 허목이 죽기 2년 전 쓴 글씨를 감상할 수 있다. 특이한 것은 글을 짓고 쓴 사람의 이름이 비석 전면에 있는데, 여기 말고 다른 곳에서 이런 형식을 본 적이 있는가 싶다.

허목이 쓴 이진무의 묘표 뒤.

척화파에 돌직구 날린 유석

허목이 남긴 또 하나의 흔적을 찾아 경기도 안산으로 간다. 조선시대 경기 안산 지역의 세도 가문은 진주 유씨였다. 왕실의 부마를 배출하여 안산 일대에 사패지를 받았고 인근의 어염권(어업 및 염전 운영권)을 받아 가문이 크게 일어났다. 그리고 이 가문은 남인이었다. 치열한 붕당정치 다툼에서 남인들은 서서히 기운을 다했다. 쇠락한 남인들 특히 기호 지역(서울, 경기, 충청) 남인들에게 안산의 진주 유씨들은 막강한 재력을 바탕으로 뒷배를 봐 주었다. 지금도 안산에는 청문당이라는 진주 유씨 가문의 한옥이 남아 있다.

진주 유씨 가문에 유석柳碩(1595~1655)이라는 인물이 있다. 내가 그를 처음 알게 된 건 병자호란 당시 주화파와 척화파의 치열한 대립의 기록을 찾아볼 때였다. 병자호란 시 강한 결기를 보인 척화파 김상헌. 그 덕으로 그는 조선의 충절과 절개의 화신이 되었다. 그의 후손들은 김상헌의 후광에 힘입어 왕실과 혼인을 맺어 조선 후기 세도정치의 정점에 섰으니, 이들이 장동 김씨들이다.

그런데 남한산성에서 치열하게 청나라와의 전쟁을 주장하던 김상헌이 정작 조선이 항복하고 인조가 삼전도의 굴욕을 당하던 시점에 무엇을 하였는지에 대해서는 잘 알려진 바가 없다. 김상헌은 산성이 함락되기 이틀 전 성을 빠져나와 가족들이 피란 가 있던 춘천으로 갔다. 이후 안동으로 내려가 조용히 지냈다. 영화 〈남한산성〉에서 김상헌은 자살한 것으로 나온다. 실제로도 김상헌은 들보에 목을 매어 자살을 기도했으나, 본인 집에 처자식이 다 있는 상황에서 시도한 것이었다.

병자호란 이후 이러한 김상헌의 비겁한 처사에 돌직구를 날린 이가 유석이다. 유석의 상소가 《인조실록》에 실려 있다.

김상헌은 한때 이름난 신하로서 성상께 인정을 받아 정치에 참여한 지 10년 동안 가장 많은 성은을 입었으니 화복禍福 또한 시종 전하와 함께해야 하는데 국가의 명운이 경각에 달려 있을 때 산성을 빠져나가 멀리 달아나 있었습니다. 전쟁이 끝나고 당시의 일이 대충 안정되었는데도 끝내 성상을 찾아와 뵙지 않았습니다. 편안한 곳에서 쉬며 왕실을 돌아보지 아니한 그는 '절의를 지키는 것이 선비의 도리다. 더러운 임금은 섬기지 않는다'라고 하면서 이론異論을 고취시켜 사람들의 뜻을 혼란시켰으니 신하의 의리가 하나도 없습니다. 명예를 구하느라 임금을 팔아먹고 붕당을 세워 국가를 그르친 것이 김상헌의 여사餘事일 뿐입니다. 임금을 업신여기고 부도덕한 죄를 징계하지 않을 수 없으니 극변으로 위리안치하소서.

통쾌한 말이다. 명분만 내세워 책임지질 못할 주장만 내뱉다가 결국 책임지지 않고 도망간 이가 김상헌이다. 서인들 눈치 보기 바빴던 인조는 결국

유석의 신도비. 전액 부분은 허목 특유의 전서체로 쓰여 있다.

김상헌 별주기를 포기한다.

경기도 안산시 상록구 부곡동의 유석 신도비는 허목이 썼다. 허목은 남인의 거두였고, 유석도 남인이었던 데다 여러 남인들이 안산 진주 유씨들의 신세를 졌으니, 기꺼이 써 주었을 것이다. 안산은 서해안고속도로와 영동고속도로가 교차하는 지역이다. 진주 유씨 문중 토지와 묘역은 이리저리 많이 이전해야 했다. 청문당을 슬쩍 구경하고 영동고속도로 아래 토끼굴을 통과한다. 위성사진에서 대략의 위치를 파악했는데 유일한 들머리가 공사 중이다. 게다가 산사태를 막으려 했는지 비닐을 덮어 놓았다. 내가 찾아간 날은 비가 부슬부슬 내리는 날이었다.

영동고속도로에 딱 붙어, 엄청난 경사지에 진주 유씨 묘역이 있다. 하단 가장 좌측에 유석의 묘와 신도비가 있다. 배수로 공사를 하는지 경사로를 다 벗겨 놓았다. 위태위태하게 유석 신도비가 서 있었다. 이렇게 관리를 할 거면 차라리 근처 박물관으로 보낼 것이지……

허목의 글씨를 감상한다. 특히 전액 부분은 허목 특유의 전서체로 쓰여 있다. 빗줄기가 굵어졌다. 더 이상 좋은 사진을 남기기가 어려웠다. 물러나야 하는 시간이다. 떠나며 아쉬운 것은 왜 유독 남인들과 서인 소론 관련 문화재들이 이런 수모를 당하고 있는 것인가 하는 생각이었다.

영동고속도로를 달려 인천으로 향하다 반월터널을 지나자마자 우측 경사지에 유석 신도비가 빼꼼히 내려다보고 있다는 사실을 기억해 주면 좋겠다.

14

범상치 않거나
기구했던 왕족들

언뜻 생각하면 왕의 일가인 왕족들의 삶은 편하고 호화스러울 듯하다. 하지만 조금만 속을 들여다보면 조선의 왕족들은 그렇지 못했다. 일반 사대부들만도 못한 삶을 살다 간 이들도 많다. 재임 중인 왕의 근친들은 권세와 영화를 누렸을 것이다. 하지만 아차 하는 순간 역모로 목이 날아가기 십상이었다. 입에는 달콤한 사탕을 물고 있으나 뒷골은 언제나 서늘한 그런 형세였다. 반대로 촌수가 먼 왕족들은 생활고에 시달리거나 관직 진출이나 과거 응시도 제한되는 답답한 상황을 겪기도 했다.
    왕족들의 속살을 들여다보자.

궁벽한 곳에 잠든 조선 첫 세자 이방석

조선 최초의 세자. 의안대군宜安大君 방석芳碩(1382~1398).
    이성계가 조선을 건국하고 태조가 되었다. 후사를 정해 왕조의 기틀을 다지려 했으나 악수를 두었다. 적장자인 이방우, 똑똑하고 공이 많은 5남 이방원을 제치고 8남 이방석을 세자로 책봉했다. 이후 벌어진 일은 우리가 잘

의안대군의 묘표.

알듯, 피바람이었다. 이방원은 1차 왕자의 난(무인정사)을 일으켰고 세자 이방석은 피살되었다. 조선 최초의 세자였고 최초의 폐세자가 되었다.

의안대군 방석의 묘소를 찾으러 경기도 광주 남한산성면으로 간다. 길가에는 남한산성 특유의 큰 음식점이 즐비했다. 차를 두고 산을 찬찬히 올랐는데 만만치가 않았다. 정말 여기가 맞나 하는 생각을 백 번쯤 했을 때, 일군의 공무원들을 만났다. 밤사이 멧돼지가 농작물을 파헤쳐서 피해 현장을 보러 왔다고 한다. 혼자 가는 거면 조심하라는 당부를 들었다. 봉우리 정상에 다가가니 묘소를 안내하는 이정표가 있었다. 해는 지는데 땀은 범벅이고 숲에서 이상한 낌새가 있지나 않나 경계하느라 정신이 없었다.

조선의 첫 세자 의안대군 묘소. 궁벽하고 높은 곳에 있다.

놀라웠다. 이렇게 궁벽하고 높은 곳에 조선 첫 세자의 묘가 있다는 것이. 1차 왕자의 난 때, 아버지 태조는 분명 살아 있었다. 태조가 세자를 삼을 만큼 아끼던 아들의 묘를 이런 위치에 자리 잡도록 두고 보았단 말인데, 잘 이해되지 않았다. 그만큼 위치가 황당했다. 남한산성 주변의 울창한 숲과 산들이 훤히 내려다보이는 높은 곳이었다.

이방석은 후사가 없었다. 방석의 조카인 세종은 본인의 6남인 금성대군을 양손으로 입적시켜 후사를 잇게 하였다. 묘표의 건립 연대가 1449년이라고 하니 아마도 금성대군이 묘역을 정비한 것으로 보인다.

희대의 학습지진아 순평군 이군생

쓸쓸한 왕족 이야기를 했으니 이번에는 좀 우스꽝스러운 왕족 이야기를 해보겠다. 조선에서 대표적으로 공부를 못한 왕족이 있었으니, 순평군順平君 이군생李羣生(1392~1456)이다. 2대 왕 정종의 차남으로, 그의 어머니 숙의 기씨는 정종이 특별히 아낀 후궁이었다.

순평군은 지독한 말썽꾼이었다. 세종 7년, 순평군은 사패(나라에서 내려주는 땅에 대한 문서)를 위조했다가 걸렸다. 세종은 본인이 희망하는 지역으로 안치하라고 명했고 그 과정도 너무 서두르지 말라고 신하들에게 부탁을 한다(유배지를 죄인이 직접 고르는 경우도 있구나!).

그리고 한 달 후 사헌부가 순평군을 다시 고발하니 사정은 이러했다. 순평군은 전라도 금구라는 지역으로 가겠다고 본인이 정하고는 실제로 수원에서 지내고 있다가 그사이 아내가 아프다는 핑계로 서울 집으로 돌아왔다는 것이다. 말도 안 되는 일이 벌어졌으나 세종은 이내 사면을 해 준다. 문종 원년에는 처형(혹은 처제)과 간통한 사건이 적발되었는데, 《실록》을 잘 보면 순평군은 처형에게 '어장 관리'되고 있었다.

이런 말썽꾼 순평군에게 일생일대의 큰 시련이 닥친다. 세종 11년 왕의 명으로 종친들을 위한 교육기관 '종학宗學'이 탄생했다. 혹자는 이걸 왕권 강화의 측면으로 해석하는데, 내 생각에는 이렇게라도 골치 아픈 말썽쟁이 종친들을 교화하려던 세종의 고육책이 아니었을까.

순평군 이군생의 묘표(앞).

성현이 지은 잡록집 《용재총화》에 의하면 순평군은 40세가 넘도록 한 글자도 몰랐다고 한다. 종학에서 《효경孝經》 '개종명의장開宗明義章'의 일곱 자를 가르치니 그는 그것도 읽지 못하고 말하기를, "내가 지금 늙고 둔하니 '개종開宗' 두 글자만 알아도 족하다" 하고, 말을 타고 가는 도중에도 '개종' 두 글자를 쉬지 않고 읽으면서 또 종에게 일러 말하기를, "너도 '개종'을 잊지 말고 내가 군색할 때에 일러 달라"고 하였다.

순평군 이군생의 묘표(뒤).

순평군은 죽음에 이르러 유언하길 "종학을 영원히 떠나는 것이 크게 기쁘다"고 했단다. 죽음만이 졸업을 허락하는 종학의 무서움. 순평군의 이런 바보스러움을 단순히 야사라고 치부하기 어려운 건, 《실록》에도 비슷한 이야기가 나오기 때문이다. 순평군이 말썽을 부려 탄핵을 당할 때마다 신하들이 "그는 글도 모르니 죄를 감해 주자"라는 멘트가 나온다. 공부를 못해 덕을 본 경우라 할 수 있다.

그의 묘소는 경기도 고양시 덕양구 용두동의 서오

릉 근처 마을 안에 있다. 이 작은 마을에는 성종의 누나인 명숙공주의 묘도 같이 있다. 명숙공주의 부모인 의경세자와 인수대비의 능이 서오릉에 있으니 아마도 부모님 곁에 묻힌 듯하다. 순평군의 묘는 한동안 실전되었다가 14세손이 백방으로 수소문하여 찾았다고 한다. 호석護石(봉분 유실을 막을 목적으로 봉분 주변을 감싼 석물)을 봉분 주변으로 두르지 않고 전방으로 'ㄷ' 자 형태로 배치한 매우 특이한 형식을 보이는데 이는 파주 황희 묘역에서도 확인되는 양식이다. 아마도 14세손이 황희 묘를 참고로 다시 복원한 건 아닐까 하는 생각이 들 정도다.

말썽쟁이 익녕군 이치와 오리 이원익

《조선왕조실록》을 '불알'이란 키워드로 검색하면 두 사람이 나온다. 한 명은 피해자, 한 명은 가해자. 가해자는 익녕군益寧君 이치李袳(1422~1464). 태종의 막내아들(12남)이다. 조선의 왕자들 중 유일한 유복자라고 한다.

그는 매우 말썽쟁이었다. 16세 되던 해(세종 20) 단옷날, 양녕대군이 여러 왕자를 모아서 석전놀이를 구경하며 독려했다. 석전놀이는 두 편으로 갈라서 돌을 던지고 싸우는 놀이인데, 사상자가 많이 나와서 나라에서 금지했으나 원체 인기가 많아 일제강점기까지 유행했다고 한다. 이날도 적지 않은 사상자가 났기에 세종은 친히 왕자들을 불러 혼을 낸다. 그리고 왕자들을 지방으로 추방했는데 친형인 양녕대군은 쏙 뺐다.

문종 원년에는 남의 땅을 빼앗았다가 탄핵을 맞았는데 문종이 딱히 벌을 주지는 않았다. 세종 31년에는 자신의 남녀 노비가 간통을 했다 하여 남자 노비의 불알을 깠다.《실록》 번역문에도 완곡하게 표현하지 않고 "불알을 깠다"로 나온다. 이 일이 문제가 되어 익녕군은 제천으로 안치되었다. 그리고 이 일은 《성종실록》에도 반복해서 언급된다.

몇 해 전 고양시에서 주유소로 들어가려 속도를 줄이고 있었다. 우측에 얼핏 묘소가 보였는데 범상치 않은 느낌이었다. 주유를 마치고, 왔던 길을 거슬러 올라가 익녕군 이치의 묘소를 발견했다. 검색을 해 보니 재미있는(?) 이력을 가진 사람이었다. 하지만 조선 초에 이 정도 말썽쟁이 왕족들은 너무 많아서 별 흥미를 느끼지 못해 잊고 지냈는데 한참 후 그를 다시 만났다.

광명시는 누구 것인가? 나의 답은 오리梧里 이원익李元翼(1547~1634)이다. 지자체가 이토록 밀어 주는 역사적 인물은 보지 못했다. 이원익이 조선의 명재상이었던 것은 부정할 수 없지만 광명시의 행보는 좀 과하다는 느낌이다. 구글 지도를 켜서 '이원익'을 치면 광명에서 이 가문이 누리는 혜택을 알 수 있을 것이다. 그리고 안내문에서 익녕군 이치를 다시 만났다. 이원익은 익녕

광명시에 있는 이원익의 종택. 관리가 잘 되고 있다.

군의 4세손이었다. 게다가 익녕군은 이 집안의 중시조가 되어 '익녕군파'라는 이름을 달고 있었다.

광명 이원익 묘소 주변으로 익녕군파 후손들의 묘소가 모여 있다. 다른 지역에 있던 것들도 하나둘 모셔 온 것으로 추정되는데, 정작 중시조인 익녕군 묘는 협소한 곳에 그냥 두었다. 혹시 《실록》에 실린 그의 악행들이 부담이 되어 애써 모른 척하고 있는 건 아닌지 궁금하다.

익녕군 이치의 묘소.

오리 이원익 신도비는 내가 좋아하는 미수 허목이 썼다. 그래서 너무 보고 싶어서 세 번이나 찾아갔으나 후손들은 문을 열어 두지 않았다. 이원익 박물관도 동절기에는 휴관이고 그 외 시기에는 일·월요일이 휴무다. 직장인은 찾아갈 엄두를 내기 힘들다. 이원익 대감의 후손들에게 심히 서운한 마음이다. 앞선 글에 조선 역사상 왕이 신하의 집을 지어 준 게 딱 세 번이라고 했는데 그중 하나가 여기 오리 이원익 종가 내에 있다.

두 개의 별난 기록을 보유한 예종

세조에 이어 왕위에 오른 8대 왕 예종은 19세에 사망했다. 가장 어린 나이에 요절한 조선의 왕이다. "어? 단종 아니야" 하실 분이 있을 것이다. 단종은 폐위 후 사망했고 타살이었기 때문에 제외한다. 단종은 16세에 사망했다. 단종은 드라마에서 주로 아역 배우들이 연기를 해서 그런지 엄청 어린 나이에 죽었다고 오해를 많이 한다. 훗날 숙종이 즉위하여 "너희들은 스승만 알지 군주는 알지 못하느냐"고 일갈하며 송시열을 몰아세울 때 나이가 14세다. 이걸 보면 단종과 숙종의 개인 성정, 처한 상황은 달랐음을 고려해도, 조선 왕의 나이는 지금의 상식과는 좀 다른 면이 있다.

'가장 단명한 왕'이라는 불운한 기록 보유자인 예종에겐 남다른 기록이 하나 더 있다. 무려 12세에 자식을 보았다. 조선 왕 중 가장 어린 나이이며, 이 정도면 세계 어느 왕과 견주어도 수위권에 들 것이다.

예종의 능 창릉은 고양시 서오릉 내에서 가장 깊숙한 곳에 위치한다. 창릉 신도시는 예종의 능에서 이름을 따왔다. 창릉은 내가 참 좋아하는 곳인데 두 아이와 함께 어부바 놀이를 했던 추억이 있기 때문이기도 하고 아주 재미있는 바위 글씨가 있어서이기도 하다.

서오릉 깊숙이 있는 창릉. 조선 8대 임금인 예종의 능이다.

창릉 금천교(왕과 관련된 시설물에서 외부 세계와 경계가 되는 신성한 다리)에는 한글로 당당하게 '비호교'라 새겨진 돌기둥이 있다. 조선 왕릉의 금천교에 한글로 새김이 있다는 것은 말이 안 되는 일이다. 사연은 이러하다.

이 지역은 2000년대 초까지 군부대 구역에 있었다. 60사단 비호부대. 지금은 이름이 바뀌어 권율부대라 한다. 군부대였으니 당연히 외부인 출입은 통제되었고 군인들은 여기 계곡을 막아 수영장을 만들고 방갈로 같은 위락 시설을 만들어서 이용했다. 더 나아가 창릉 금천교에 멋들어지게 '비호교'라는 교명주(다리 이름을 새긴 기둥)를 만들어 세웠다.

서오릉은 서울 서북쪽에 인접한 이유로 군부대와 많은 인연을 갖고 있다. 서오릉에 처음 입장하면 만나는 명릉(숙종)에서 서쪽 숲을 바라보면 붉은 벽돌 건물이 잡힐 듯 보인다. 기무사 학교다. 내가 군의관 때 여기는 모두가 가고 싶어 하는 발령지였다.

창릉 금천교에 당당하게 한글로 새겨진 비호교의 돌기둥(왼쪽).
창릉의 묘표(오른쪽).

조금 더 걸어가면 연세대학교 교내에 있다가 1970년 서오릉 내로 이사 온 수경원을 만난다. 수경원은 사도세자의 어머니 영빈 이씨의 묘다. 수경원에서 동쪽 숲 사이를 바라보면 아파트 한 동이 보인다. 아마도 기무사 군인아파트일 것이다. 너무 가까워서 다니는 사람이 또렷이 보일 정도다.

혹자는 문화재 보존과 관리 차원에서 비호교, 기무사, 군인아파트를 보며 혀를 찰 수도 있다. 그런데 그런 잔소리들은 좀 진부하고, 이미 엎질러진 물이라고 생각한다면 나는 이런 시간의 층위가 쌓인 느낌이 재미있고 좋다.

조선의 초식남 제안대군

예종이 12세에 자식을 볼 만큼 성性에 일찍 눈을 뜬 인물이라면 이번에 알아볼 인물은 조선에서 가장 성에 무지했던 인물, 제안대군齊安大君(1466~1526)이다. 제안대군은 예종의 아들이니 정자왕의 아들이 초식남인 셈이었다.

예종은 앞에서 밝혔듯 19세에 사망했다. 그럼 이번에는 제안대군이 세손이 되어 왕위를 이어야 했으나 왕통은 갓난아이인 제안대군을 피해 의경세자의 둘째 아들인 자을산대군(성종)에게 넘어갔다.

제안대군은 자식이 없었다. 《패관잡기》에 의하면 제안대군은 성관계 방법을 몰랐다 한다. 여성의 생식기와 본인의 것이 닿은 적이 있었는데 "더럽다, 더럽다"고 소리를 지르며 물을 찾아 씻었다는 일화도 있다. 혹자는 이런 제안대군을 멍청했다고 평하기도 하지만, 다른 이들은 비정한 권력 앞에서 칼날 위에서 걷는 느낌이었을 제안대군의 연기였을 것이라 한다.

생식은 몰랐으나 사랑은 있었다. 제안대군은 숙종에 버금가는 좌충우돌 사랑을 했다. 14세에 이미 살고 있던 정실부인 김씨가 싫다고 떼를 써 이혼을 하고 박씨를 맞이했는데 얼마 후 전처 김씨가 그립다며 박씨를 내치고 다시 김씨의 품으로 돌아갔다. 이 모든 과정에서 사촌 형인 성종의 허락이 있어야 했다. 성종은 제안대군을 밀어 내고 왕위에 오른 미안함 때문인지, 사촌 동생의 변덕을 너그러이 받아 주었다.

제안대군은 평원대군의 양자가 된다. 세종의 7남 평원대군은 17세에 요절하여 후사가 없었다. 포천시 소흘읍에는 평원대군과 제안대군의 묘소가 있다. 안내판도 없고 문화재로 지정되어 있지도 않아 의외이다. 연유를 살펴보니 원래 이 두 묘소는 경기도 광주에 있었는데 1969년 서울에서 철거민들이 대규모로 광주대단지로 이전하면서 주변이 혼란스러워지자 후손들이 조용히 포천으로 옮긴 것으로 보인다. 경제 급성장기의 어두운 그늘 속에서 조선 초기 두 대군의 묘도 관심 밖으로 밀려났다.

평원대군과 제안대군의 묘소는 들머리 없는 야산에 있었다. 희미해진 오솔길을 따라가면 제안대군의 신도비가 보이고 곧이어 묘소가 보인다. 묘소에는 하얀 펜스가 빙 둘러져 있다. 미안한 마음으로 얕은 부분을 넘는다. 평원대군의 묘소가 있고 이어 제안대군과 그에게 두 번 시집간 상산부부인 김씨의 묘소가 같이 있다. 역시 조선 초기 묘제가 옅지만 남아 있다. 늦었으나 포천시에서 문화재로 지정해 주고 안내판도 마련해 주면 좋겠다.

포천 야산에 있는 제안대군 묘소(왼쪽)와 평원대군 묘소(오른쪽).

아비에게 죽임을 당한 왕자 복성군

아버지에게 죽임을 당한 왕자라 하면 사도세자를 떠올리게 마련이다. 하지만 그보다 앞서 복성군福城君 이미李嵋(1509~1533)가 있었다. 조선시대 딱 두 번 벌어진 일이다.

조선의 역대 왕 중 범상치 않은 성정의 인물들은 많았다. 중종은 어느 날 갑자기 왕이 되어서 그런지 집권 초에는 존재감이 별로 없었다. 그렇지만 그는 무색무취의 이기주의자였다. 반정으로 연산군을 몰아내고 왕위에 오른 후 일주일 만에 조강지처를 버렸다. 그리고 맞이한 장경왕후는 아들을 낳은 직후 죽었다. 아이는 자라 훗날 인종이 된다.

복성군의 어머니는 경빈 박씨로 중종의 후궁이었다. 중전 자리가 비자 중종은 내심 미색이 뛰어난 경빈 박씨를 중전으로 승진시키고 싶어 했다. 하지만 대신들은 그녀의 출신이 한미한 것을 문제삼아 반대한다. 그래서 맞이한 부인이 문정왕후였다. 사랑을 버리고 대신들의 눈치를 보는 것은 그에게 익숙한 일이었을 것이다.

복성군은 비록 적자는 아니었지만 중종의 첫아들이었다. 중종은 미색이 뛰어난 경빈 박씨를 아꼈고 그녀와의 사이에서 낳은 자식들 또한 아꼈다. 새로 맞이한 문정왕후는 10년 넘게 왕자를 출산하지 못했다. 경빈 박씨는 슬며시 욕심이 생겼다. 세자(훗날의 인종)는 어머니가 없었고 새로 온 중전은 아들이 없었으니 그럴 만도 했다.

1533년(중종 28) '작서灼鼠의 변'이 터진다. 검게 탄 쥐(작서)를 세자의 처소 근처에 두어 세자를 저주했다는 사건이다. 배후로 경빈 박씨와 복성군이 지목되었다. 증거는 없었다. 복성군과 경빈 박씨는 폐서인이 되어 유배를 떠난다.

6년 후 '가작인두假作人頭의 변'이 터진다. 사람 얼굴 형상의 인형(가작인두)이 세자 처소에서 발견되었다. 다시 주술과 저주라는 망령이 소환되었다. 배후로 지목된 것은 유배 중인 복성군과 경빈 박씨였다. 경빈 박씨는 사약을 받았고 복성군도 사사되었다. 어린 시절 TV 드라마 〈여인천하〉를 보며 경빈 박씨(도지원 분)가 사약을 받는 장면이 기억난다. 그때는 왜 저렇게 패악을 부리나 했는데 그럴 만했다. 너무나도 억울했을 것이다.

복성군과 경빈 박씨를 만나러 경기도 남양주시 진접읍 연평리로 간다. 순흥 안씨 가문의 묘소가 시작점이다. 농업용 수로를 따라가다가 산길로 접어들어야 한다. 앞에는 복성군의 묘, 뒤에는 경빈 박씨의 묘다. 혹자에 의하면 부관참시될까 걱정되어 이곳은 가묘고 실제 묘는 다른 곳에 있다고 하는데 확인할 길이 없다.

둘의 묘표는 많이 낡아서 글씨를 확인하기 어렵다. '복성군지묘福城君之墓,

아버지에게 죽임을 당한
복성군의 묘소.
뒤에 그의 어머니인
경빈 박씨의 묘가 있다.

가정이십육년정월장우양주嘉靖二十六年正月葬于楊州.' 명종 대에 만들어진 묘표다. '경빈밀양박씨지묘敬嬪密陽朴氏之墓', 이름에 복이 들어갔으나 어찌 이리도 박복한 삶이었을까.

아비에게 미움받은 광해군의 어머니 공빈 김씨

광해군의 어머니는 공빈 김씨(1553~1577)다. 선조의 후궁이었으며 매우 사랑을 받았다. 공빈 김씨는 광해를 낳고 얼마 후 죽었다. 아끼던 후궁이 죽자 선조는 분노를 광해에게 투사했다. 어머니도 없는 어린아이는 아비에게 미움을 받았다.

공빈 김씨는 경기도 남양주시 진건읍 송능리에 묻혔다. 후궁의 신분이었기에 무덤의 호칭은 성묘成墓였다. 그런데 광해군이 즉위하자 어머니를 왕후로 추존했다. 그래서 성묘는 능으로 격상되었다. '성릉成陵'이다.

인조반정으로 광해가 폐위되고 성릉은 성묘로 다시 격하되었다. 그런데 능을 조성할 때 만든 석물들은 그대로 두었다. 성묘의 매력은 이 점에 있다. 조선 왕릉은 유네스코에 등재되면서 가까이 다가가 볼 수 없다. 하지만 성묘의 묘제는 능과 동일하면서 능이 아니기에, 가까이 다가가 볼 수 있다는 장점이 있다. 비록 울타리가 있지만.

성묘가 위치한 남양주의 옛 이름은 풍양이다. 풍양 조씨의 그 풍양. 시조는 왕건을 도와 고려를 건국한 조맹이다. 풍양 조씨의 시조, 조맹의 묘는 남양주 야산에 있다. 공빈 김씨 묘 앞에. 두 묘의 거리는 불과 20미터 정도다. 조맹의 무덤을 쓰고 600년의 시차를 두고 공빈 김씨의 묘가 들어왔다. 풍양 조씨들은 불안감에 벌벌 떨었을 것이다. 왕가의 묘소가 들어오면 주변 묘

들은 이장을 해야 한다. 하지만 선조는 특별히 조맹의 묘를 그대로 두라 했다. 하지만 광해가 즉위하자 상황은 달라졌다. 광해는 석물을 치우고 봉분을 밀어 버리라 명했다.

광해가 인조반정으로 폐위되자 풍양 조씨들은 반정 세력에 힘을 더했다. 인조가 즉위하자 풍양 조씨들은 기어이 인조의 허락을 받아 조맹의 묘를 복구했다. 그 와중에 성릉은 성묘가 되었다. 광해의 운명에 따라 역방향으로 부침을 겪은 두 무덤이 불과 20미터 거리를 두고 사이좋게(?) 있다.

'성묘'는 저 당시 관람 제한 구역이라 울타리가 쳐 있고 감시 카메라가 돌아가고 있었다. 유독 이런 방

공빈 김씨의 성묘. 아들 광해군이 즉위한 후 '성릉'으로 격상되었다가 폐위된 뒤 다시 '성묘'가 되었다. 왼쪽 위는 성묘의 무인석. 당당하다.

식이 남양주에 많다. 설마 저걸 누가 볼까 하는 생각으로 울타리를 넘으면 어떻게 될까? 온 산이 찢어지는 굉음이 끝없이 울리고 울린다. 경고보다도, 소음에 질려서 자리를 떠나게 만드는 굉음이.

효종이 아꼈던 숙명공주 천장비

경기도 파주에는 숙명공주淑明公主(1640~1699)와 그의 남편 청평위 심익현 沈益顯(1641~1683)이 묻혀 있다. 숙명공주는 효종의 셋째 딸이다. 효종은 봉림대군이던 시절 병자호란으로 1637년 형님인 소현세자와 함께 청나라에 볼모로 끌려갔다. 소현세자와 봉림대군이 조선으로 돌아온 해가 1645년이니, 1640년생 숙명공주는 청나라의 수도 심양에서 태어났을 것이다.

임금의 사위는 부마. 조선은 부마에게 'OO위'라는 이름뿐인 관직을 주었다. 청평위 심익현은 당시 영의정 심지원의 아들이다. 효종에게 가장 사랑받는 사위였다고 하며 청나라에 세 번이나 사신으로 다녀온다. 효종은 이토록 사랑하는 딸과 사위에게 좋은 집을 하사했는데, 사실 이는 광해군 덕분이었다.

광해군은 엄청난 토목공사를 동시다발적으로 일으켰다. 백성들은 힘들었다. 그가 반정으로 밀려난 여러 이유 중 하나다. 광해군은 경복궁의 서쪽, 지금 서촌이라 불리는 그 넓은 지역에 인경궁이라는 엄청나게 크고 화려한 궁을 세웠다. 당시로서는 사치품인 청기와 건물들로 궁을 가득 채웠다고 한다. 인조반정 당시 인경궁은 공사 중이었다. 반정 이후 인경궁은 공사 중단 상태로 상당히 오래 방치되다가 여기저기로 해체되어 분할된다.

대표적인 것이 창덕궁의 선정전이다. 선정전은 현존하는 궁궐 건물 중 유일하게 청기와 건물이다. 인경궁의 편전을 옮겨 놓은 건물인 것이다. 효종은 인경궁의 가장 남쪽 공간에 숙명공주와 그의 남편 청평위 심익현을 위한 집을 마련해 준다. 사람들을 이곳을 청평위궁이라 불렀다. 그 규모가 어마어마해서 당시 사헌부의 비판을 받았다고 하니 딸과 사위에 대한 효종의 사랑이 지극했던 모양이다. 지금의 서울지방경찰청 자리에 있던 청평위궁은 비교적 오래 유지되었다. 1930년대 항공사진에도 건물 흔적이 남아 있었다.

조선의 대표적인 애묘인으로 널리 알려진 인물은 숙종이다. 숙종과 고양이 금덕·금손 이야기는 유명하다. 하지만 원조 애묘인은 숙종의 고모인 숙명공주이다. 숙명공주는 시집을 가서도 고양이를 키우면서 즐거운 시간을 보냈다고 한다. 그래서 그런지 자식도 다른 자매, 공주들에 비해 늦게 가진 편이다.

효종과 숙명공주 사이에 오간 편지들이 아직 남아 있다. 사랑이 넘치는 부녀가 아닐 수 없다.

편지 1.
너는 시집에 가 (성성을) 바친다고는 하거니와 어찌 괴양이(고양이의 옛말)는 품고 있느냐? 행여 감기나 걸렸거든 약이나 하여 먹어라.

편지 2. 종이 하나에 부녀가 함께 글을 남기었다.
숙명: 문안 여쭙고, 밤사이 아바마마께서는 안녕하신지 알고자 바라오며, 뵙지 못한 채 날이 거듭 지나니 더욱 섭섭함이 무어라고 할 말 없어 하옵니다.
효종: 편지 보고, 잘 있으니 기뻐한다. 어제 두 색촉(물들인 초)을 보내었는데 받아 보았느냐? 초꽂이등을 이 초의 수만큼 보낸다.

편지 3.

죄지은 것이야 무슨 다른 죄를 지었겠느냐, 이번에 아니 들어온 죄인가 싶다. 이렇게 들어오지 못한 죄를 지은 것은 전부 네 남편인 심철동 때문에 생긴 것이니 그를 들볶고 싸워라.

심철동은 청평위 심익현의 아명이다. 사위라는 사람은 장인이 참 어렵다. 그런데 만약 장인이 왕이라면, 그 어려움의 끝은……. 만약 숙명공주가 이 편지를 심익현에게 보여 주기라도 했다면, 심익현은 밤잠을 설쳤으리라.

숙명공주와 심익현의 합장묘는 경기도 파주의 얕은 야산에 있다. 이곳은 청송 심씨 일가의 묘 십수 기가 옹기종기 모여 있고 관리도 잘 되어 있다. 거의 묘소 입구까지 차를 타고 올라갈 수 있다. 묘소 앞에는 이 묘가 다른

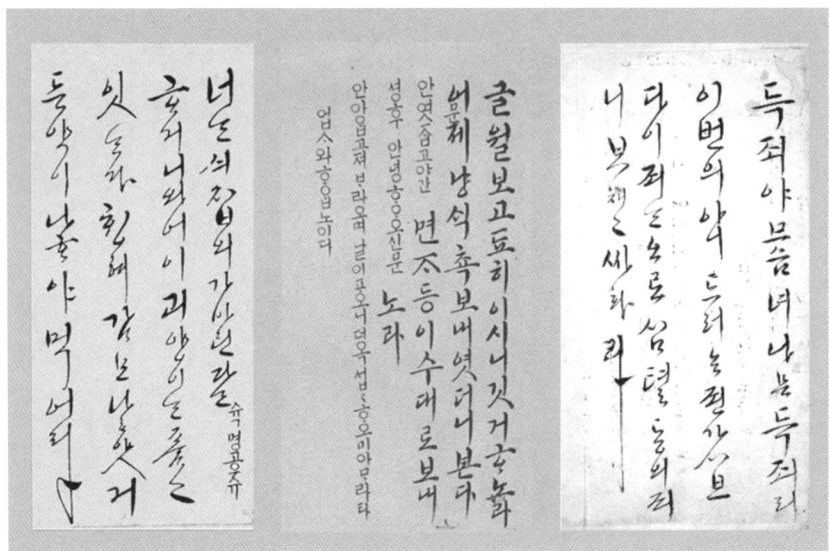

효종이 숙명공주에게 보낸 편지. 효종은 자녀들 중 숙명공주를 가장 아꼈다.

곳에서 옮겨 왔음을 알려 주는 천장비遷葬碑가 있다. 묘는 아담했다. 특이한 점은 묘소 양쪽에 네모난 주춧돌 같은 것이 있었다. 이장하기 전에는 곡장曲墻(묘를 감싸는 담)을 둘렀었나 보다.

　여담. 경기도 파주 쪽 답사는 가는 길이 즐겁다. 혜음령을 넘어, 평야지대로 내려오면 용미리 마애불의 인자한 두 얼굴이 멀찍이 숲 언저리에서 빼꼼히 마중을 나오기 때문이다. 덧붙임. 일본의 유명 성인물 남자 배우 중에 시미켄이라는 사람이 있다. 공식 출연작이 9,300여 편이라고 한다. 이 양반이 한국인을 대상으로 하는 유튜브를 열면서 본인 이름을 심익현으로 지었다. 시미켄-심익현 네이버에 심익현을 쳐 보기 바란다. 우리 청평위는 검색이

숙명공주와 청평위 심익현의 합장 묘. 위는 묘를 이장한 것을 알려 주는 천장비이다.

매우 어렵다. 조선의 원조 애묘인 숙명공주와 수많은 세월이 지나 한 일본인 때문에 유명인이 된, 청평위 심익현이다.

박복했던 순정효황후와 백운동천

조선 왕의 여자들 중 가련한 여인이 한둘이겠냐만, 유난히 측은한 여인이 있다. 본명 윤중순. 마지막 황제 순종의 계비 순정효황후純貞孝皇后(1894~1966). 앞서 언급한 중국으로 도망간 채무왕 윤택영의 딸이다.

 황태자 시절 순종의 첫부인인 황태자비 민씨가 1904년 죽었다. 그리고 1907년 맞이한 순정효황후 윤씨. 당시 순종은 34세. 윤씨는 14세. 그해 7월 남편 순종은 황제 자리에 오른다. 그리고 황당하게 한 달 뒤 순종의 이복동생 영친왕이 황태자에 책봉된다. 모두는 알았던 것이다. 순종은 후사를 만들 수 없다는 것을.

 1910년 나라가 망하고 그녀는 황후에서 이 왕비로 격하된다. 1926년 남편 순종이 죽었다. 창덕궁 낙선재로 물러나 살았다. 해방이 되었고 한국전쟁이 터졌다. 그녀는 부산으로 피란 가 절에서 머물렀다. 이후 서울로 돌아와 낙선재에서 조용히 살다가 1966년 낙선재 석복헌에서 심장마비로 세상을 떠난다. 김명길·박창복·성옥염 세 명의 상궁만이 그녀의 곁을 지켰다.

 3·1운동, 해방, 정부 수립, 한국전쟁, 4·19, 5·16, 한일 국교 회복, 베트남전 파병……. 그녀가 바라만 봐야 했던 격동의 한국 근현대사다. 거대한 운석의 충돌로 멸종해 버린 공룡 중 유일한 생존자 같은 존재. 시간의 강을 건너올 수 없는 처지. 근대화된 대한민국에서 그녀는 영원한 이방인이었다.

 그녀의 재궁(관)은 수십만 인파의 송별을 받으며 남편 순종의 유릉에 합장된다. 그리고 이 시점에 그녀가 발칙한 한 수를 둔다. 1966년 2월 9일 자 《경향신문》을 보면 순정효황후는 "위패를 1년 동안만 절에 모시라"는 유언을 남겼다는 작은 기사가 있다.

왜 절로? 종묘로 가셔야죠? 황후는 말년에 향봉 스님과 가까이 지내며 불교에 귀의한다. 대지월大智月이란 법명도 받았고 향봉 스님이 상경하면 거처에 상궁을 보내 보시금을 전하기도 했다.

그렇다면 위패는 어느 절로 갔나? 강릉 만월산이다. 강릉 북쪽으로 양양에 접한 산이다. 해안도로에서 소금강 방향으로 내륙으로 들어가다가 북쪽으로 난 산길로 올라간다. 계곡을 따라 낸 좁은 포장도로를 타고 올라가다 차를 대고 잠시 계곡으로 내려간다. 중간 목적지다.

유상대流觴臺. 1569년 율곡 이이가 소금강을 유람할 때 일행과 들러 시를 짓고 바둑을 즐겼다고 전해지는 바위 글씨. 계곡 너른 바위에 유상대와 암각 바둑판이 있다. 계곡 하나에 답사지 두 개가 같이 있으니 고맙다. 나머지 하나를 보기 위해 다시 차에 올라 계곡 상류로 계속 올라간다. 한참을 달려 길이 끝나는 곳에 작은 절 하나가 있다. 백운사다.

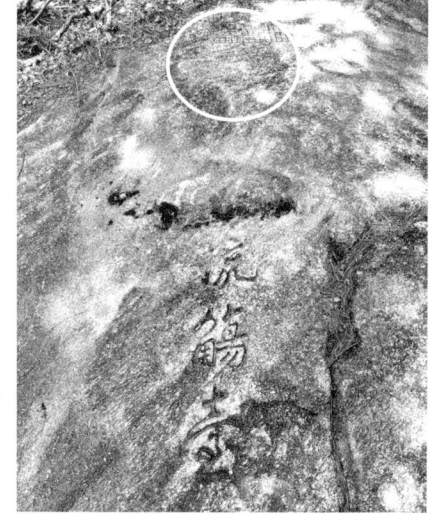

율곡 이이가 시를 짓고
바둑을 두었다는 소금강 유상대.
원 안은 바둑판이 새겨진 부분이다.

백운사는 윤 황후가 따르던 향봉 스님이 1952년 중창한 사찰이다. 향봉 스님이 황후 서거 후 9일장 기간 동안 빈소를 지키며 장례의식을 돌보았고 이후 49재를 이곳 백운사에서 지냈으며 위패와 영정을 모셨다.

차에서 내려 절을 둘러보는데 아무도 없다. 이런 경우는 처음이다. 아무리 여기가 외딴 절이라고 해도 주말 낮시간인데 아무도 없다. 그렇다면……"불전함은 이제 내 것이다" 하고 슬쩍 웃으며 돌아서는데 큰 개 한 마리가 옆에 서 있다. 짖지도 않고 물끄러미 쳐다본다. 난 개를 무서워한다. 주저앉을 뻔하다가 휘청이는 몸을 추스르고 힘주어 노려보자 슬렁슬렁 다른 곳으로 간다.

극락보전 안으로 들어서니 세상에, 윤 황후의 영정과 위패가 있다. 향봉 스님 영정도 보인다. 찬찬히 사진을 찍다가 위패를 열어 볼까 했는데 시선이 느껴진다. 뒤를 돌아보니 문앞에 아까 그놈이 서서 쳐다보고 있다. '응, 안 할 거야, 미안해.' 이 녀석은 내가 절에 머무는 동안 단 한 번도 짖지 않

순정효황후의 위패가 모셔진 강릉의 만월산 백운사(오른쪽). 왼쪽은 백운사 극락보전에 모셔진 스님들 영정. 이 가운데 가장 오른쪽에 순정효황후의 영정이 보인다.

았다. 그저 멀찍이 서서 감시만 할 뿐. 내가 다 든든한 느낌이 들었다.

이제 바위 글씨를 찾아야 한다. 향봉 스님이 새겼다는 '백운동천白雲洞天.' 좀처럼 찾을 수가 없다. 어떤 자료에서도 실물을 보지는 못했다. 결국 동천(계곡) 글씨는 물길 옆에 있을 거라는 생각에 물을 따라 올라간다. 요사채 뒤쪽으로 작은 계곡을 따라 산을 조금 올라서 찾았다. '만월산 백운동천滿月山 白雲洞天'. 붉은 주사를 입힌 전서체의 예쁜 글씨다. 앞서 소개한 동농 김가진이 새긴 백운동천과 글자가 같다. 서울과 강릉에 각각 존재하는 백운동천이다.

윤 황후의 위패는 그녀의 유언에 따라 이곳에 왔다. 1년이 지나고 돌아가야 했지만 아직도 여기에 있다. 그렇다면 종묘에 있는 신위는 가짜인가? 이건 내가 답할 수 있는 성질의 문제는 아니다. 복잡한 생각을 정리하며 절을 나선다. 집에 가야 하는 시간이다. 절을 나서며 황후에게 인사했다. '윤증순씨, 백운동천에서 부디 극락왕생하소서.'

불전함은 맹세코 건드리지 않았다.

향봉 스님이 새긴 '만월산 백운동천' 바위 글씨.

15 비문으로 남은 신하들

은퇴하지 못하는 남자, 조말생

한강 주변 경기 남양주시 덕소와 수석동 그리고 강 건너편의 미사리 일대를 조선시대에는 미호渼湖라고 불렀다. 아름답고 잔물결이 이는 호수라는 뜻이다. 미사리渼沙里도 같은 한자를 쓴다. 겸재 정선이 남긴 《경교명승첩》에도 미호를 그린 그림이 두 점이나 남아 있다.

서울에서 강변북로를 타고 동쪽으로 가다 구리를 지나 다산 신도시로 나간다. 이곳에서 남쪽으로 한강 변을 보면 제법 높은 동산이 있다. 이곳이 오늘의 목적지다. 원래 이곳은 조선시대 석실서원이 있던 곳이다. 김상용, 김상헌(영화 〈남한산성〉의 김윤식)을 추모하기 위해 만들었고 이어 그들의 후손인 장동 김씨들이 줄줄이 배향된 사액서원이었다. 서인 노론의 핵심 라인이었으니 서원의 위세가 어마어마했으리라. 하지만 흥선대원군의 서원 철폐령이 떨어지고 석실서원은 폐쇄되었다.

주인이 없어진 이곳에 조말생趙末生(1370~1447)의 묘가 이장되었다. 조말생은 조선 초기 문신이자 태종의 사돈이다. 형조 판서를 역임하고 세종이 즉위하자 병조 판서에 오르며 승승장구하였다. 하지만 조선 최초의 권력형

게이트라고 할 수 있는 김도련 사건에 연루된다. 김도련이란 자의 소송을 유리하게 이끌어 주고 그 대가로 노비를 받은 게 걸린 것이다. 이때 조말생이 불법으로 받은 노비 수가 서른여섯이었다. 이는 당시의 국법으로 사형에 해당하는 중죄였다. 그를 사형시키라는 상소가 빗발쳤다.

세종은 아버지 태종이 아끼던 신하를 죽일 수 없었다. 대신 다른 벌을 내렸으니 조말생이 일흔 넘을 때까지 계속 부려 먹는다. 예를 들면 63세에 함길도 관찰사로 보내고 이후 중추원에서 군사행정에 관련된 자잘한 일을 계속 시킨다. 정승 자리는 주지 않고 실무만 계속 보게 만든 것.《실록》에 의하면 조말생이 고령과 건강상의 이유로 사직을 요청한 게 열 번이 넘는다. 하지만 세종은 들어주지 않았다. 게다가 관직을 유지하는 내내 사헌부의 새파랗게 젊은 대간들에게 주기적으로 비방과 탄핵을 받아야 했다. 이쯤 되면 세종이 사형에 버금가는 벌을 주었다고 볼 수 있다.

조말생 묘역에서 바라본 미호漢湖, 미사리 일대.

조말생의 묘는 원래 남양주 금곡동에 있었다. 수백 년간 얌전히 묻혀 있었는데 조선 말기에 고종과 명성황후의 홍릉이 남양주 금곡동으로 이장하면서 날벼락이 떨어졌다. 왕릉이 들어오면 그 일대의 기존 묘들을 모두 이장해야 하기 때문이다. 조말생의 후손들은 그의 묘를 금곡동에서 미호 인근의 수석동 언덕, 원래 석실서원이 있던 이곳으로 옮긴다.

이곳을 알게 된 사연이 있다. 화산군 신도비를 보고 와서 "내가 본 귀부龜趺(거북이 모양의 비석 받침대) 중에 가장 크다"고 말했는데 이를 본 어느 고수 답사가께서 "조말생 신도비의 귀부를 보기 전에 귀부를 논하지 말라"고 하길래 죽비를 맞은 막내 수도승의 마음으로 이곳을 찾게 되었다.

이 언덕은 아름답다. 내가 가 본 묘들 중 가장

조말생 신도비의 앞(왼쪽)과 뒤(오른쪽). 생동감 넘치는 조형미가 돋보인다. 위는 묘표이다.

아름다운 경관을 자랑한다. 언덕 아래에는 조말생과 양주 조씨들을 기리는 재실인 영모재가 있다. 가파른 언덕을 오르다 보면 한때 이곳이 석실서원이 있던 곳임을 알려 주는 표석이 있다. 그리고 언덕 정상에 오르면 크고 웅장하게 자리 잡은 조말생의 묘가 있다. 그 지점에서 등을 돌려 한강을 바라보면, 그곳이 미호다.

어느 정도 미호 구경을 했다면 조말생 신도비를 찾아야 한다. 이게 여간 어려운 일이 아니다. 원래는 재실이 있고 올라가다 보면 신도비가 보이고 신도비를 지나 더 올라가면 묘가 있는 것이 정석이다. 그러나 조말생 신도비는 그 축선에서 제법 벗어난 곳에 있는 데다 접근하기조차 어렵다. 들어오지 말라는 사유지 푯말이 온 사방에 있다. 유일한 방법이 한 신축 빌라 옆에 있는 가파른 철제 계단을 타고 오르는 것이다.

조말생 신도비를 보고 가장 놀란 점은 압도적 크기의 귀부보다는 생동감을 주는 조형미였다. 엄청나게 커다란 거북이가 고개를 좌측으로 돌리고 있는 모습이 매우 특이하다. 익살스러운 모습처럼 보이기도 하고 좌로 돌린 고개를 금방이라도 다시 돌려 정면을 바라볼 것만 같은 모습이다. 원래 위치인 금곡동에서 이곳까지 약 10킬로미터인데, 이 귀부가 너무 커서 옮기는 데 4개월이나 걸렸다고 한다.

이 신도비를 보면서 의아했

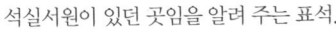
석실서원이 있던 곳임을 알려 주는 표석.

다. 이렇게 뛰어난 조형미와 크기를 자랑하는 신도비가 고작 남양주시 향토유적으로만 지정되어 있다는 점이다. 이 정도면 국가문화재 혹은 도 지정 문화재는 되어야 할 것 같은데 말이다.

부관참시된 연산군의 채홍사 임숭재

왕이 죽으면 종묘에 모신다. 이때 그의 치세에 가장 큰 업적을 세운 신하를 선정하여 함께 모신다. 이를 종묘 배향공신이라 한다. 벼슬이 높았다고 배향이 되는 것은 아니다. 게다가 선발 인원이 워낙 소수라 해당 신하의 가문은 엄청난 영광이었고 혜택도 많았다.

사실, 조선의 배향공신 명단을 보면 특정 인물은 고개를 갸웃하게 한다. 저 왕이 저 신하와 함께 배향되는 걸 과연 좋아할까 하는 의구심이 드는 경우도 있다. 치세 동안 바득바득 싸우고 어깃장만 놓던 사람도 여럿 보인다.

광기의 질주를 하던 연산군 곁에는 그의 악행을 응원하고 부추긴 신하가 하나 있었다. 임사홍의 아들이자 성종의 3녀 휘숙옹주의 남편인 임숭재任崇載(1475~1505)다. 채홍사로 활동하며 조선 팔도 미인들을 찾아내 연산에게 바친 인물이다. 중종반정으로 연산이 쫓겨나기 1년 전 지병으로 죽었다.

《실록》에 남아 있는 임숭재의 졸기는 이렇다.

> 숭재는 임사홍의 아들로서 성종의 딸 혜신옹주(휘숙옹주의 이칭)에게 장가들었는데, 간흉하고 교활하기가 그 아비보다 심하여, 사랑을 받으려고 왕의 행동을 엿보아 살펴서 왕이 마음먹고 있는 것을 다 알았다. 그리하여 여러 번 미녀를 바치니, 왕이 이로부터 매우 총애하

고 신임하여, 숭재의 집 사면에 있는 인가 40여 채를 헐어 내고 담을 쌓아 창덕궁과 맞닿게 하였다. 그리고 매양 거기에 가서 마시고 노래 하면서 밤을 새웠는데, 숭재는 이미 시집간 누이동생에게 왕의 잠자리를 돌보게 하였으며, 왕은 숭재의 아내, 옹주까지 아울러 간통하였다. 숭재는 노래와 처용무에 능하고 또 활쏘기에 말 타기도 약간 알았으므로, 왕이 기뻐하여 혹 노래도 하고 혹 춤도 추고 혹 활도 쏘고 혹 말도 달리는데, 날마다 숭재와 짝이 되었다. 왕이 그가 병들어 괴로워한다는 말을 듣고 신하를 보내서 할 말이 무엇인가를 물으니, 대답하기를, "죽어도 여한이 없으나, 다만 미인을 바치지 못한 것이 유한입니다" 하였다 (《연산군일기》는 연산군을 몰아낸 중종 세력이 쓴 것이기에 어느 정도 감안하고 봐야 한다).

임숭재와 휘숙옹주 합장묘의 묘표.

"왕이 마음먹고 있는 것을 다 알았다……"

충신의 의미를 당시의 백성, 후대 사람들, 조정의 신료들, 왕 본인에게 묻는다면 조금씩 다를 것이다. 효종의 종묘 배향공신에는 송시열이 있다. 효종 생전, 효종이 낸 정책에 어깃장을 놓았고 사후 예송논쟁을 통해 효종을 능멸한 송시열 말이다. 상상해 보건대 저승에서 효종이 송시열을 만난다면 주먹부터 날렸을 것이다. 임숭재를 만난 연산은 쓸쓸하게 웃으며 한번 안아 주었을 것이고.

임숭재의 묘를 보러 경기도 여주시 능현동으로 간다. 놀랍게도 네이버 지도에 임숭재의 묘 위치가 뜬다. 임숭재와 휘숙옹주의 합장묘다. 옹주의 것이라 그런지 문인석의 키가 매우 크다. 전면에는 '숭덕대부풍원위임공지묘崇德大夫豊原尉任公之墓', '휘숙옹주지묘徽淑翁主之墓'라 새겨져 있으며, 뒷면에는 '정덕육년사월일正德六年四月日'이 보인다. 시간을 따져 보면 옹주는 반정 이후에 사망한 것으로 보인다. 임숭재는 중종반정 세력에 의하여 부관참시되었다고 하는데 그렇다면 이 무덤을 파서 시신을 베고 덮은 것인지 궁금하다.

이 마을에서 가장 볼 만한 것은 임숭재의 할아버지 임원준의 묘다. 임원준은 세조부터 성종까지 높은 벼슬에 올랐던 인물로 묘역에 엄청난 크기의 무인석이 있다. 사대부 묘역에 무인석이 있는 것도 희귀한 일인데 크기가 압도적이다.

임숭재의 할아버지인 임원준 묘역의 무인석. 크기가 압도적이다.

호란을 대비했던 선각자 최기남

하늘이 이순신 장군을 보내 왜군으로부터 조선을 구했다면 최기남, 최명길 부자를 보내 북쪽 오랑캐를 물러나게 했다.

최기남崔起南(1559~1619)은 최명길의 아버지다. 조선 인물 중 내가 가장 좋아하는 인물이 최명길이다. 남한산성에서 청나라 오랑캐와 화친을 맺어 훗날을 기약해야 한다고 주장한 사람. 이 집안 사람들은 감탄스럽다. 최기남은 우계 성혼의 제자였다. 선조 때 과거에 합격하여 공직에 나갔고 광해군 때 삭직당한 후 가평에 은거했다.

왜란 직후 그는 함경북도 평사에 임명되어 북쪽의 정세를 살폈다. 이때 여진의 힘이 위험할 정도로 강성해짐을 알았을 것이다.《연병실기練兵實紀》라

호란에 대비했던 선각자 최기남의 신도비(왼쪽)와 묘표(오른쪽).

는 병서가 있다. 명나라 장수 척계광이 편찬한 병서로서 중국 북방 민족의 기병 전술에 대응하기 위해 전차와 기병, 보병 등을 활용한 전술을 담고 있다. 여진을 의식했는지, 최기남은 이 책을 수입하여 조선판 《연병실기》를 내며 발문에 "오랑캐가 쳐들어오기 전에 유비무환이 될 것"이란 말을 남겼다.

최기남은 이어 《무예제보번역속집》이란 책을 목판 간행한다. 무예마다 그림을 넣어 설명하였고 내용을 한글로 다시 풀이하여 누구나 쉽게 익힐 수 있게 했다. 이 책은 특이하게 왜검 무예를 추가했는데, 왜란을 통해 익힌 일본의 검법을 우리 검법에 녹여 전투력을 키우려 한 시도로 보인다. 이 집안 사람들은 사고가 정말 유연하다.

53세가 되던 해(1612) 최기남은 함경도 영흥 부사에 임명되었다. 이 당시 함경북도 동관진이 여진족에게 함락되어 영흥마저 위협을 받던 시절이었다. 임명된 자마다 병을 핑계로 사직함에, 아홉 번째로 최기남이 임명되었다. 그는 태연하게 영흥으로 부임해 《연병실기》의 전법에 따라 기병에 대항할 전차를 만들어 들판에서 실전 훈련을 시작했다. 그러나 허무하게, 북인들이 득세를 하면서 관직을 삭탈당하자 가평으로 물러나 여생을 보냈다.

하늘이 조선을 버렸나 싶었으나 최기남은 이곳에서 아들 최명길을 가르친다. 최명길은 이 시기 여진에 대한 많은 이야기를 아버지 최기남에게 들었을 것이다. 그리고 훗날 최명길은 남한산성에서 조선을 구해 낸다. 이게 다가 아니다. 숙종 시절 대기근이 들었을 때 최명길 손자인 수학 천재 최석정(당시 우의정)이 청에서 구휼미를 가져와 사람을 살린다. 내가 이 집안 자체를 칭찬하는 이유다.

최기남을 만나러 경기도 성남시 수정구 오야동으로 간다. 서울에 바짝 붙어 있는 이 마을은 유서 깊은 공간이 많다. 100년 넘은 역사가 있는 오야동 천주교 공소도 있고 카페로 변신한 고택도 있다.

서울공항 맞은편 작은 동산에 그의 묘소가 있다. 들머리를 찾지 못해 마을 여기저기를 기웃거리다 낡은 고택도 만났다. 검게 변한 그의 신도비에서 가장 먼저 보고 싶었던 것은 명필 설봉 김의신의 글씨였지만, 흐릿해서 잘 보이지 않았다. 글을 지은 사람은 아들 최명길의 절친인 장유張維다. 장유는 청에 끌려갔다가 속환한 본인의 며느리를 이혼시켜 달라고 인조에게 청했던 유명한 인물이다. 반대로 환향녀들을 적극적으로 구명한 것도 최명길이었다.

길 건너 서울공항 활주로가 보인다. 멀리는 산성이 있는 남한산도 보인다. 최기남은 이곳에 누워 아들 최명길의 고군분투를 지켜보았을 것이다.

공도 많고 과도 많은 귤산 이유원의 '가오복지'

귤산橘山 이유원李裕元(1814~1888)은 오성 이항복의 9대손이다. 헌종 때 문과에 급제하여 철종 대를 거쳐 고종 때 영의정이 되었다. 흥선대원군과 각을 세우기도 했으며 제물포조약을 맺을 당시 전권대신이었다.

공도 많았지만 과過도 많았던 인물로, 급변하는 조선 말기의 중심에서 여러 갈래의 평가가 열려 있는 인물이다. 그리고 상당한 수준을 갖춘 문인, 학자, 예술가이기도 했다. 자하 신위에게 시를 배웠고 청나라 학자들과 교류했으며 추사 김정희와도 교류했다. 많은 저술을 남겼고, 예서체의 달인으로 서예에서도 일가를 이룬 인물이다.

다양한 면모를 가지고 있는 이유원이지만, 딱 하나만 꼽아 보라고 한다면 '그는 부자였다.' 황현의 《매천야록》에 따르면 경기도 남양주 가오실에 별장이 있는데, 한양에서 80리 거리였다. 80리 왕래하는 길이 모두 그의 밭두

렁이라 다른 사람 땅은 단 한 평도 밟지 않고 한양을 다녔다고 한다. 이유원은 1859년 남양주 가오곡嘉梧谷에 별장을 짓고 이사를 왔는데, 남양주 가곡리 일대 그의 땅은 192만 평 정도였다고 한다. 그의 양아들이자 독립운동가였던 이석영 선생은 그의 양부 이유원의 재산을 정리하고 만주로 넘어가 신흥무관학교 설립 자금을 지원했다.

이유원은 천마산 자락 가오실 마을에 엄청난 규모의 별서를 만들었고 마을을 통과하는 하천을 거슬러 올라 만나게 되는 계곡도 별서의 영역으로 흡수했으며 계곡 막바지에 있는 보광사라는 절을 중창하여 별서 영역 안으로 끌고 들어왔다. 마을 아래 커다란 저택부터 계곡, 보광사까지 이유원의 별장이었던 셈이다.

남양주 가오실 마을 입구에는 '가오복지嘉梧福地'라고 이유원이 예서체로 쓴 바위 글씨가 마중 나와 있다. 이제 이유원의 별서의 영역으로 들어선 것이다. 마을에는 이유원의 별서 위치를 짐작케 하는 은행나무 고목 하나만이 남아 있다. 바로 계곡길을 거슬러 올라 보광사부터 간다. 보광사는 별 특

남양주 천마산 자락의 가오실 마을 입구에 있는 '가오복지' 바위 글씨. 이유원이 썼다. 여기서부터 이유원의 별서 영역이다.

징 없는 작은 사찰이다. 마당에 있는 범상치 않은 소나무 한 그루 정도가 이유원이 이곳을 얼마나 정성껏 다루었는지 짐작하게 할 뿐이다.

보광사에서 확인해야 하는 것은 경내에 있지 않다. 절로 올라가는 입구, 다리 주변을 살피면 추사 김정희의 필적으로 추정되는 바위 글씨들이 있다. '벽파동천碧波洞天(푸른 물의 계곡)', '석장石丈(돌같이 심지가 굳고 꿋꿋하다)', '자련대상紫蓮臺上(관음 예문인 자련대상 홍우화중紫蓮臺上 紅藕花中)', 이렇게 반경 10미터 이내에 바위 글씨가 세 개나 있다. '석장'과 '벽파동천'은 펜스 바로 뒤에 있어 사진으로 담는 게 어려운 편이다. 추사 글씨로 추정되는 바위 글씨를 이렇게 방치하다니…….

이제 계곡으로 내려간다. 폭포 주변에 여러 바위 글씨가 기다리고 있다. 먼저 이유원의 호인 '귤산橘山'이 보이고 이어 '옥산玉山', '옥산은거玉山隱居', '우암폭愚庵瀑', '제삼폭第三瀑', '청풍김淸風金', '김대섭金大燮' 등이 있는데 이 계곡에서의 백미는 이유원이 예서체로 새긴 오언절구의 시다.

물이 맑아 내 갓끈을 빠니	淸可濯我纓
흐르는 물소리에 내 귀가 머는구나	聲可聾我耳
어느 곳인들 명산이 아니고	何處匪名山
어느 누군들 군자가 아니랴	何人匪君子

이 시를 찾으려고 계곡을 오르고 내리고 정신없이 헤맸다. 바위 사이를 성큼성큼 뛰는데 방금 왼발을 디딘 바위 위에서 무엇인가가 휙 하고 움직인다. 뱀이다.

"아, 주제도 모르고 이 산 저 산 쑤시고 다닐 때부터 어렴풋이 한 번은 뵐 거라는 생각은 했습니다. 하지만 이렇게 일행도 없고 인적도 없는 계곡에

추사 김정희의 필적으로 추정되는 바위 글씨 '벽파동천'과 '석장'(왼쪽).
이유원의 호 귤산 위에 우암폭이 새겨져 있는 바위 글씨(오른쪽).

이유원의 오언절구가 새겨진 바위 글씨.

서 뵐 줄은 몰랐습니다. 그리고 묻지 않고 살려 주셔서 감사합니다."

수장壽藏을 한 귤산 이유원과 '필운대'

이제 다시 경기도 남양주 수동면에 위치한 귤산 이유원의 묘소로 간다. 이유원이 소유했던 남양주의 어마어마한 면적의 땅을 그의 양아들인 이석영이 처분하여 신흥무관학교 자금으로 썼다는 이야기는 앞서 이야기했다. 땅을 얼마나 살뜰하게 처분했는지, 묘소는 보이는데 들어가는 길이 없다. 묘소 주변으로 빙 둘러 집들이 들어섰다. 한참을 서성이다가 남의 집 주차장을 통해서 들어갔다.

이유원의 묘소가 특이한 것은 그가 수장壽藏을 했기 때문이다. '수장'이란 살아 있을 때 자신의 무덤을 미리 만들어 놓는 것을 말한다. 이유원의 묘소는 그의 할아버지 묘소와 함께 조성되어 있다. 아래에는 수장비가 있는데, 이유원의 묘표와 묘표 옆 수장지표는 철종 11년(1860)에 조성된 것이라고 한다. 즉 본인이 죽기 28년 앞서 이 묘비와 비석을 미리 준비한 것이다. 그래서 묘비와 비석에, 익숙한 이유원의 예서체가 등장하는 것이다. 묘 아래 수장비의 비문은 윤정현이 지었고, 후기는 김흥근, 김병학, 남병철, 조두순, 김좌근 등이 찬했다. 모두 당시에 쟁쟁한 인물들이었다.

이유원의 흔적을 찾으니 약간 삐딱한 의문점이 든다. "왜 조선 후기로 갈수록 고위관료들은 다 부

이유원의 수장비.

자인가?" 이유원이 엄청난 명문가의 자손이었다고 한들, 이 정도 가문은 조선에 여럿이다. 남양주에 이 정도로 엄청난 재산을 축적할 수 있었던 배경은 무엇인가?

이유원의 수장지표.

앞의 글에서 말했듯 귤산 이유원은 백사白沙 이항복의 9대손이다. 이항복은 임진왜란의 영웅 권율의 사위다. 권율은 서울 종로구 배화여고 부근에서 살다가, 집을 사위 이항복에게 물려주고 도성 서쪽 밖으로 나가서 살았다. 배화여고에는 아직 이항복이 살았던 흔적이 있다. 필운대弼雲臺, 이항복 호가 필운이었다. 필운대는 조선 시절 봄 꽃놀이 명소였다. 겸재 정선도 이 필운대를 그린 작품을 남겼다.

필운대는 종로구 배화여자고등학교 건물 뒤 작은 공터에 있다. 조선시대 이곳이 으뜸가는 꽃놀이 풍류 장소였다고는 하지만 지금은 궁색하기 짝이 없어 과거의 정취는 상상하기 힘들다. 이는 배화여자중학교, 고등학교, 대학교가 인왕산 자락부터 서촌 변두리까지 넓게 자리하면서 과거의 지형을 지우고 왜곡했기 때문이다.

배화여고 정문에서 수위의 허락을 얻어 교내로 들어선다. 아름다운 학교다. 과거의 모습을 온전히 잘 간직하였다. 좌측 여고 별관으로 간다. 별관 옆 재활용 처리장 주변에서 계단을 찾아 오르면 필운대에 도착한다. 이항복의 글씨라고 전해지는 '弼雲臺'를 찾아보고 겸재 정선의 〈필운대〉와 비교하며, 정선은 어느 위치에서 이곳을 관찰하며 그렸는지를 생각해 본다. 필운대 옆에는 이유원이 이항복의 옛 집터인 필운대를 둘러보고 남긴 시가 있다. 예서체의 달인 이유원의 글씨다.

우리 할아버지 살던 옛집에 후손이 찾아왔더니	我祖舊居後裔尋
푸른 바위에는 흰 구름이 깊이 잠겼고,	蒼松石壁白雲深
풍속이 백 년토록 전해 오니,	遺風不盡百年久
옛 어른들의 의관이 지금껏 남아 있다	父老衣冠古亦今

그 옆에는 사람들의 이름이 여럿 새겨진 바위 글씨가 있다. 이곳 필운대에 공사가 있었을 때 감독을 맡은 사람들의 이름이라고 한다. 재미있는 점은 조선 후기 풍류 가객 박효관의 이름이 눈에 띈다는 점이다.

이유원이 필운대를 돌아보고 쓴 시(위).
이항복의 글씨라고 전해지는 바위 글씨 '필운대'와 겸재 정선의 〈필운대〉(아래).

시대착오적인 면암 최익현의 '바위 글씨'

위정척사衛正斥邪는 바른 것을 지키고 사악한 것을 배척하겠다는 뜻이다. 위정척사의 중심에는 면암勉菴 최익현崔益鉉(1833~1907)이 있다. 먼저 포천의 화봉산으로 간다. 산이라 하기에도 뭐한 야트막한 산이다. 기아자동차 서비스센터 앞에 차를 대고 산에 오른다. 정상까지 15분이면 충분하다. 정상을 지나 반대편으로 조금 내려가면 병풍처럼 빙 둘러쳐진 바위들이 있고 글씨가 새겨져 있다.

우측에서 좌측으로 읽는다. "천숙天淑, 일심암一心岩, 평양화표平陽華表, 대명천지大明天地, 영력일월永曆日月, 조요학공祖堯學孔, 경승백사敬勝百邪, 계사년(1893) 봄에 최익현이 유기일을 위해 쓰다."

'평양平陽'은 중국 요堯 임금 시대의 도읍지, '화표華表'는 요 임금 시대 위

포천 화봉산 정상 주변 최익현의 바위 글씨. ❶ 천숙, 일산암 ❷ 평양화표 ❸ 대명천지, 영력일월, 조요학공, 경승백사 ❹ 계사년(1893) 봄에 최익현이 유기일을 위해 쓰다.

정자에 대한 불만이나 비방을 백성들이 쉽게 기록할 수 있도록 도로 등에 세워 놓았던 표목表木을 말한다고 한다. 위정척사의 지표를 결연히 보이기 위한 것이며, 한편으로는 당대의 위정자들에 대한 항의의 표시라고 한다.

세상은 위대한 명나라의 것	大明天地
명나라의 해와 달이네	永曆日月
요 임금을 섬기고 공자를 배워서	祖堯學孔
삼가 온갖 사특함을 이기자	敬勝百邪

하아, 한숨만 나온다. 당시 급박하게 돌아가던 조선 사정을 보자. 1865년 비변사 폐지·만동묘 철폐, 1866년 미국 제너럴 셔먼호 사건·병인양요, 1870년 호포제 실시(군역 의무 양반에게 확대), 1871년 서원 철폐와 신미양요, 1875년 운양호 사건, 1876년 강화도조약에 이은 일본 수신사 파견, 1880년 2차 수신사 김홍집이 《조선책략》 받아 와서 전국에 퍼짐, 1881년 서양과의 외교를 위한 통리기무아문 설치·신식 군대 별기군 창군·청나라에 영선사 파견, 1882년 미국과 수호통상조약 체결·임오군란·제물포조약·조청상민수륙무역장정, 1883년 미국에 보빙사 파견·원산학사(최초의 근대학교) 설립·근대식 무기 공장인 기기창 설립, 1884년 갑신정변·한성조약·톈진조약·조러통상조약, 1885년 영국 동양함대 거문도 점령, 1886년 육영공원(관립학교) 설립·조불수호통상조약, 1888년 조러육로통상조약.

20년 어간에 원했든 원하지 않았든 나라 안팎이 미친 속도로 돌아갔다. 그런데 1893년 최익현은 포천 화봉산에서, 이 세상은 정확히 249년 전 멸망한 명나라의 것임을 다시 한번 선포하면서 요 임금과 공자를 배우자고 결의를 다짐했다.

위정척사란 결국 성리학 중심의 질서를 지키겠다는 말이고 이는 양반들의 기득권을 놓지 않겠다는 말이다. 민초들을 괴롭히기만 하던 만동묘와 서원 철폐를 반대했고 동학을 도적 떼로 간주했으며, 갑오개혁도 반대했다. 애초에 조선 왕조를 지키거나 자주권을 수호하겠다는 의지보다는 성리학의 범주 안에서 지켜지는 화이질서 유지가 최대 목표였다.

을사조약이 체결되자 1906년 의병들이 일어났다. 전국 각지에서 일어난 의병 내에서도 촌극이 속출한다. 청나라 위안스카이에게서 원병을 빌려 오자고 하질 않나(청일전쟁의 쓰라린 교훈은 잊은 것인가?), 의병대의 절대 다수였던 평민과 천민들을 하대하여 이탈을 야기하기도 했다. 의병장 최익현은 유생들과 맹자를 읽다가 대한제국군이 와서 체포해 간 것으로 끝난다.

아들이 보는 만화 위인전에 최익현이 등장하는 것을 보고 고개를 절레절레 흔든 기억이 있다. 도대체 우리 아이들이 저 사람을 보고 무엇을 배울 수 있을까. 그를 이 시대에 소환하는 이유는 단 하나 '반일 정신'이다. 위인전의 끝은 최익현이 유배지 대마도에서 일본인이 주는 어떤 음식도 거부하다가 의연하게 아사를 했다 전하며 맺는다. 유배된 지 4개월 만이다. 이는 화봉산 바위 글씨 해설판에도 쓰여 있는 내용이다. 단언하건대 곡기 끊고 4개월을 버틴다는 것은 의학적으로 불가능한 일이다.

조선 최초로 폭탄 테러에 당한 민승호

1875년 1월, 전 병조판서 집에 지방 고을에서 바치는 작은 상자가 도착했다. 내실에서 식사 중이었던 집주인은 자신의 어머니와 어린 아들이 함께 있는 자리에서 함을 열었는데 '쾅' 하고 큰 폭발이 일어난다. 어머니와 어린

아들은 즉사했다. 집주인은 시커멓게 탄 상태에서 잠시 숨이 붙어 있었고 특정 방향으로 힘들게 손가락을 가리키곤 숨졌다.

 죽은 어머니는 명성황후 민씨의 생모, 죽은 집주인은 당시 정계 최고의 핵심 인물이었던 명성황후의 양오빠 민승호閔升鎬(1830~1875), 그가 가리킨 방향은 운현궁, 흥선대원군의 집.

 1873년 고종을 대신하여 10년간 권력을 행사하던 흥선대원군이 권좌에서 밀려났다. 스무 살이 된 고종은 친정親政을 하고 싶었기에 아버지로부터 권력을 회수해야만 했다. 권력을 두고 신구 세력이 충돌하면서 여흥 민씨와 명성황후가 갈등의 틈바구니를 비집고 나왔다. 명성황후의 오빠 민승호는 신권력의 핵심이었다. 민승호는 조선 최초의 폭탄 테러의 희생자가 되었고 그는 죽어 가면서도 흥선대원군을 지목했다.

 민승호 묘를 찾아 경기도 용인시 기흥구 상하동, 흥국생명 연수원으로 간다. 이 동네는 오래전부터 민재궁이라 불렸다. 여흥 민씨 가문의 묘가 모여 있어서 그리 불렸다고 한다. 흥국생명 배구단이 이곳에서 합숙을 하는지 '핑크 스파이더스' 버스가 주차되어 있었다. 연수원 주차장에서 산으로 드

풍창부부인 조씨의 묘.

는 오솔길을 따라가면 풍창부부인 조씨의 묘가 있고 그 아래로 민씨들의 무덤이 줄지어 있다. 풍창부부인 조씨는 민유중의 아내로, 숙종의 장모이며 가련한 인현왕후의 (양)어머니다.

민승호의 묘는 이곳 서쪽 능선에 홀로 있다. 길이 흐릿해서 찾아가기도 힘들고 오가는 사람이 없는지 익어 떨어진 밤이 오솔길 위에 그대로 있다. 비탈을 한참 오르니 민승호 묘역이 나타났다. 예상대로 관리 상태는 엉망이다. 바로 옆 능선 풍창부부인 묘역은 정갈하게 관리하면서 여기는 이렇게……. 그래도 석물이나 비석은 당당하다. 비문에 따르면 묘역은 한양의 연화봉, 안암동을 거쳐 1898년 이곳으로 옮겼다. 비문은 민영환이 썼는데 전액 부분 옆에 처음 보는 글씨가 있다. 예필睿筆, 황태자가 쓴 글. 그럼 이건 순종이 쓴 글이다. 임금이 짓고 쓰면 어제御製, 어필御筆이라 한다. 그런데 예필은 처음 봤다. 순종도 외삼촌의 죽음이 안타까웠던 것일까?

여흥 민씨 일가의 무덤을 용인에서 여주까지 훑듯이 다녀왔다. 이 일가의 권세가 얼마나 대단했는지 어필, 예필 비석을 하루에 열 개가량 보았다. 망국의 지분은 분명 저 일가에게도 있다.

민승호의 묘.

16 드물게 남은 여성의 비문들

최고액권 지폐의 주인공, 신사임당. 율곡 이이의 어머니이자 뛰어난 예술가인 그녀의 본명을 우리는 알지 못한다. 조선 대부분의 여성은 이름이 없다. 더 정확히 말하자면 이름이 남겨진 사람이 너무 적다.

누군가의 아내나 딸 혹은 남편의 직위로만 기록되어 있는 조선의 여성들. 그중 특이한 사연을 갖고 있는 두 여자를 통해 조선의 여인들에 대한 상황을 되짚어 보고자 한다.

조선 유일 여성 신도비 주인공, 남양 홍씨

신도비, 조선의 왕 및 정2품 이상의 벼슬을 하거나 학문이 높은 인물의 무덤으로 가는 길목에 세운 큰 비석이다. 무덤의 동남쪽에 세우는데, 이 길을 신도神道라고 하기 때문이다. 신도비에는 그 무덤 주인의 인생 스토리를 새긴다. 그러니 공업과 학문이 높은 인물에 한해 신도비를 세우는 게 일반적이다. 그러니 조선 여성 인물이 대상이 될 수는 없다. 그런데 조선 여성 중 유일하게 신도비를 가지고 있는 여성이 있으니, 경기도 양주에 묻혀 있는 한확의 부인 남양 홍씨다.

한확韓確(1400~1456)은 계유정난으로 단종을 몰아내고 왕위에 오른 세조의 최측근이었다. 수려한 외모, 그리고 집안의 여성들을 이용하여 좌의정까지 역임해 엄청난 권력을 획득한 것으로 유명하다.

딸 하나를 세종의 아들 계양군에게 시집보내고 다른 딸을 세조의 큰아들 의경세자에게 시집보낸다. 이 딸이 훗날 성종의 어머니인 인수대비다. 여기에 더해 여동생을 명나라 3대 황제 영락제의 후궁으로 보낸다. 그 여동생이 영락제가 죽자 순장당한 뒤 다른 여동생을 명나라 5대 황제 선덕제의 후궁으로 시집보낸다. 영락제는 뛰어난 외모의 후궁을 사랑한 나머지 처남인 한확을 광록시소경光祿寺少卿(명나라 차관급)에 봉한다. 또한 한확을 무척 마음에 들어 해, 자기 부마를 하지 않겠냐고 제안까지 했다.

자, 정리해 보자. 세종과 사돈지간, 세조와 사돈지간, 성종의 외할아버지,

양주의 청주 한씨 묘역.
층층이 단을 쌓아
조성했는데, 남양 홍씨의 묘가
가장 위에 있다.

명나라 영락제·선덕제의 처남이며 명나라 차관급 벼슬아치. 조선에 이 정도 스펙을 가진 사람이 존재했던가? 세종 시절 한확은 불륜으로 탄핵을 받았는데 세종이 "이 사람은 내가 벌줄 수 없는 사람이다"라고까지 했으니 알 만하다.

한확의 딸, 인수대비는 《내훈》이라는 여성 교육서를 편찬한다. 부녀자는 남편을 잘 섬겨야 하고, 자식을 잘 키워야 한다는 유교적 덕목을 공고히 했지만, 남존여비 사상을 형성하는 기반이 되었다는 평이 있다. 특히 내용에 "며느리가 잘못하면 가르치고, 가르쳐도 말을 듣지 않으면 때리고, 때려도 고치지 않으면 쫓아내야 한다"라는 문구도 있다.

남양 홍씨의 신도비.
돌은 명나라에서 코끼리를 이용해 가져왔다고 한다.

사실 저 구절이 섬뜩한 점은, 인수대비의 며느리가 연산군의 어머니인 폐비 윤씨라는 점이다. 그리고 인수대비의 아들 성종은 과부재가금지법을 제정, 시행한다. 양반 여성이 재가를 하면 그녀의 자손은 과거에 응시할 수 없게 하는 법이다. 이 법 이후 사회적 분위기는 여성 재가를 수치스럽게 인식하게 되었다. 한확→인수대비→성종으로 이어지는 이 가계도가 조선의 여성 인권을 박살냈다고 생각한다면 너무 비약일까? 그리고 아이러니하게도 그 모든 시발점인 한확의 아내, 남양 홍씨가 조선 유일의 여성 신도비 주인이라는 게 더 씁쓸하다.

남양 홍씨 신도비는 경기도 양주에 있다. 국군양주병원 앞산이다. 남편인 한확의 무덤은 남양주에 있다. 남편과 아내의 묘를 다른 곳에 쓰는 것이 청주 한씨의 가풍이었다. 남양 홍씨는 죽어서 떨어져 지내는 것이 속 편했을 수도 있겠다. 그녀의 무덤은 남편의 집안인 청주 한씨 묘역 가장 위에 있다.

계단식으로 묘역을 조성했는데 그 위세가 대단하다. 인수대비와 명나라로 시집간 한확의 누이들 덕분이다. 페루에 있는 잉카의 공중도시 마추픽추에 올라가는 느낌이 들 정도로. 그녀의 신도비석은 명나라에서 코끼리를 이용하여 가져왔다고 한다. 이 언덕에 죽은 코끼리도 같이 묻었다는 야사도 있다.

이 내용을 알고 가서 그런지, 돌의 재질이 남다르다. 신도비의 글은 임사홍이 썼다. 맞다. 앞서 다룬 희대의 간신, 임사홍.

서얼 출신 첫 정경부인 정난정의 묘

정경부인이란 정1품, 종1품 문무관의 정실부인에게 내린 작호다. 사대부 여인이 받을 수 있는 최고의 지위였다. 적처嫡妻에게만 수여했기에 첩은 대상이 아니었고 당연히 양반 가문의 여성만이 받을 수 있었다.

조선시대 최초이자 유일하게 서얼 출신 여성이 정경부인에 봉해진 경우가 있다. 그녀의 이름은 정난정. 아버지는 양반이었으나 어머니가 관비였기에 그녀는 얼녀孼女였다. 문정왕후의 동생 윤원형은 당대 최고의 실세였고 난정은 윤원형의 첩이었다. 난정에게 홀딱 빠진 윤원형은 정실부인 김씨와 이혼하고 난정을 정실부인 자리에 앉힌다. 난정은 시누이인 문정왕후와도 친하여 궁을 편하게 드나들 수 있었다. 문정왕후는 그녀에게 정경부인 작호를 내린다. 난정과 문정왕후는 독실한 불교신자였다. 조선시대에 사대부가 이혼하는 것은 매우 어려운 일이었다. 게다가 얼녀가 정경부인에 오르는 것은 반상의 법도를 뒤엎고, 법을 어기는 파격이었다. 이런 무리한 일들이 착착 진행된 것은 그녀의 남편 윤원형과 시누이 문정왕후가 절대적 권력을 휘둘렀기 때문이다.

　윤원형과 정난정을 만나러 파주 당하동 야산으로 간다. 야트막한 야산이 논을 안고 있는 이곳은 파평 윤씨 정정공파의 묘역이다. 정정공 윤번을 중시조로 갈라 나온 일파의 무덤 600기가 이곳에 있다. 윤번은 세조의 비 정희왕후의 아버지였다. 이곳에는 부원군 묘역만 3기, 정승 묘역 7기, 판서 묘역 8기, 참판 묘역 30기 등이 있다고 한다.

　사정이 이러하니 조금 과장하자면, 산을 가로지르는 1차선 포장도로를 따라 걷다가 양쪽으로 난 아무 오솔길을 따라 들어가면 알 만한 인물의 무덤이 나온다. 내가 다녀본 곳 중에는 여주의 여흥 민씨 삼방파 선산과 규모는 비슷하지만 정돈과 보존의 측면에서는 이곳이 압도적이다.

윤원형의 첩실이었던
정난정의 묘. 무속인들이
다녀가는지 지폐가 굴러다닌다.

237

여기는 '무덤 백화점'이다. 조선 명문 사대부의 묘제가 시간순으로 켜켜이 쌓여 있다. 따라서 재미있는 이야기도 많다. 중종의 계비 장경왕후의 오빠는 윤임이었다. 그를 위시한 세력을 대윤이라 불렀다. 장경왕후가 죽고 새로 맞이한 문정왕후의 남동생은 윤원형이었다. 그를 위시한 세력은 소윤이었다. 대윤과 소윤의 치열한 대립은 소윤의 승리로 돌아갔고 소윤은 을사사화를 일으켜 윤임을 척결했다.

이 야산을 답사하다가 우연히 만난 묘의 주인은 윤여필이었다. 윤여필은 대윤의 수장, 윤임의 아버지다. 헉! 대윤, 소윤 모두 파평 윤씨 정정공파였던 것이다. 윤여필은 본인의 아들을 죽인 원수, 윤원형과 지근거리에 묻혀 있다. 이럴 수가……

윤원형의 형인 윤원로는 권력 다툼 와중에 동생 윤원형에게 죽임을 당한다. 형제지만 원수인 셈이다. 윤원로의 묘도 윤원형과 지근거리다. 개인적

윤원형과 이혼한 김씨 부인의 합장묘.

감정보다는 가문의 질서를 우선시한 것인지 아니면 다른 사연이 있는 것인지 매우 궁금하다.

윤원형의 묘는 이혼한 김씨 부인과 합장 묘다. 그 옆으로 작은 봉분 하나가 있고 묘표에는 '초계정씨난정지묘草溪鄭氏蘭貞之墓, 영의정윤원형지첩실 청계군정윤검지서녀領議政尹元衡之妾室淸溪君鄭允謙之庶女'라 새겨 있다. 《실록》에는 정난정이 김씨 부인을 독살했다는 소문이 지속적으로 나온다.

이상하다. 정난정이 정실부인으로 인정을 받았는데 왜 굳이 이혼한 김씨와 합장 묘를 만들었는지. 그녀를 첩으로 보겠다면 그건 그 가문의 마음이니 상관은 없으나 그렇다면 묘제에 어긋난다. 사대부 묘역에는 첩의 묘를 함께 쓰지 않는다. 게다가 김씨와 난정은 원수인데 굳이 이렇게 가까이 묻었어야 했나. 이 산에는 이상하게 원수지간인 인물들이 사이좋게(?) 묻혀 있다.

권력 다툼 끝에 동생 윤원형에게 죽임을 당한 윤원로의 묘표.

17 조선의 수학자들

"조선은 문과의 나라야." 누군가 내게 말했다. 조선을 지탱한 것은 유학, 그 중에서도 성리학이었으니 맞는 말인 듯하다. 하지만 애초 문·이과를 나누는 게 맞는 것인지도 모르겠고 조선의 문인 중에서 이른바 "과학"이라는 영역에 관심이 많거나 남다른 재능을 발휘한 인물들이 적지 않다. 요새식으로 말하자면 타고난 "이과"생들이다. 조선의 수학자의 묘소와 비문을 소개한다.

조선 고유 역법을 마련한 수학자 이순지

이순지李純之(?~1465), 한반도 독자의 역법을 마련한 사람이다. 이전까지는 중국의 역법을 가져와 사용하였다. 위치가 다르니 당연히 오차가 발생할 수밖에 없었다. 농업 국가에서 역법의 중요성은 말로 다 할 수 없으며 천문을 예측하는 것은 왕권 강화에 큰 힘이 되었다.

 이순지의 최대 업적은 천문학서 《칠정산七政算》을 편찬한 것이다. '칠정'이란 일월화수목금토(해·달·화성·수성·금성·목성·토성)의 움직임을 계산한다는 뜻이다.《칠정산》은 〈내편〉, 〈외편〉으로 나뉘는데 〈내편〉은 원나라에서 만든 수시력(授時曆)을 한양의 위치에 맞게 재구성한 것이다. 〈외편〉은 아라비아 역법을 번역한 중국의 회회력(回回曆)을 바탕으로 조선의 천문 상황에 맞게 재구성한 것이다. 이순지는《칠정산》을 통해 일식과 월식 등을 정확하게 예측할 수 있도록 했다. 한국고전종합 DB에서《칠정산》〈내·외편〉모두 확인할 수 있으며 해설서도 찾아볼 수 있다. 이걸 쭉 보면서 이순지도 대단하지만, 이걸 현대 수식으로 풀어낸 해설자들도 정말 대단하다는 감탄이 나왔다.

혹자는 이순지가 지동설을 증명했고 한양의 위도를 계산했다고 주장하는데, 이건 가도 너무 간 해석이다. 일단 코페르니쿠스보다 100년 먼저 지동설을 입증했다는 주장에 쉽게 동의하기도 어려울 뿐 아니라, 위도를 계산했다는 사실도 믿기 힘들다. 위도를 계산하려면 한 가지 확실한 전제가 필요하다. 지구가 둥글다는 것인데 이순지가 이를 알았다는 근거는 없다.

그럼 왜 위도를 계산했다는 이야기가 떠도는가?《세종실록》에 세종이 한양의 '북극출지'를 묻자 이순지가 "38도 강(强)"이라 답하는 부분이 나온다. 이 때문에 이순지가 위도를 계산했다고 믿는 듯한데 이건 그냥 북극성을 바라보는 각도로 이해해야 한다. 이걸 정확하게 측정한 이순지는 대단하지만 위도 측정은 아니다.

이순지는 엄청난 업적에도 불구하고 하나의 강력한 스캔들로 자주 회자되는데, 바로 조선을 뒤흔든 '사방지 스캔들'이다. 사방지는 세종의 딸 정의공주(남편 안맹담)의 노비였다. 남녀 양성을 함께 갖고 태어났으나 어린 시절부터 여자로 길러졌다. 여자였으나 남자 구실을 할 수 있는 상태. 사방지는 이러한 슈퍼 파워를 바탕으로 젊은 시절부터 40대까지 사대부 집을 출입하며 여러 사대부 집안 여자들과 추문을 만들었다. 특히 일찍 과부가 된 이순지의 딸이 10년가량 사방지와 내연관계였다. 사헌부는 조사에 들어갔고, 세조는 본인의 사위 정현조를 보내 사방지의 생식기를 확인하게 한다.

우선 서울 도봉구 방학동으로 간다. 앞에 소개한 연산군 묘 입구에서 걸어서 2분 정도 큰길로 나서면 정의공주와 안맹담의 묘소가 있다. 사방지의 주인이다. 안맹담의 신도비는 정인지가 지었는데, 정인지 본인이 세종의 수학 선생님이었으며 이순지가 《칠정산》을 쓸 때 담당 부서장이었고 사방지의 생식기를 확인한 정현조가 정인지의 아들이다. 인연이 참 묘하다.

그리고 경기도 남양주 화도면으로 간다. 대로변에 이순지의 묘역이 있다. 여기는 찾아가려고 간 게 아니라 이 주변을 하도 돌아다니다 보니 눈에 띄어서 시간이 있을 때 들어간 곳이다. 묘갈墓碣이 조선 초기 양식으로 담백하여 마음에 들었으나 비문이 많이 흐려져 있었다.

이순지의 묘갈. 묘갈은 윗 부분을 둥글게 다듬은 형태의 묘비이다.

노론 남병철의 숨길 수 없는 수학 사랑

이순지가 주어진 공적 임무를 수행하기 위해 수학을 공부했다면 남병철南秉哲(1817~1863)은 취미로 수학을 공부한 수학자이다.

남병철은 이조 판서, 예조 판서, 대제학을 역임한 조선 후기 관료다. 그는 의령 남씨로 그의 가문은 잘나가는 경화사족(한양과 그 근교에 거주하는 사족)이었다. 게다가 그는 안동 김씨 세도정치를 활짝 열어젖힌 김조순의 외손

남병철의 신도비.

자이며, 남병철의 아내는 영흥부원군 김조근의 딸로 남병철 본인이 헌종의 동서였다.

흔히 조선 후기 실학은 관직 진출이 막혀 버린 남인 계열 인사들의 전유물로 알고 있는데 그는 서인 노론 가문 출신에다, 안동 김씨 세도정치 시절 핵심부에 있던 인물이었음에도 수학을 사랑한 흥미로운 인물이다. 그의 동생 남병길(남상길로 개명)도 수학적 재능과 관심이 많아서 형보다 많은 수학책을 저술했다.

남병철이 "경학도 수학도 모두 옳고 그름을 밝히는 것인데, 경학의 해석과 전주箋注는 저마다 옳다고 주장하면서 부질없이 쟁송만 일으키지만 산수는 시비가 명확하므로 경전을 올바르게 이해하기 위해서는 먼저 산수의 명확함을 배워야 한다"고 했으니 수학 좋아하는 전형적인 이과생 마인드다. 그의 저서로는, 《추보속해》(케플러의 타원궤도운동론을 적용하여 해와 달의 운동을 계산. 중국에 소개된 서양의 천문학을 이해하고 재해석), 《해경세초해》(고차방정식 풀이법), 《의기집설》(천문관측기구에 대한 책으로 천문기구의 원리와 제작법을 서술)이 있다.

남병철 묘를 찾으러 경기도 남양주 별내면 청학고등학교로 간다. 조선시대 별내면 청학리 일대는 의령 남씨 일가의 땅이었다. 청학주공아파트, 청학고등학교 모두 의령 남씨의 땅을 사서 개발한 곳이라고 한다. 청학고 건너편에 작은 공원이 있고 공원 구석에 비석 세 기가 서 있다. 모두 의령 남씨들의 것이고 가장 남쪽에 있는 것이 남병철 신도비다.

김조순의 신도비.
철종이 짓고 남병철이 썼다.

신도비를 구경하고 북쪽으로 가면 군부대 입구가 보인다. 여기서 동쪽 산이 의령 남씨들의 묘역이다. 능선을 타고 올라 남병철의 묘를 찾는다. 김병기가 지은 묘표가 보인다. 묘는 파묘되었고 옆 봉안당에 일가족을 모신 것으로 보인다.

경기도 이천시 부발읍 가좌리로 간다. 안동 김씨 세도정치의 시작점인 김조순의 묘를 보러 간다. 묘역 아래 신도비각이 있다. 철종이 글을 짓고 김조순의 외손자인 이 글의 주인공 남병철이 글을 썼다. 비석 우측 상단에 '어제 御製(임금이 짓다)'라고 새겨져 있다(철종이 진짜 이 정도 글을 지었다고?).

천재 수학자 오일러에 앞서간 최석정의 '옥천병'

조선의 인물 중 내가 가장 좋아하는 사람은 최명길이다. 병자호란 때 청나라와의 화친을 주장한 인물. 최석정崔錫鼎(1646~1715)은 그 최명길의 손자이다. 그는 머릿속에 숫자가 둥둥 떠다니는 천재였다.

할아버지인 최명길은 20세 한 해에 생원시, 진사시, 문과에 모두 급제한 비범한 사람이었다(구도장원공 율곡 이이보다 어린 나이에 이룬 업적이다). 인조반정의 밑그림을 그린 사람으로, 중구난방이었던 중종반정에 비해 인조반정이 효율적으로 착착 진행된 데에는 최명길의 우수한 능력이 한몫했다. 비범한 할아버지는 비범한 손자, 최석정으로 이어졌다. 둘 다 영의정을 역임했다.

똥똥아
똥쌌니
아니오

초등학교 때 좋아하던 낙서다. 가로로 읽어도 세로로 읽어도 같은 문장이다. 누구나 어린 시절 즐겨 하던 놀이다. 인간은 이런 규칙적 우연(?)에 끌린다. 수의 세계에서도 마찬가지다.

마방진魔方陣magic square은 가로, 세로, 대각선의 합이 같은 수의 무리를 담은 표다. 수천 년 전부터 인류는 마방진을 만들었다. 동양은 魔(마), 서양은 magic이라 하여 이런 류의 수에는 신비한 힘이 깃들었다고 믿었다. 마방진에는 마방진, 라틴방진, 직교 라틴방진이 있는데, 현대 수학의 틀을 마련한 천재 수학자 오일러는 1779년 6차 직교 라틴방진을 만들려고 애를 쓰다가 실패한 뒤 유명한 '오일러의 추측'을 논문으로 발표했다. '4k+2'차 직교 라틴방진이 존재하지 않을 것이라는. 즉 6, 10, 14, ······차 직교 라틴방진은 존재하지 않을 것이라는 추측이다.

이걸 아무도 증명하지 못하고 100년의 시간이 흘러 1901년, 가스톤Gaston Tarry은 일일이 찾아보는 소진법으로 6차 방진이 존재하지 않음을 증명했다. 여기서 오일러의 추측이 맞나 보다 하는 생각이 들었는데······. 다시 58년이 흘러, 1959년 파커E. T. Parker는 군용 컴퓨터인 UNIVAC 1206에서 1시간 동안 컴퓨터 연산을 이용하여 10차 직교 라틴방진을 발견했다. 이는 디지털 컴퓨터로 해결한 최초의 조합 문제이다. 즉 오일러 추측은 깨졌다.

그런데 오일러보다 최소 61년 전 최석정은 《구수략九數略》이라는 책을 저술했는데 여기서 9차 직교 라틴방진을 구했고 두 개의 10차 라틴

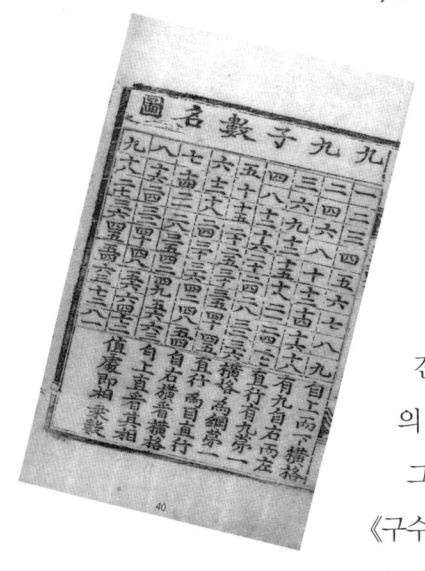

최석정의 《구수략》.

방진을 수록하였다. 최석정은 두 10차 라틴방진을 각각 '백자자수음양착종도白子子數陰陽錯綜圖', '백자모수음양착종도白子母數陰陽錯綜圖'라고 명명했으며, 9차 직교 라틴방진을 '구구모수변궁양도九九母數變宮陽圖'라고 명명했다. 최석정이 만약 10차 직교 라틴방진마저 구했다면 어마어마한 발견이었겠지만, 인류가 160년 동안 풀지 못하다가 컴퓨터의 연산력을 바탕으로 구했으니 아쉬움은 거둔다.

그럼 직교 라틴방진은 어떤 용도가 있는가? 근대 수리 통계학의 창시자인 로널드 피셔(1890~1962)는 직교 라틴방진을 이용하여 농업 생산성을 실험한 바 있고 이후 여러 분야의 실험 디자인에 널리 쓰이고 있으며 이동통신 시스템에서 전송 신호의 모양이나 채널 코드 설계 등 여러 분야의 실험 디자인에 활용되고 있다고 한다. 최근 국내 수학자들의 노력으로 최석정의 업적이 소개되었고 조합론 교과서에는 오일러보다도 최석정이 앞서 등재

최석정의 묘소. 이 묘소에는 비석이 없는데, 그 까닭을 오른쪽 묘표에 적어 놓았다.

되어 있다.

최석정을 만나러 충북 청주시 청원군으로 간다. 얕은 동산에 그의 할아버지 최명길의 묘를 먼저 만난다. 최명길 묘소를 둘러보고 길을 따라 더 깊이 들어가면 최석정 묘소의 입구다. 산을 따라 올라가면 먼저 최석정의 아들 최창대의 묘소가 나오고, 그 위가 최석정의 묘소이다. 묘비나 신도비는 없다. 최석정의 유언이었다고 한다.

이후 진천군 초평면으로 이동했다. 최석정은 은퇴 후 진천으로 내려와 태극정을 세우고 후학을 양성했다고 한다. 이후 그 위치에 지산서원을 세워 최석정을 배향했다. 사실 충북은 송시열의 위세가 대단한 곳이었으니 당시로서는 충북에서 유일한 소론계 서원이었다고 한다. 지산서원은 이제 흔적

최석정은 은퇴 후 진천에 태극정을 세우고 후학을 양성했다. 초평초등학교 뒷산 절벽에 남아 있는 '옥천병' 바위 글씨는 최석정의 흔적으로 보인다.

을 찾을 수는 없다. 그 자리에는 초평초등학교가 남아 있을 뿐이다. 초평초등학교 뒷산 바위 절벽에는 '옥천병玉川屛'이라는 바위 글씨가 남아 있다. 아마도 최석정의 흔적이 아닐까 한다.

18 이상한 조합의 친구들, 묘적사 영세기송비

1910년 한일병합이 있고 일본은 조선인 77인에게 작위를 수여한다. 후작 6명, 백작 3명, 자작 22명, 남작 46명. 이 중 8인은 작위 수여를 거절했다. 이 8인의 의로운 사람들은 지금도 칭송을 받고 있으며 작위를 받은 이들은 민족반역자로 박제되었다. 그렇다면 작위 수여 후 일본이 패망하기까지 35년간 조선 귀족들과 작위를 거절한 8인은 어떤 관계로 지냈을까? 그들 간의 관계를 단편적으로 알아 볼 수 있는 비석을 보러 간다.

경기도 남양주의 묘적사는 계곡으로 유명한 절이다. 물이 맑고 근사한 폭포가 있어 여름에는 북새통을 이룬다고 한다. 조선 초기 왕실과의 인연으로 제법 큰 절이었지만 중기로 들면서 쇠락했다. 얼마나 쇠락했는가 하면 절집 마당에 1720년에 쓴 묘가 있다. 이게 묘적사의 매력이다. 대웅전 앞마당에 생뚱맞게 문인석이 있어 유교와 불교가 한자리에 있는 모양새다. 묘적사가 본격적으로 지금의 모습을 갖추기 시작한 시점은 일제강점기로 추정된다.

묘적사를 다 둘러보고 절 밖으로 나와 담배를 하나 물고 길가의 돌을 툭툭 차고 있었는데 이상한 게 눈에 띄었다. 대부분의 절집 앞에는 비석들이 서 있다. 가까이 다가가 찬찬히 읽어 보는데, 이럴 수가……. 보국 윤덕영, 판서 홍순형, 참판 이달용을 기리는 '대공덕주 영세기송비'다. 후면은 마멸이 심하여 잘 보이지 않았지만 불기 2958년(1931)이 보인다. 그런데 이들이 누구인가.

- 윤덕영(1873~1940): 자작. 경술국적으로 널리 알려져 있고 최악의 친일파이다. 그리고 엄청난 부자.
- 홍순형(1858~?): 공조 판서를 지냄. 일본의 작위를 거절한 8인 중 한 명.
- 이달용(1883~1948): 남작 작위를 받음. 그런데 아버지 후작 이재완이 사망하자 남작을 버리고 후작을 승계.

나라가 넘어간 지 21년이 지난 1931년, 이상한 조합의 세 명이 모여 큰돈

묘적사 대공덕주 영세기송비. 윤덕영, 홍순형, 이달용 세 사람의 이름이 새겨져 있다.

을 시주하여 묘적사를 중건했다. 전주는 윤덕영. 이렇게 셋이 모인 것도 아이러니지만, 조선 초기 왕실의 도움으로 사세를 키웠다가 망한 절집이 조선을 팔아 버린 경술국적의 힘으로 다시 중건된 것도 아이러니다.

작위를 거절한 홍순형은 왜 자작 윤덕영, 후작 이달용과 함께했을까? 저런 의로운 사람은 작위를 받은 이를 경멸하고 멀리해야 이치에 맞는 것인데. 이 시기를 이해하는 것은 참 어렵다. 세 친구를 추적하러 가 보자.

친일파 윤덕영과 '등룡동'

묘적사 비석의 첫 번째 인물, 자작 윤덕영尹德榮(1873~1940).

1926년 마지막 황제 순종이 죽었다. 《매일신보》 1926년 4월 기사를 보면 순종의 장례 절차를 위해 고문 12인을 선정하는데 여기 윤덕영, 이달용, 홍순형이 있다.

자작 윤덕영은 엄청난 부자였다. 서울 옥인동에 거대한 서양식 건물인 벽수산장을 지어 경성의 '아방궁'이라는 별명을 얻었다. 서울 외에도 두 곳에 별서를 만들었다. 계룡산 갑사 계곡, 그리고 구리 교문동 아차산 자락의 등룡동登龍洞 계곡. 등룡동은 용이 구름을 타고 오르는 계곡이라는 뜻이다. 윤덕영은 말년을 주로 등룡동에서 보냈다고 한다. 세월이 지나 서울 벽수산장은 1966년 화재로 불타 버리고 1973년에 완전 철거되었다. 갑사 계곡엔 바위 글씨만 남아 있고, 등룡동도 폐허로 변하여 별서의 흔적은 찾기 힘들다.

다행스럽게도 서울 벽수산장과 구리 등룡동에 대해서는 세세한 구조를 밝히는 논문이 있다. 삼육대학교 조경학과 윤평섭 교수가 벽수산장과 등룡동의 구조에 대해서 1984, 1986년 각각 논문을 남겼다. 두 논문을 보면 저자가 작두 탄 마냥, 구조를 세세하게 그려 두었다. 이게 어떻게 가능했나 싶었는데 윤평섭 교수는 윤덕영의 조카뻘이라고 한다. 즉 윤평섭 교수는 어린 시절 서울 벽수산장과 구리 등룡동에서 지낸 기억을 갖고 있었던 것이다.

1940년 10월 자작 윤덕영이 죽었다. 그는 말년을 보낸 구리 등룡동에 묻혔다. 1940년 10월 26일 자 《매일신보》에도 윤덕영이 죽어 양주 등룡동에 하관했다는 기사가 있다.

구리시 의회로 간다. 뒷산에 윤덕영의 등룡동 흔적이 남아 있다. 윤덕영이 이곳 등룡동 계곡에 강루정이라는 별장을 지은 것은 1932년이다. 묘적사에 비석을 남긴 시기는 1931년이다. 좁은 길을 차를 몰아 오른다. 푸른색 합판 지붕의 집 한 채가 서 있다. 이곳이 등룡동 강루정, 윤덕영의 별서 자리이다. 찬찬히 살펴보면 등룡동을 새긴 표석이 남아 있고 시멘트에 묻힌

윤덕영의 별서 강루정 흔적들.

바위 글씨 등도 만날 수 있다. 집 내부에는 청나라 마지막 황제 푸이가 쓴 글씨를 새겨 놓은 커다란 바위 글씨가 있다고 한다. 내부에 들어가서 사진을 찍어도 될지 허락을 구했으나 분위기가 사나웠다.

아쉬운 마음에 그 집보다 더 위쪽에 있는 카페로 갔다. 여기도 등룡동 강루정의 일부였다고 한다. 카페 마당에 있는 연못도 강루정의 여러 연못 중 하나였다. 연못 주변에 범상치 않아 보이는 석재들도 눈에 띈다. 카페에서 아까 그 집을 내려다보았다. 곳곳에 강루정의 남은 석물들이 보인다. 이 계곡 어딘가 윤덕영의 무덤도 있었다. 물론 지금은 없다. 후손들이 파묘했기 때문이다.

1931년 묘적사에 큰 시주를 하여 망가진 절을 중창한 자작 윤덕영, 남작 이달용, 작위를 거절한 홍순형. 이 시점에 윤덕영은 등룡동 강루정을 짓고 있었다. 1926년 이 셋은 순종의 장례 준비를 위해 이 일대를 둘러보았을 것이다. 윤덕영은 아마도 이때, 본인도 죽어 등룡동에 묘를 써야겠다는 생각을 했지 싶다. 그래서 멀지 않은 곳에 극락왕생을 비는 차원으로 묘적사를 중건하는 데 참여한 것이라고 생각한다. 묘적사에서 산 하나를 넘어 북쪽으로 가면 고종과 순종의 능이다.

마지막 염치였는지 모르겠지만 윤덕영, 이달용은 자작, 남작 대신 조선의 관직명을 묘적사 비석에 새겼다.

범상치 않은 석재로 조성한 강루정의 연못.

고종 '집사'에서 일제 귀족으로 변신한 이달용

흥선대원군에게는 형이 여럿 있었다. 그중 하나가 흥완군興完君 이재응이다. 흥완군은 후사가 없어 양자를 들여 대를 이었는데 완순군 이재완(선조의 9남 경창군의 10세손)이고, 완순군 이재완의 아들이 이달용李達鎔(1883~1948)이다. 이 집안은 고종과 순종의 집사 역할을 맡아 왕실의 대소사를 관장했다. 고종에게 완순군은 사촌형, 이달용은 조카였으니 내밀한 일을 맡기기 쉬웠을 것이다.

1910년 한일병합 때 아버지 이재완은 후작을 받았고 아들 이달용은 남작을 받았다. 이달용은 훗날 아버지 완순군이 죽자, 후작을 승계한다. 앞에서 밝혔듯 1926년 순종 사후 윤덕영, 이달용, 홍순형은 남양주와 구리 일대를 둘러보았다. 게다가 경기도 남양주 와부읍 도곡리는 완순군 집안의 대궐 같은 집이 있던 곳이고 완순군과 이달용이 묻힌 곳이기도 하다. 이곳도 묘적사와 멀지 않다.

일제강점기에 이 일가는 서울 북촌의 가회동에 너른 토지를 확보하여 집을 짓고 산다. 가회동 30번지. 지금의 가회동 성당 주변이다. 여기는 구 경기고등학교(지금의 정독도서관 자리)와 매우 가까운 곳인데, 이달용은 1904년 경기고등학교 전신인 한성학교의 교장을 역임하기도 했다.

이달용의 장남은 이해선이다. 대한민국 사진계의 초석을 다진 사람으로 지금도 그의 이름을 딴 사진상을 수여하고 있다. 이해선은 1905년생으로 11세 때 민계식과 혼인을 올린다. 민계식은 민영환의 딸이다. 《순종실록》 1916년 3월 18일 자 기록을 보면 순종이 결혼을 축하하는 의미로 후작 이재완(이해선의 할아버지), 민범식(민계식의 오빠, 민영환의 장남)에게 각 200원을 하사하는 내용이 있다. 민영환이 누구인가. 1905년 을사조약이 체결되자 분연히 자결한 순국지사가 아니었나. 그런 민영환의 딸이 일본의 남작 작위를 받은 이의 아들과 혼인을 한다고? 정말이지 이 시대는 지금의 도덕률과 기준으로는 평가하기 힘든 어질어질한 시기이다. 또 어질어질한 점 하나. 이달용 자료를 찾던 중에, 이달용이 어느 시점에 프랑스식 세례를 받았다는 내용을 확인했다. 아니 가톨릭 신자가 왜 절에 시주를 하고 난리야……

이달용의 장남 이해선의 자료를 따라가다 보면 '친일파 가문'이라는 멍에를 어떻게 하면 아슬아슬하게 벗을 수 있는지를 볼 수 있다. 반면에 민영환의 장남 민범식의 자료를 따라가면 어떻게 하면 애국지사 집안을 훌러덩 말아먹을 수 있는지를 볼 수 있다. 예전 《주간조선》 기사를 보면 일본 고등

사진은 왼쪽 위부터 시계 방향으로 이달용의 묘, 상석 후면에 숨겨 둔 이름 완순군, 이달용의 장남 이해선의 묘이다. 이해선은 한국 사진계의 초석을 다진 인물이다.

계 형사들이 붙어서 우국지사의 장남, 민범식을 타락시켰다는 내용도 있다. 하지만 민범식 자료를 검색해 보면 절대 그런 소리 못한다.

이달용의 4남은 이해영이다. 경기고, 서울대학을 졸업하고 유학을 다녀와서 서울대 사회학과 교수가 되었다. 인구학과 통계학자였다고 한다. 특히 인구학에 대해서는 저명한 논문을 많이 발표했고 서울대학교 교무처장을 역임할 당시에는 관악캠퍼스로 이전하는 일을 맡았다고 한다.

이달용의 장남 이해선에게는 장남 이철주가 있었다. 이철주는 경성제일고보(경기고등학교) 재학 중 반일운동을 하다가 서대문형무소에 투옥된다. 해방 후 국비 장학생으로 미국 유학을 다녀와 연세대학교 물리학과 교수가 되었다. 독립운동가로 서훈되었다. 정말 어디로 튈지 모르는 집안이다.

이달용을 만나러 남양주 와부읍 도곡리로 향한다. 이달용 일가의 묘역은 단출했다. 흥선대원군의 형 흥완군의 묘역이 상단에서 약간 비켜 있었고, 그 옆으로 완순군, 이달용, 이해선, 이해영의 묘가 순서대로 배열되어 있었다. 후작 완순군의 묘에는 어떠한 표시도 없어서 과연 이것이 완순군의 묘가 맞는지 의구심이 들었으나 상석 뒤에 보이지 않게 완순군이라 새겨져 있었다. 이달용의 묘에도 묘표가 없었지만 상석 우측에서 그의 이름을 확인할 수 있었다. 이렇게 숨기듯 적어 놓은 것도 참 드문 경우다.

두 얼굴의 '의로운 남자' 홍순형

홍순형洪淳馨(1858~?)은 헌종의 계비 효정왕후의 친정 조카다. 조선 후기는 외척 안동 김씨, 풍양 조씨들이 권세를 휘두르던 시절이었다. 남양 홍씨인 홍순형도 외척으로 힘을 떨치고 싶었을 것이나, 안동 김씨들의 힘이 너무

강했고 결정적으로 헌종이 21세에 요절(효정왕후가 왕비가 되고 5년 후)했고 자식도 보지 못했기 때문에 힘을 키울 시간도 없었다. 대신 홍순형은 재산을 축적한다.

19세기 들어 과도한 세금을 거두어 가로채고, 매관매직으로 관료들의 수중으로 부가 집중되었는데 여기에 더해 고위관료나 외척이 되어야 모아 둔 재산을 유지, 확대할 수 있었다. 2016년 《민족문화연구》에 실린 흥미로운 논문이 있다. 〈대한제국기 홍순형의 가계와 충주지역 토지 소유〉(남금자), 충주의 양안(토지대장)을 분석한 논문이다.

충주는 남한강을 연하여 물류 이동이 쉽고 토지가 비옥하여 관료들이 선호하는 지역이었다고 한다. 충주 대지주들의 구성을 보면 여흥 민씨가 가장 많고 안동 김씨, 풍양 조씨 순이다. 그중 홍순형은 3등이다. 통감부 자료(한국 궁인의 경력 일반)를 보면 "일찍이 개성 부윤이 되자 재화에 욕심을 부렸다"라는 구절이 있다.

일본 놈들 자료라 믿을 수 없다고? 황현의 《매천야록》을 보자. 임금은 밖의 의논을 듣기 싫어하여 홍순형을 자주 외임外任으로 내보냈는데, 그는 진봉한다는 것을 빙자해 자못 탐욕을 부린다는 소리도 있었다.

1933년 잡지 《별건곤》에 실린 홍순형 관련 기사 중 한 대목이다. "그가 황해 감사로 도임한 지 얼마 안 되어 황해도 백성이 반반한 옷 한 벌 남지 않았고 그가 송도 유수松都留守로 있는 동안에 송도 부자들이 다리 펴고 잠을 자지 못하였다. 그렇게 지긋지긋하게 모은 돈이 벼 만 석이나 해서 부자로 민영휘 다음으로 쳤다. 그런 부자가 입양한 아들 홍인표에게는 담배 한 갑 한 푼도 주지 않아 평생 고생을 하다 죽게 되고 8선녀를 꿈이어 형락하든 선물로 얻은 아들 학표에게 사랑을 편벽되이 주다가 미두판, 요리집 도박장으로 다 없애어……"

1908년 1월 4일 자 《대한매일신보》를 보면 홍순형이 개성 유수로 있던 1892년 김기학의 돈 8,500냥과 논 53두락, 그리고 반일 정도 경작하는 규모의 밭을 빼앗아, 김기학이 소송을 건 기록이 나온다. 1908년 《대한매일신보》에는 홍순형이 종로구 삼청동 옥호정을 매입하여 이사하였다는 기사가 있다. 삼청동 옥호정은 안동 김씨 세도정치의 본부였다. 안동 김씨는 몰락하였고 홍순형은 거부가 되었다.

1909년에는 홍순형이 서울 집에 있으면 각 학교에서 방문하여 의연금을 요청하니 이를 피하여 시골집에 내려가 있어 돈을 아끼고 있다는 기사가 실렸다. 1910년 기사에는 수원 사는 표운국 씨가 수 년 전, 판서 홍순형에게 인삼 8,700환 어치를 빼앗긴 일이 있어 이를 찾으려고 일본 헌병사령부에 기소하였다는 내용이 있다.

그리고 1910년 한일병합이 되자 홍순형에게 남작 작위가 수여되었는데 거절하였다고 우리는 알고 있다. 정말일까? 우선 1912년 《매일신보》 기사는 홍순형을 여전히 '남작'으로 분류하고 있다. 그해 12월 《조선총독부관보》를 보면 홍순형이 작위를 반납한다는 내용이 있다. 시간이 지나 본인의 행동이 부끄러워서 반납한 것일까?

그렇다면 작위 받을 때 함께 받은 엄청난 액수의 은사공채를 같이 반납했을까? 그의 행적을 보았을 때, 아닐 것 같다. 그리고 1913년 《조선총독부관보》에 그가 '목배木杯'를 하사받았다는 기록이 있다. 목배는 일본의 훈장 같은 것이다. 의로운 마음에 작위는 거절했는데 훈장은 받는다? 1928년 《동아일보》 기사를 봐도 그는 여전히 남작으로 분류되어 있다. 그가 남작 작위를 거절했다는 사실을 도저히 믿을 수가 없다.

한편 홍순형의 집안은 성생활에 있어서는 급진개화파였다. 1927년 7월 잡지 《개벽》의 기사다.

경성에서 팔선녀 집이라고 유명한 홍순형 노인도 철원의 박의병과 막상막하 하는 축첩과다. 팔선녀 집이라면 말하지 않아도 알겠지만 그중 가장 어리고 가장 예쁜 첩은 충신동에 잇는 이순모 아씨였다. 70 영감이 조석으로 허덕거리고 다니는 것도 가관이고 그 아들 홍학표씨도 색계(色界)로는 밀리지 않는다. 평양집(일명 교동집)의 김연옥·정금홍 같은 미인을 다 첩으로 낙적하였고 요새에는 심덕도 좋고 자색이 미려한 김은홍과 달콤한 생활을 한단다.

1914년 《매일신보》는 이렇게 전한다.

홍순형 가정의 상풍패속, 팔선녀 희롱하는 홍순형 씨의 집안 큰아들 홍봉표의 전처는 밀매음녀, 재혼한 아내는 어린 상노와 간통하고 헌병대의 조사 받고 본가로 쫓겨 가.

1914년 《매일신보》에는 홍순형 아들 홍학표가 간통하다가 형사고소당했다는 기사가 보이고, 역시 1914년 《매일신보》에 "홍순형 씨 딸, 내부대신 김규홍의 아들 김진석에게 시집을 갔으나, 시집을 벗어나 매춘에 종사. 인사동에서 수백 원이 왔다 갔다 하는 화투판을 벌였다가 고등계에 잡혀 심문 중"이란 기사도 실렸다. 도대체 1914년에 이 집안사람들 단체로 마약이라도 빤 것인가?

한동안 소식이 안 보이다가 1931년 《매일신보》에 이런 기사가 나온다.

김오묵이라는 20세 미인이 있었는데 홍순형이 중매인을 붙여 김오묵에게 장가를 감. 가마를 태워 데려가고 나흘 만에 본집으로 돌려보

홍순형 일가의 묘역(위).

홍순형의 비석.
비석의 오른쪽 측면에는 "공의 큰 지조만
기록하고 나머지는 생략한다"라고
쓰여 있다(오른쪽).

남양주 와우읍 월문리 홍순형 묘소에서 내려다본
양양고속도로. 묘적사 영세기송비를 세운 세 사람의
묘가 반경 10킬로미터 안에 있다(아래).

냄. 김오묵은 정조만 유린당했다고 2,500원을 정조 유린 대가로 지불하라고 경성지방법원에 소송을 제기. 참고로 이때 홍순형 74세.

홍순형을 만나러 간다(아, 오늘은 가기 싫다). 그의 묘도 묘적사와 가장 가까운 곳에 있다. 이 일대는 홍순형의 '영역'이다. 아마도 묘적사를 이달용과 윤덕영에게 알려 준 것도 홍순형이었을 것이다.

양양고속도로 남양주 톨게이트 옆, 와부읍 월문리의 작은 야산에 홍순형 일가의 묘가 있다. 가장 위에는 그의 할아버지, 효정왕후의 아버지인 익풍부원군 홍재룡의 묘가 있고 그 아래로 홍순형의 묘가 있다. 묘표는 최근에 만든 것이다. 묘표의 내용을 읽어 보면 아름다운 자화자찬 일색이다.

그의 묘 아래 앉아 양양고속도로를 내려다본다. 작위를 거절했다는 이유 하나로 '의로운 남자'로 후대가 엄청나게 선양하다니…….

묘적사를 기준으로 반경 10킬로미터 이내에 윤덕영 묘, 홍순형 묘, 이달용 묘가 있다. 이들은 죽음을 앞두고 본인들의 극락왕생을 빌고자 묘적사를 중창했을 것이다. 그리고 묘적사는 이들을 기리며 영세기송비를 만들었을 것이다. 끼리끼리 모여 잘 놀다 간 친구들이다.

19 친일과 애국의 경계를 넘나든 인물들

우리는 '친일파'와 '애국지사'를 쉽게 나누지만 실상은 다른 경우도 적지 않고, 그들의 평생 행적을 따라가 보면 앞에서 다룬 홍순형의 예에서 보듯 친일이나 애국지사의 타이틀이 그의 성품과 행실을 반영하지는 않는다. 이번에는 이와 관련한 인물들의 사연을 살펴본다.

'문제적' 인물 김홍집

김홍집金弘集(1842~1896)은 조선 말기의 관료이자 외교관이었다. 조선의 마지막 영의정이었고 갑오개혁으로 구성된 내각의 초대 총리였다. 젊은 시절 인천 개항과 관련된 세칙을 조율하기 위해 2차 수신사의 일원으로 일본에 파견되어 한 달 정도 머물며 메이지유신 이후 근대화된 일본의 모습을 보며 충격을 받았다. 이후 외교관으로서 미국, 영국, 독일과의 수호통상조약을 체결하였고 청나라와 '조청상민수륙무역장정' 체결에도 관여했다. 1차 갑오개혁의 총 책임자가 되어 210건의 개혁을 단행하였다.

그가 이토록 굵직한 사건마다 중용된 것은 그의 뛰어난 정무 능력 때문이었다. 다시 그의 별명은 '비 오는 날의 나막신'이었다. 조선에서 매우 보기 드문 테크노크라트였던 것으로 보인다. 구한말의 연속된 혼란 속에서 위정자들은 타국의 힘을 빌려 나라를 개화하고 발전시켜야 한다는 갈급함을 느꼈다. 그래서 각기 친청, 친미, 친일, 친러 등의 세력이 생겨났고, 김홍집은 친일파였다.

청일전쟁에서 승리한 일본은 청나라를 내몰고, 본격적으로 조선에 개입하기 시작한다. 애석하게도 갑오개혁도 일본의 입김으로 시동이 걸렸다. 그러나 거침없는 개혁의 중심에는 김홍집이 있었다. 갑오개혁의 내용을 보면 연좌제 폐지, 과부의 재가 허용, 신분제 철폐, 도량형 통일, 과거제도 폐지, 경무청 설치, 재판소 설치, 행정구역 개편, 조혼 금지 등이 있다. 매우 급진적인 개혁이었으나 당시 근대화의 조류 속에서 조선에 꼭 필요한 절차이기도 했다. 일본의 간섭이 많이 끼어 있었다고는 하지만 동학농민운동 측의 요구 사항도 상당 부분 포함되어 있었다. 특히 노비제가 폐지되면서 신분제가 철폐되었다.

물론 갑오개혁으로 노비들이 해방되었다고 말할 수는 없다. 말기의 조선은 신분제를 감당할 수 있을 만한 강한 통제력을 상실한 상태였고 갑오개혁 이전에 이미 노비 세습 금지령을 내리기도 했다. 즉 노비제도 철폐는 예정된 수순이었으나 방점을 찍은 것은 갑오개혁이었다(물론 갑오개혁 이후 노비들이 싹 사라진 건 아니다. 마치 미국 남북전쟁 이후에도 남부의 목화 농장은 여전히 흑인들에 의해 돌아간 것처럼).

이렇듯 김홍집은 일본을 등에 업고 조선에 강한 개혁 드라이브를 걸었다. 그 와중에 명성황후 시해 사건인 을미사변이 벌어진다. 고종은 점차 일본을 배척하고 러시아 쪽으로 무게추를 옮긴다. 1895년 김홍집 내각은 을미사변으로 주춤했던 개혁을 다시 추진한다. 태양력을 도입하는 동시에 전국에 단발령을 내렸다. 고종이 먼저 서양식으로 머리를 깎았고 성문 등에서 강제로 백성들의 상투를 잘랐다. 이에 백성들의 분노는 폭발했다. 그리고 정국이 혼란스러워진 이때, 고종은 아관파천을 단행한다. 김홍집을 비롯한 친일 내각을 부정하고 친러 내각으로 돌아선 것이다. 그리고 고종은 김홍집을 척살하라는 명을 내린다. 러시아 공사관으로 피신한 고종을 설득하기 위해 급히 길을 나선 김홍집은 고종이 보낸 보부상들이 던진 돌에 맞아죽는다. 김홍집의 사지는 찢겨 나갔고 광화문에서 종로까지 조리돌림을 당해서 거리는 피바다가 되

김홍집의 묘표.

영사정에서 바라보이는 북한산.

었다. 이는 선교사 호러스 그랜트 언더우드 부인의 목격담에도 남아 있다.

김홍집의 묘는 고양시 대자동에 있다. 대자동의 서쪽 산 능선에 오르면 영사정永思亭이 있다. 영사정은 숙종의 제2계비인 인원왕후 김씨의 친정아버지인 부원군 김주신이 1709년에 지은 건물이다. 건물은 요행히 허물어지지 않고 긴 세월을 버텨 오다가 2014년 복원되었다. 김홍집은 김주신의 5대손이다.

영사정 옆의 작은 농로를 따라서 산길을 15분 정도 오르면 김홍집의 묘를 만날 수 있다. 원래 그의 묘는 파주 임진면에 있었는데 한국전쟁 때 파괴되어 1970년대 이곳으로 옮겨졌다고 한다. 나는 풍수지리를 알지도 못하고 믿지도 않는다. 하지만 영사정 건물 앞에서 바라보면 건너편 산과 그 뒤의 북한산 봉우리들이 어우러져 계절 따라 색다른 운치를 드러낸다. 이 경치를 보면, 참 좋은 곳에 건물을 지었구나, 풍수라는 게 이런 것인가라는 생각이 들 정도다.

이곳 고양시 대자동은 독특한 곳이다. 마을 동서로 산이 있고 가운데 골짜기에 마을이 아늑하게 들어서 있다. 이 골짜기에 조선시대 왕가의 묘가 대략 30기 정도 모여 있다. 'Valley of prince(왕자의 계곡)', 이 동네의 별명이다. 또한 김홍집 묘에서 바라본 건너편 산 능선에는 고려 말 최영 장군의 묘가 있다. 산 하나를 건너 각 망국의 마지막 대신의 묘가 마주 보고 있다.

사회사업에 진심이었던 김주용

김주용金周容(1850~1923)이라는 분이 있다. 살던 곳은 고양군 용강면 아현리였다. 지금의 아현동이다. 일제강점기에 활발한 자선운동을 하신 분이다.

학교가 없는 곳에는 학교를 지어 주고, 빈민 노숙인들에게 자활할 때까지 살 집을 마련해 주고, 빈민들에게 음식을 지원해 준 분이다. 기사를 따라가 보자.

- 경성 인구가 늘면서 주택난이 심각해져, 빈민들은 더욱 힘들어졌다. 이에 김주용, 박영효(일본 후작), 이재극(남작), 민영찬(중추원 참의), 김종한(남작), 예종석(친일단체 조직), 지석영(종두법) 등이 단체를 만들어 경성 시내에 방 두 개 부엌 하나의 작은 집들을 지어 빈민들에게 자활할 수 있는 시간 동안 무료 대여를 하기로 함(《동아일보》 1921년 4월 22일 자).

- 인류애의 화신 김주용 씨 수원, 시흥 군민에게 300석 기부, 독립문 부근에 160개 주택을 지어 빈민 수용, 양평, 원주의 본인 땅을 기부(《동아일보》 1923년 4월 2일 자).

- 김주용 씨가 1,500원을 기부하여 수원군 송산면 고용리와 부천군 대부면 사이에 돌다리를 만들어 주어 주민들이 쉽게 왕래하게 되었다. 이에 김주용 송덕비를 주민들이 세웠다(《조선일보》 1924년 9월 18일 자).

- 시흥군 신동면 잠실리에 홍수가 들었으나 주민들이 구제를 받을 길이 없었는데 고 김주용 씨의 유지를 받들어 반포리 1,000평 대지를 사서 주택을 짓기로 하였다. 흥동학관의 경비를 보조하여 교육도 돕기로 하였다(《조선일보》 1925년 9월 6일 자).

검색해 보면 이외에도 그의 자선 활동을 담은 기사가 수두룩하다. 서울 강남 논현역 근처에 '비너스' 속옷 등을 만드는 신영와코루 본사 건물이 있다. 이 주변을 주흥동이라 불렀다. 김주용이 흥하게 한 마을이라는 뜻이다. 이곳은 고지대다. 일제강점기 때 홍수가 나자 잠원동 한신아파트(대략 뉴코아백화점) 쪽 이재민들을 고지대로 이주시켜 집을 제공하여 살게 하였다. 신영와코루 본사 건물 뒤쪽에 작은 공원이 있다. 주흥 어린이 공원이다. 공원 안에 김주용 씨를 소개하는 표석도 있다. 김주용 씨가 세운 흥동소학교가 지금의 신동초등학교이다. 논현동에서 강남고속터미널 쪽으로 가려면 경부고속도로를 건너가야 한다. 여기를 건너는 다리 이름이 주흥교 고가이다.

주흥교 고가를 건너서 잠원역 쪽으로 내려와 보자. 잠원동 성당 인근 한신아파트 담장 안에는 '고 김주용 선생 기념비'가 있다. 1941년 건립되었다. 당시 잠원동 주민들은 김주용 씨가 참으로 고마웠나 보다. 그리고 비석이 이곳에 남아 있는 것으로 봐선 강남 개발이 되면서도 그 후손들의 입김이 작용했나 보다.

그런데 조금 이상한 부분이 있다. 비석이 돌아서 있다. 아파트를 만들면서 이 비석을 보존하기로 했다면 응당 비석을 정방향으로 돌려 둘 법도 한데 말이다. 비석 옆면을 보면 대략 정황을 눈치챌 수 있다.

'시흥 군수 오노 히로키치와 시흥군 내 각 면장 및 각 국민학교장, 군 내외 유지 일동, 흥동학교장 도쿠하라 에이쇼와 후원회 임원 및 학부형과 졸업생 유지 일동.'

잠원동 아파트 단지 내 김주용 선생 기념비. 비석이 뒤를 향해 서 있다.

왜색이 끼었기 때문이다. 감사하니 기념비를 보존하기는 하는데 왜색이 끼어 있어 정면으로 두지는 않겠다는 의지가 보인다. 군수는 일본인이었을 거고, 도쿠하라 에이쇼 씨는 창씨개명자였겠다.

만주에서 상하이에서 독립운동하신 분들 덕에 긴 일제강점기를 겪고도 나라를 세울 수 있었다. 그런데 그 긴 일제강점기에 홍수가 나서 집이 쓸려 나가고, 춘궁기에 배를 곯는 사람들을 거두어 살펴 준 사람도 훌륭한 사람이다.

잠원동, 반포 일대에 이 김주용 씨와 관련된 이렇게 많은 지명, 도로명, 공원명, 기념비가 남아 있다는 말은 당시 그가 행한 자선이, 규모는 말할 것 없고 진심으로 행한 것이었다는 반증이 아닐까?

우리가 '친일파'라는, 그물코가 너무나도 좁은 파리채를 휘둘러 대면 그 시대를 훌륭히 살아온 사람도 다 걸려 죽을 확률이 생긴다. 냉정하고 객관적 사고는 없고, 왜색이 조금이라도 나면 낙인을 찍어 버리는 못난 후각만이 남은 상황이다. 신동초등학교 홈페이지에 들어가면 개교일이 1946년 4월 2일로 되어 있다. 흥동소학교부터 이어진 역사를 외면한 것이다. 김주용 선생님 참 서운하시겠다.

김주용이 흥하게 한 마을이라는 뜻의 주흥동 표석(왼쪽).
논현동에서 강남고속버스 터미널 방향에 있는 주흥교(오른쪽).

'베푸는 친일파' 송수천

종로구 신영동에 가면 월드캐슬빌라가 있다. 이곳은 세검정에서 100미터 가량 떨어진 곳으로, 얕은 동산에 저층 빌라들이 모여 있는 형식이다. 그리고 그 동산(빌라 단지)을 홍제천이 굽이쳐 돈다. 홍제천 건너편에서 이 동산을 바라보면 참 아담하고 아름답다.

이 동산은 연산군 시기 향락의 대명사였던 탕춘대蕩春臺가 있던 곳이다. 《연산군일기》 12년 병인(1506) 1월 27일(정미) 기록을 보면, "왕이 장의문藏義門 밖 조지서造紙署 터에 이궁離宮을 지으려다가 시작하지 않고, 먼저 탕춘대를 봉우리 위에 세웠다. 또 봉우리 밑에 좌우로 흐르는 물을 가로질러 돌기둥을 세워 황각黃閣을 세우고 언덕을 따라 장랑長廊을 연하여 짓고 모두 청기와를 이으니, 고운 색채가 빛났다. 여러 신하에게 과시하고자 하여 놀고 구경하기를 명하였다"고 한다.

즉, 이 빌라 단지 전체가 연산군의 놀이터였던 것이다. 세검정 답사를 갔다가 월드캐슬빌라 앞을 지나면서, 풀숲 안에서 초라한 비석 하나를 발견

연산군의 놀이터였던 탕춘대에는 지금 주택단지가 들어서 있다.
주택단지의 표석(왼쪽)과 탕춘대 표석(오른쪽).

했다(이런 일은 나에게 굉장히 큰 횡재다). 전면에 '송공수천 자선불망비宋公壽天慈善不忘碑, 대정십일년임술大正十一年壬戌(1922) 정월창의正月彰義' 정도를 읽을 수 있었다. 비석은 군데군데 탄흔이 남아 있어 한국전쟁을 떠올리게 했다. 일단 사진을 찍고 집에 와서 검색을 통해 송수천이란 인물을 알게 되었다.

여기서 송수천은 일제시대에 경성에서 광성상회라는 담배회사를 운영한 사업가였다. 저 당시에 이권이 상당한 담배회사를 운영했다? 친일파일 가능성이 크다. 기사를 따라가 보자.

- 경성 시내에 괴질이 창궐하여 엄중히 예방하고 있다. 서대문 밖에서도 매우 큰 규모로 자위단을 조직하여 사립 피병원避病院(전염병 환자 격리 병원)을 설치하려고 송수천, 이용식, 조병학, 송관순 등 유지들의 기부로 만여 원의 기부금을 모집하였다. 한 가지 유감은 상당한 자산가들은 오히려 기부를 하지 아니하고 비교적 곤란한 사람들은 기부를 많이 하였으므로 방역 당국자와 일반 동민들은 매우 유감으로 여긴다(《조선일보》 1920년 8월 23일 자).

일제시대 경성에서 담배상회를 운영한 송수천의 자선불망비.

- 광성연초상회 십이주년 기념품 광고 6회에 걸쳐 보석반지, 순금 비녀, 쥰쥬뒤꼬지, 순은 주전자, 잔, 정반, 금시계, 순금 시곗줄, 상품 비취, 옥비녀, 가락지, 귀이개, 말뚝, 순은 특제 칠첩반상을 나누어 준다(《조선일보》 1921년 2월 5일 자 광고).

- 창의청년회 총회: 고양군 은평면 창의청년회 기념식(아마도 지금의 창의문 밖 일대를 말하는 듯하다). 창의청년회 부속 야학 건축비를 위해 송수천 씨가 최고액 200원을 냈고 이를 위시하야 200여 명이 660원을 기부하였다(《동아일보》 1921년 10월 10일 자).

- 창의학교, 유지의 서광, 송씨의 특지로 더욱 동정을 바란다. 고양군 은평면 신영리에 있는 사립 창의학교는 3년 전에 전 광성상회 주인 송수천 씨가 중심이 되어 1,000여 원의 경비로 개교함. 3년 동안 백여 명의 생도를 수용하여 교육을 계속하던 중 송수천 씨는 중국 봉천 지방으로 이주하였다. 이후 학교는 경비가 부족하여 여러 곤란을 겪었다. 이 소식을 멀리서 들은 송수천 씨는 귀국하였다. 학교의 현상에 대하야 여러 가지로 의론을 한 후 경비에 보용하기 위하여 사재 500원을 기부하였고 이후 유지 방침에 대하여 본인이 얼마간의 기본금을 지출하고 재래 부동산으로 있는 기본 재산을 합하여 완고한 기초를 세우고자 계획을 하였다. 이 기회에 더 많은 이의 동정이 이어지기를 바란다(《동아일보》 1923년 12월 1일 자).

- 경성 고적, 세검정(경성 내의 여러 명소를 소개하는 코너, 이거 찾아보면 은근 재미있음)······그중에서도 역사상 가장 저명한 것은 나려(신라, 고

려) 이래 삼각산의 대사찰이던 장의사이다. 오늘날은 이미 폐허를 이루어 그 터의 일부는 창의학교와 그 운동장이 되고 장의사의 유물이라고 남아 있는 것은 고색이 창연한 당간지주뿐으로 고물보존등록에 편입되었다(《조선일보》 1935년 5월 19일 자).

정리를 해 보자. 송수천이란 인물은 친일파로 추정된다. 그런데 피병원 건립에도 기부하고 1921년에는 창의학교를 개교하는 데 가장 많은 돈을 기부한다. 이에 너무 감사한 주민들이 앞서 사진 속 자선불망비를 세워 주었다. 그리고 송수천은 중국 봉천(지금의 선양)으로 이사를 간다. 1923년 본인이 세운 창의학교가 재정난에 처했다는 이야기를 듣고 귀국하여 추가로 기부해 학교를 살린다.

그럼 창의학교는 지금 어디에 있는가? 1935년 5월 19일 자 《조선일보》에 단서가 있다. 장의사 터, 당간지주 두 공통점을 가진 곳은 월드캐슬빌라에서 대로 건너편 세검정초등학교이다(학교 담벼락에 장의사 터 표석이 있고, 교내에 당간지주가 있음). 창의학교가 세검정초등학교의 전신인 것이다. 세검정초등학교 홈페이지를 보면 개교일은 1948년 11월로 되어 있다.

이전 글의 김주용 씨나 이번 글의 주인공 송수천 씨는 일제강점기 때 조선인 부자였다. 자선을 많이 베풀었고 학교도 세워 주었다. 그리고 똑같이 지워졌다. 친일파란 낙인을 찍는 것에서 여러 파생되는 문제들이 있지만, 그중 대표적인 것은 역사의 단절이다. 송수천 씨의 창의학교, 김주용 씨의 홍동학교 모두 조선인을 위한 교육기관이었다. 그리고 각각 세검정초등학교, 신동초등학교로 전환되었으나 모두 자기들 출신을 부정하고 있다. 역사가 단절된 것이다.

1925년 10월 22일 자 《조선일보》에 황당한 기사가 있다. 창의학교가 경영난을 타개해 보고자 제지기계를 샀다고 한다. 그런데 제지업자조합 사람들이 쳐들어와서 기계를 압수해 갔다고 한다. 이유는 조합비 100원을 내지 않아서였다.

자, 그럼 여기서 가장 나쁜 놈을 골라 보자. 1. 확실히는 모르겠지만 일제 강점기에 조선인으로 거부가 된 것을 보니 친일파가 의심되는데 그 돈을 여러 곳에 기부한 사람. 2. 학교를 세워 준 사람의 출신이나 돈의 출처가 조금 의심스러워서, 그 사람을 지워 버린 학교. 3. 학교가 가난해서 경비 좀 벌어 보겠다고 제지기계를 샀는데 그걸 못하게 막은 조선인 동포들.

어느 사이비 독립운동가

어렵고 조심스러운 이야기를 한다. 한동안 나를 오랜 고민으로 몰아넣은 이야기들을.

어느 해 겨울 파주의 산자락을 뒤지고 있었다. 목표는 동서 붕당을 일으킨 장본인으로 지목되어 조선시대부터 지금까지 영겁의 까임을 당하고 있는 이의 신도비를 찾고 있었다. 조선시대 엄청난 명문가인 그이의 일족 묘역은 파주 야산 하나를 다 차지하고 있었다. 특이한 점은 이 문중의 대표 주자인 그이의 묘는 관리 상태가 엉망이었는데, 유독 묘 하나가 정성스레 관리되고 있었다. 마침 안내문도 있어 읽어 보니 이 집안 출신의 독립운동가였다.

안내문에 따르면 1919년 파주에서 3·1만세운동을 주도한 분으로 상하이로 망명하여 임시정부에 합류했다. 10년 동안 임시정부 활동 후 귀국하여 신간회에 가입해 활동하였고 광탄보통학교를 설립하고 교장에 취임하여 후진 양성에 노력하였다고 적혀 있었다.

후손들은 동서 붕당을 일으킨 선조보다는 독립운동가 활동을 한 선조의 묘를 더욱 지극히 가꾸고 있었다. 산 중턱에는 독립운동가의 호를 딴 작은 인공저수지도 있었고 그 앞에는 저수지 이름을 새긴 바위 글씨도 서 있었다. 이유는 알 수 없으나 산 중턱에 인공저수지까지 만든 것을 보니 집안의 재력과 위세가 근현대까지 유지되었다는 것을 짐작할 수 있었다.

며칠 뒤 사진 자료를 정리하면서 현장에서 알게 된 그 독립운동가에 대해서 검색해 보았다. 그리고 나는 깊은 고민에 빠졌다.

상하이임시정부에서 10년 활동 후 귀국하셨다는 그분은 홀연 1929년 신문 기사에 등장하는데 그의 직책은 파주군 광탄 면협의원이었다. '면협의원'이 무엇인가를 국사편찬위원회에 들어가서 검색해 보니, "면협의회원의 임기는 3년, 정원은 8~14명의 범위 내에서 총독이 정하게 되었다. 자문 사항은 면의 세출입 예산의 결정, 사용료·수수료·부과금 등의 징수에 관한 것 등이었다. 보통 면의 협의회원은 지방 유지의 의견을 참작해서 군수·도사가 임명하는 것으로 친일적인 지주가 많이 임명되었다"라는 문구를 확인했다.

파주 산간 인공저수지인 우산지 표석.

이 분이 정말 독립운동을 한 게 맞나 싶었지만 1921년 일본 외무성 자료, 국외 항일운동자 명단에 그의 이름이 있고 임시정부 자료에 그는 법무총장 신규식 라인으로 분류되어 있으니 분명히 1919년 망명

이후 특정 시점까지 독립운동을 한 건 맞다.

1930년대에는 파주 일대 유지들과 함께 파주 용미리 마애석불이 있는 용암사를 주도적으로 재창건했다. 1937년《조선은행회사조합요록朝鮮銀行會社組合要錄》에 따르면 그는 파주에 봉서주조합명회사鳳棲酒造合名會社라는 양조회사를 설립한다. 봉서는 봉황의 기운이 서렸다는 뜻으로 파주 특정 지역의 지명이다.

그의 묘소 앞 안내문에 적힌, 그가 상하이에서 돌아와서 광탄보통학교를 설립하고 교장에 취임했다는 내용의 진위를 알기 위해 검색을 해 보았는데 광탄보통학교는 그가 상하이에 있던 1920년대에도 버젓이 운영되던 학교였다. 이리저리 검색해 보니 1910년《대한매일신보》에 그가 설립한 광신야학교 기사가 있었다. 즉 그는 3·1운동 전 작은 야학을 운영하기는 했으나 광탄보통학교와는 별 연관이 없었다.

1938년《경성일보》에 실린 작은 축하 광고를 보면 그가 사장으로 있는 봉서주조합명회사는 조선교육령 개정, 육군특별지원병제를 축하하는 광고를 냈다. 1938년 2, 3월에 연속적으로 발표된 조선교육령 개정과 육군특별지원병제도는 내선일체, 황민화 정책의 핵심 법령들이었다.

1942년《매일신보》의 재무국장 표창자 기사에 그의 이름이 등장한다. 해방이 되었고 1977년 대통령 표창에 추서되었고 1991년에는 건국훈장 애국장에 추서되었다. 지금도 파주시는 그를 지역의 독립운동가로 기리고 있다.

전공자도 아니고 그냥 동네 투다리 마니아인 내가 세 시간 찾아서 나온 게 이 정도다. 한자와 일본어에 능숙한, 전문 연구자가 뒤지기 시작하면 뭐가 나올지 두렵다. 오래 고민 끝에 내린 결론은 "우리 다시 해야 할 것 같아"다.

다시 하자. 지금은 많은 자료가 디지털화되어 있다. 민족정기라는 게 있는 건지는 잘 모르겠지만 그런 게 있다고 친다면 민족정기를 바르게 세우려면 누굴 우러러 본받아야 하는지에 대한 명확한 가이드라인이 있는 것이 옳다. 우린 그간 누구에게 돌을 던져야 하는지에 더 많이 몰두한 듯하다.

일명 친일파 솎아 내기. 그럼 그거라도 잘했는가? 그럴 리가 있나.

예 하나만 들어보자. 간송 전형필.

1937년 《매일신보》, 전형필 씨 방호단에 1만 원 국방헌금.

방호단은 폭격에 대비하기 위한 총독부 소속 구호·방위 조직이다.

1941년 《매일신보》, 불교의 내선일체를 위해 동경에 도장을 신설. 전형필 씨 설립 기금 기부.

1942년 전형필 씨 "징병제 실시에 감격하여 이 성은에 만분지일이라도 보답하려는 뜻 아래 징병제의 모체인 지원병들로 하여금 염려가 없게 하고 아울러 이들의 저축심을 함양시키는 일석이조 안으로 지원병 입소자 전원을 간이보험에 가입시키기 위하여 훈련소 로우미다 훈련소장을 방문하고 기금 5,000원을 희사하였다."

간송 전형필은 민족문제연구소가 편찬한 《친일인명사전》에 없다. 앞에 소개했던 조병학은 국방헌금으로 총 13,500원을 냈다. 조병학은 평생을 빈자를 위한 기부를 아끼지 않았고, 유언으로 당시 아사히의학전문학교라는 교명으로 문을 닫을 뻔한 세브란스병원에 전 재산을 기부하여 망해 가던 병원을 살렸다. 그리고 조병학은 국방헌금 1만 3,500원으로 친일파가 되었다. 앞의 기사에서 전형필은 총 1만 5,000원의 국방헌금을 냈다. 왜 누구는 빼 주고 누구는 넣는 거지? 전형필이 너무 큰 존재라 그럴 수 없는 것인지……. 전형필을 넣으라는 이야기가 아니다. 공평하게 하자는 것이다.

우리는 독립운동가 지정, 친일파 지정. 둘 다 제대로 하지 못했다.

"우리 다시 해야 할 것 같아."

간송 전형필과 보문사 마애불

강화 석모도 보문사. 간송 전형필이 남긴 바위 글씨를 보러 간다. 전형필 선생님을 너무 몰아부친 듯하여 미안한 마음이 든다. 그래서 자료를 뒤져 보니 마침 그가 남긴 바위 글씨가 있어 소개한다.

삼대 관음도량이 있다. 남해 보리암, 양양 낙산사, 석모도 보문사. 각각 남해, 동해, 서해 바다를 바라보고 있다. 관음도량이 주로 바닷가에 있는 이유는 예로부터 관음보살이 인도 남동쪽 해안에 있는 포탈라카산의 굴에 살고 있다고 믿어져 왔기 때문이라 한다. 그래서 불교가 아시아 전역으로 퍼지면서 바다는 주로 관음신앙과 인연을 이어 갔다.

강화도 옆 석모도에는 낙가산이 있다. 산은 병풍처럼 서서 서해를 바라보고 있다. 보문사는 이 산에 안겨 있다. 신라시대에 창건되었다고는 하지만 나는 불교 교단에서 주장하는 절들의 창건 연대를 잘 믿지 않는다. 보문사가 기록에 본격적으로 등장하는 것은 조선 후기다.

낙가산 보문사가 삼대 관음도량으로 꼽히는 데 가장 큰 역할을 한 것은 보문사 뒤, 눈썹 바위에 조성된 마애관음보살좌상이다. 높이 920센티미터, 너비 330센티미터의 엄청나게 큰 마애불이 탁 트인 바다를 바라보고 있다.

이 마애불을 조성한 시기는 일제강점기인 1928년이었다. 금강산 마하연과 표훈사의 주지를 역임한 이화응 스님이 이 거대 프로젝트를 진행했다. 이화응 스님은 1928년 1월 금강산 마하연 주지 발령을 받은 상태에서 서둘러 마애불을 조성한다. 100여 명이 넘는 공동 시주자를 모아 불사를 진행하였는데, 이때 금강산의 많은 승려들이 강화 석모도를 오가며 마애불 조성에 힘을 보탰다고 한다.

강화와 금강산 사이에 이렇게 대량의 인적 교류가 가능했던 것은 철도 덕분이었다. 1910년대에 경성과 원산을 잇는 경원선이 개설되었고 1924년 철원에서 내금강까지 연결하는 금강산선이 개통되었기 때문이다. 서울에서 금강산까지 오가는 시간이 대폭 줄어들면서 금강산 관광의 시대가 열렸는데 부차적 효과로 석모도에 관음도량이 우뚝 서는 기반이 되었다.

9년이 지나 1937년, 간송 전형필의 단독 후원으로 축대 확장 공사가 진행되었다. 마애불 아래 축대를 확장하여 더 많은 불자가 마애불 아래 모여 부처님을 친견할 수 있게 하였다. 이때 마애불 옆에 '佛紀二九六四年丁丑五月日(불기이구육사년정축오월일)', '丙午生全鎣弼焚香謹拜(병오생전형필분향근배)'라는 바위 글씨를 남겼다.

보문사로 가기 위해서 강화도를 거쳐 석모도로 넘어가는 다리를 건넌다. 이날의 목적지는 석모도 선착장 민가 안에 있는 불망비를 찾는 것이었고 보문사는 온 김에 둘러볼 계획이었다. 석모도 전체가 낙가산이기에 석모도로 진입하여 섬 전체를 반 바퀴 돌아야 했다.

보문사는 가파른 경사지에 서 있었다. 사하촌에 마련된 주차장에 차를 세워 두고 일주문을 통과하여 올라가는데 종아리가 터질 듯한 고통을 참고 올라야 경내로 들어갈 수 있었다. 보문사의 상징 격인 석실을 둘러보고 관음 마애불과 간송 전형필의 바위 글씨를 보러 암벽까지 가기 위해서는 다 강화도 보문사 마애불관음보살좌상. 1937년 전형필의 후원으로 이 마애불 아래 축대를 확장하여 더 많은 사람들이 이 마애불을 볼 수 있도록 히였다. 네모 안은 그때 전형필이 새긴 바위 글씨.

282 ──────── 어쩐지 나만 알 것 같은 역사

시 엄청난 계단을 올라야 한다. 강화도에서 양명학자들 흔적을 뒤지고 온 터라 나는 정말 지쳐 있었다.

　서해가 내려다보이는 암벽에 관음이 새겨져 있었다. 향좌 아래에는 간송 전형필의 이름을 확인할 수 있었다. 향우 아래에는 마애불을 조성한 이화응 스님의 이름도 있었다. 강화 석모도에서 금강산 철도를 타고 오가며 석모도 보문사에 마애불을 조성한 이화응 스님과 후원을 통해 중창 불사를 도운 전형필의 바위 글씨를 살펴보았다. 앞 글에 대한 미안함을 전한다.

20 조선 총독이 남긴 바위 글씨

아직도 우리나라 곳곳에는 조선 총독의 글씨를 새긴 흔적이 많이 남아 있다. 아프디아픈 흔적이다. 대부분은 주요 건물의 정초석으로 남아 있다. 정초석corner stone은 건물 기초에 설치하는, 연원일을 적은 작은 돌판이다. 총독의 글씨를 보러 간다.

한국은행 화폐박물관의 이토 히로부미

한국은행 화폐박물관으로 간다. 한국은행의 전신은 조선은행이다. 남산 3호 터널을 지나 시내로 들어가면 좌측으로 신세계백화점이 보인다. 그 앞에 분수가 있고 그 건너편에 한국은행 화폐박물관이 있다. 이곳은 조선은행 본점으로 쓰였던 건물이다. 건물의 우측 하단에 정초석定礎石이 있다. 글씨의 주인은 이토 히로부미伊藤博文. 좌측에는 서툰 글씨로 "융희隆熙(대한제국의 마지막 연호) 3년 7월 11일"이라 새겨져 있다. 하지만 이는 광복 이후 누군가에 의해 새겨진 것이고 원래는 "명치明治 42년 7월 11일 공작 이토 히로부미"라고 새겨져 있었다.

1909년 7월 10일 이토 히로부미는 창덕궁에서 순종에게 귀국 작별 인사를 올린다. 이토는 본국으로 돌아갈 예정이었다. 다음 날 지금의 한국은행 화폐박물관 자리에서 열린 정초식에 참석한 이토는 주최 측이 마련한 정초 동판을 보게 된다. 거기에는 '주식회사 제일은행 한국 총지점'이라는 글자가 있었다. 이토는 이 동판을 떼어 내고 새로 붙이라고 지시하고 집으로 돌아와 이삿짐을 풀고 지필묵을 꺼내어 새로운 휘호를 쓴다. 그것이 현재의 정초석이다. 당시 이토의 직함은 통감이었다. 석 달 뒤인 1909년 10월 26일, 그는 하얼빈역에서 안중근 의사에 의해 죽는다.

화폐박물관을 등지고 건너편을 바라보면 신세계백화점 본관 건물이 있다. 이상의 소설 〈날개〉에서 주인공이 올라서는 미쓰코시 옥상이 저 건물이다. 그 우측에는 구 SC제일은행 건물이 있다. 이는 조선저축은행 건물이었다. 여기에도 정초석의 흔적이 남아 있다고 하여 같이 둘러보려고 했는데 펜스를 빙 둘러치고 공사 중이다. 신세계백화점 본점 제2명품관으로 2025년 4월 오픈 예정이라고 한다. 내가 한발 늦었다. 정초석 흔적은 아마도 지워졌을 것이다.

한국은행 화폐박물관과
이토 히로부미의 정초석.

서울시립미술관과 서울역의 사이토 마코토

서울시립미술관에는 최장수 조선총독이었던 사이토 마코토齋藤實(1858~1936)의 글씨가 남아 있다. 덕수궁 돌담길을 따라 미 대사관저 방향으로 걸어간다. 정동교회에 이르면, 좌측 야트막한 언덕에 서울시립미술관이 있다. 이곳은 일제시대에 경성지방법원으로 지어진 건물이다. 정문 세 개의 반원형 아치를 돌아 우측으로 가 보면 정초석이 있다. '정초 소화이년(1927)십일월 조선총독자작재등실定礎 昭和二年十一月 朝鮮總督子爵齋藤實'이라 새겨져 있다. 시기를 미루어 보면 조선 3대, 5대 총독을 지낸 사이토 마코토의 글씨다. 해방 후 이곳은 대법원과 가정법원으로 쓰이다가 현재는 서울시립미술관이

서울시립미술관과 최장수 조선총독 사이토 마코토의 정초석.

서울역 광장의 강우규 의사 동상과 서울역의 사이토 마코토의 정초석.

다. 덕수궁 돌담길을 걷는 연인은 헤어진다는 오랜 속설은 가정법원에 갔다가 이혼하고 나오는 부부들 때문에 생겨난 말이라고 한다.

사이코 마코토의 정초석 글씨는 또 있다. 서울역 건물은 1925년에 준공되었다. 스위스 루체른의 구 역사가 모델이었다. 루체른 역사는 1970년대 화재로 붕괴되어 지금은 전하지 않는다. 이 서울역 정초석 역시 총독 사이토 마코토의 글씨다. 좌측에는 날짜가 쓰여 있었을 것이나 지금은 마멸되었다. 서울역 광장에는 1919년 조선으로 부임하는 사이토 마코토에게 폭탄을 투척한 강우규 의사의 동상이 있다. 사이토의 정초석에서 그리 멀지 않은 곳에 동상이 있다.

고가도로에 올라 서울역을 내려다보았다. 원래 이곳은 만초천의 지류가 흐르던 곳으로, 하천을 메우고 역을 만들었다. 고가에서 서울역을 등지고 로터리 쪽을 바라보면 익숙한 반원형 건물이 보인다. 이승만 대통령이 한국전쟁 이후 외국인들이 서울역에 내렸을 때 번듯한 건물을 볼 수 있게 하라는 지시를 따라서 만들어진 관문빌딩이다. 1950년대 지어진 건물을 아직도 잘 쓰고 있다. 국가 정상이 도시 건축물에 관심을 둔, 드문 경우여서 덧붙인다.

마포 선통물의 우가키 가즈시게

앞에서 한양은 물길의 도시였다고 언급한 바 있다. 도성 밖으로 나와도 물길은 도처에 있었다. 연세대학교 동쪽, 봉원사에서 발원하여 광흥창(지금의 서강대교 자리)에서 한강으로 흘러드는 봉원천이라는 내가 있었다(①). 그리고 이화여대 동쪽에서 발원하여 공덕 오거리를 거쳐 마포로 흘러드는 아현천이 있었다(②).

경성시대에 마포는 상습 침수 구역이었다. 총독부는 제방을 쌓아 마포의 침수를 막으려 했다. 그리고 상류에서 내려오는 물을 우회하는 작업을 한다. ②번의 아현천 물을 ①번의 봉원천으로 경유하는 수로를 뚫는다. 그 우회하는 물길 중간에 마포 배수 터널이 있었고 그 터널 입구에 돌에 새긴 현판이 있었다. 현판은 '선통물善通物'이다.

해방 후 서울의 거의 모든 하천이 복개되면서 이 수로도 사라졌다. 하지만 그 이후 신문 기사들을 보면 군데군데 복개되지 않은 구간들이 있었나 보다. 마포 배수 터널이 있던 자리는 지금 마포 래미안푸르지오 아파트가 있는 곳이다. 저 아파트로 진입하는 언덕을 올라가다 보면 좌측에 붉은빛이 도는 돌에 '선통물'이라 새겨진 표지석을 만날 수 있다. 좌측에는 희미하게 조선총독 우원일성宇垣 一成이라 쓰여 있다. 6대 조선 총독 우가키 가즈시게(1858~1956)다.

지금 전시되어 있는 '선통물' 바위 글씨는 모조품이다. 마포 배수 터널에 걸려 있던 돌 편액은 재개발 때 땅에다 묻었다고 한다. 이곳에 답사를 다녀와서 자료를 검색해 보다가 이해되지 않는 점들이 너무 많아서 한 번 더 다

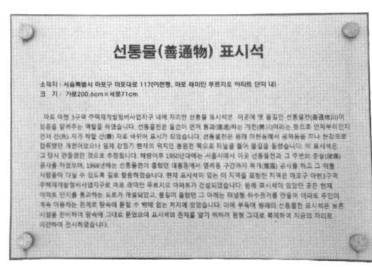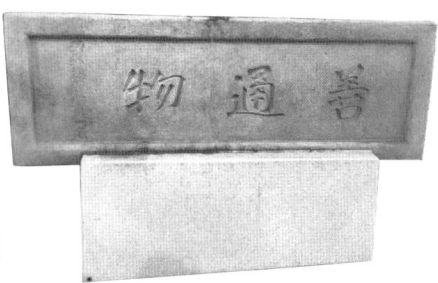

이해할 수 없는 설명문이 쓰인 선통물 표시석(왼쪽)과 모조품 바위 글씨(오른쪽). 진본은 재개발 때 땅에 묻었다고 한다.

녀왔다.

첫째, 나도 고등교육을 받은 사람인데 선통문 앞 설명문을 도저히 해석할 수가 없었다. 앞뒤가 맞지 않는다. 게다가 사실이 틀렸다. '선통물'이란 중국 송나라 고전에서 나온 말로 사물의 이치에 통달한 밝은 사람쯤으로 풀이된다. 즉 총독부에서 저 경유 수로를 뚫고 본인들의 아이디어에 으쓱으쓱하며 쓴 말일 가능성이 크다. 마산에 가면 2대 총독 하세가와 요시미치長谷川好道가 남긴 '선통물'이란 바위 글씨가 남아 있다. 일본 사람들이 본인의 업적을 자랑할 때 쓰던 관용구 같은 게 아닐까 추정만 한다. 기왕에 돈을 들여 안내문을 만들었다면 제발 알아먹을 수 있게 써 주었으면 좋겠다.

둘째, 원래 진본 '선통물' 표지석을 재개발 때 땅에 묻었다면 굳이 복제품을 만들어 길가에 전시해 둔 이유는 무엇일까. 현장에 두 번이나 찾아가서 아무리 생각해 봐도 이런 결정을 내린 공무원의 생각이 짐작되지 않았다.

연세대학교 내 미나미 지로

연세대학교는 미국인 선교사 언더우드가 설립한 학교다. 언더우드의 형은 당시에 타자기 회사를 설립하여 엄청난 부를 축적한 사람이다. 1930년대 미국 추리소설에 종종 등장하는 언더우드 타자기가 바로 이것이다. 이 자금 중 일부가 국내로 들어와 연세대학교 설립과 확장에 기여했다.

1960년대까지만 해도 연세대학교 내에는 수경원이라고 하는 사도세자의 어머니(영빈 이씨) 묘가 있었다. 백양로와 병원 건물 사이에 거대한 왕실 후궁의 묘원이 있었던 것이다. 1960년대 사진을 보면 엄청난 규모의 묘원이 학교 가운데 떡하니 버티고 있다. 지금의 심혈관 병원과 학생회관 건물 사이에 위치한 루스 채플이 영빈 이씨 묘의 봉분이 있던 자리다.

수경원은 1969년 고양시 서오릉으로 이전한다. 현재 수경원 자리에는 복원된 광혜원과 수경원이 이사 가면서 두고 간 정자각과 비각이 있으며 연세대학교 박물관이 관리하고 있다. 수경원의 정자각 우측 으슥한 곳으로 들어가면 윗부분이 부서진 기념비가 있다. 전면에 '흥아유신 기념탑興亞維新記念塔 조선총독 미나미 지로南次郎', 후면에는 '소화昭和 16년(1941) 12월 8일'이라 새겨져 있다. 미나미 지로는 7대 조선총독이다. 1941년 12월 8일은 진주만 공습 다음 날이다. 이 흥아유신기념탑은 언더우드 동상을 없애고 그 자리에 대신 세운 기념탑이다. 일본 입장에서는 적국의 인물 동상이 식민지 조선에 있는 게 불편했을 것이다. 그 동상을 치우고 만든 기념탑이다.

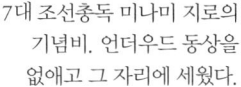

7대 조선총독 미나미 지로의 기념비. 언더우드 동상을 없애고 그 자리에 세웠다.

해방이 되고 한국전쟁을 거치며 처치 곤란이 되어 버린 기념탑을 연세대학교는 여기 으슥한 곳에 가져다 두었다.

사도세자의 어머니 묘인 수경원이 이전되고 연세대학교 내에 남겨진 정자각.

21 특별한 보통사람들의 자취

바위 글씨와 비문을 답사하는 취미는 '조선+사대부'의 카테고리를 벗어나기 힘들다. 장비도 변변치 않던 시절에 돌을 고르고 그곳에 글을 새기는 작업은 상류층의 전유물일 수밖에 없었을 것이다. 그래도 나와 내 주변 사람들같이 필부필부匹夫匹婦를 향하는 비석들도 적지만 분명 있다.

오죽헌의 충노忠奴 행적비

나는 율곡 이이가 과대평가된 인물이라 생각한다. 이 나라의 지폐에 얼굴을 올릴 만큼의 업적은 없다고 생각한다. '서인 노론 말고 그를 기릴 이유가 무엇인가?' 이런 마음으로 그가 태어난 강릉 오죽헌을 심드렁하게 둘러보다가 으슥한 곳에서 비석군을 만났다. 대개 이렇게 한다. 지역에 산재한 송덕비들을 대표 관광지에 모아 두는 것이다. 아는 사람이 있나 찬찬히 둘러보던 중, 사대부들 비석들과 약간 떨어진 곳에 비석 하나가 덩그러니 서 있었다. 세상에나! 처음 봤다. 노비를 기리는 비석이었다. '충노忠奴 문리동文里同 행적비.'

노비 문리동의 행적비 뒷면.

노비 문리동은 관노였다. 임진왜란 때 강릉 부사 이광준李光俊과 피란을 떠났고, 피란 중에 이광준을 연명케 했다. 이에 감복한 주민들이 문리동의 충심을 기리기 위해 비석을 만들어 세웠다.

비문에 "관노로서 임진왜란을 맞아 부관 이광준을 모시고 이리저리 헤매며 양식이 없으면 흩어진 나락을 주워 가며 연명케 하였으니 그 충심을 영원히 기리기 위해 비석을 세운다"라고 새겨져 있다.

그러면 강릉 부사 이광준은 왜란 이후 문리동을 면천해 주었을까?

찾아보니 조선에 노비를 위해 세운 비석은 대략 열 개쯤 남아 있다. 연구마다 차이는 있지만 조선시대 인구의 30퍼센트가량이 노비였음을 감안하면 씁쓸한 숫자다.

노비 문리동의 행적비 앞면.

양화진 외국인 묘지의 일본식 묘비

1884년 갑신정변 때 큰 부상을 입은 민영익을 외과 수술로 살려 낸 외국인 선교사는 알렌Allen이었다. 알렌은 고종에게 청을 하여 최초의 서양식 병원인 광혜원을 설립한다. 이후 알렌이 미국으로 돌아가고 헤론Heron이 원장에 올라 광혜원을 이끈다. 헤론은 환자를 돌보다 이질에 걸려, 1890년 34세의 나이로 생을 마감한다. 이때가 더운 여름이었는데, 그의 시신을 제물포

외국인 묘지로 옮길 수 없게 되자, 미국 공사는 조선 정부에 한성 가까운 곳에 외국인 묘지를 마련해 줄 것을 요청한다. 이에 양화진이 매장지로 결정되었고 헤론을 시작으로 외국인 선교사들의 묘가 모이게 되었다.

현재 양화진 외국인 선교사 묘원에 안장된 분은 총 417명이다. 이 중 145명이 선교사와 그 가족이다. 양화진 선교사 묘원은 천주교 절두산 성지와 붙어 있다. 하나의 커다란 공원으로도 볼 수 있다. 천주교와 기독교의 성지가 바로 이웃하고 있는 셈이다. 이곳은 좋은 나들이 코스다. 한강이 내려다 보이고 이국적 공원묘지가 작지만 아름답게 조성되어 있다.

대한민국 의료사에 관심 있는 사람이라면 익숙한 이들이 많이 있다. 초창기 선교사이자 의사였던 사람들의 묘지가 대부분 이곳에 있다. 특히 세브란스 출신이라면 이곳에 꼭 가 보기를 추천한다. 초창기 세브란스 원장, 의료원장, 간호부장들 다 이곳에 잠들어 있다.

가을에 방문한 양화진 묘역에서 시간 가는 줄 모르고 놀고 있었는데, 아주 익숙한 문양이 자꾸 눈에 밟혔다. 여러 묘지석에 공통적으로 새겨진 문

양화진의 외국인 묘지. 묘비의 프리메이슨 표식이 눈길을 끈다.
오른쪽은 일본식 묘비. 프리메이슨의 오벨리스크와는 상관없어 보인다.

양이 뭔가 익숙해서 한참 바라보다가 번뜩 스치는 생각이 있어 검색해서 확인하였다. 그것은 프리메이슨의 문양이었다. 사진을 보면 제법 많은 묘지석에서 이 문양이 발견된다. 뭔가 뒤통수를 얻어맞은 느낌이었다. 프리메이슨 회원들은 롯지lodge(작은 집이라는 뜻의 각국 프리메이슨 지부)를 중심으로 활동한다고 한다. 그런데 묘지에 버젓이 롯지 번호까지 새겨진 묘비도 보였다. 한양 롯지는 #1048이다.

검색해 보니 나와 같은 발견을 이미 하신 분들이 올린 여러 글이 있었다. 게다가 양화진 묘역 여기저기서 보이는 오벨리스크 형태의 묘비석 또한 프리메이슨과 연관이 있을 것이라고 추정하는 분들도 있다. 프리메이슨이 오벨리스크를 숭배(?)한다고 한다. 그러고 보니 묘원에 우리나라에 흔히 보이지 않는 모양인 방첨탑(오벨리스크) 형태의 묘비가 많이 보이긴 했다. 어떤 분은 이 묘원이 거대한 프리메이슨 본거지 정도로 생각하기도 한다.

프리메이슨은 일루미나티와 더불어 거대 음모론에 자주 등장하는 단체가 아니던가? 종교 관련 학문에는 젬병인 내가 프리메이슨 표지가 왜 이곳에 있는지를 추적하기는 어렵다. 하지만 오벨리스크 형태의 묘비에 대한

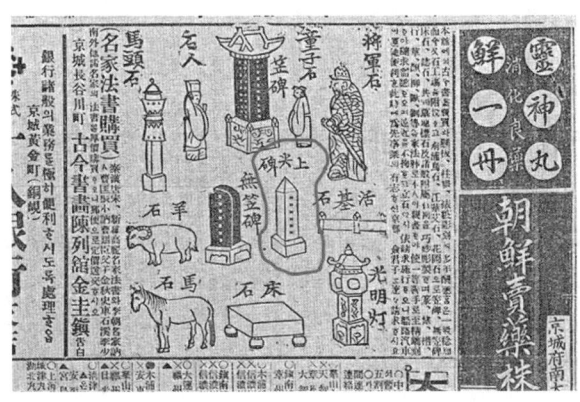

1916년 《매일신보》 기사에 실린 석공장 광고. 가운데 상첨비 도안이 보인다. 일본에서 넘어온 유행임을 알 수 있다.

오해는 내 지식 안에서 풀어 주고 싶다.

결론부터 말하면 저 방첨탑(오벨리스크) 모양의 묘비는 프리메이슨과 연관성이 없다. 저건 그냥 일본식 묘비다. 특히 일본 군인들의 묘비가 저런 식으로 많이 제작되었다. 즉 저 형태의 묘비는 일본에서 자연스럽게 넘어온 스타일이란 거다. 1916년 《매일신보》에 실린 석공장 광고를 보자. 여러 석물과 비석의 도안이 아기자기하게 그려져 있다. 그 중심에 상첨비上尖碑라고 적힌 도안을 보면, 결국 방첨탑이다. 이미 1916년에도 일본에서 넘어온 저 스타일이 유행했던 것을 알 수 있다.

한국 고아들의 자부慈父, 소다 가이치

서울 용산의 미군기지와 해방촌 일대는 조선시대에는 둔지산이었다. 그곳에는 둔지미 마을도 있었다. 조선은 둔지산에 전생서典牲署를 설치하였다. 전생서는 궁에서 사용하는 소, 양, 염소 등을 사육하는 곳이었다. 일종의 국가 직영 목장 같은 것이다. 《경국대전》에 전생서 직제에 대해서 규정하기를 종 6, 7, 8품 정도가 되었다. 어려운 과거에 급제해서 청운의 꿈을 안고 관직을 시작했는데 까딱하면 목장 관리인이 되는 것이다. 전생서는 갑오개혁 때 폐지되었다.

어느 해 가을에 자료를 살피다 매우 특이한 사람을 알게 되었다. 일본인 소다 가이치曾田 嘉伊智(1867~1962)다. 소다 가이치는 젊은 시절 타이완에서 조선 사람으로부터 큰 도움을 받고 그에 보답하고자 조선에 들어온다. 일본어 교사로 활동하다가 독립운동가 월남 이상재의 전도로 1906년 크리스천이 된다.

일본인 사회사업가 사다케 오토지로라는 사람이 있었다. 그는 일본 가마쿠라, 중국 뤼순, 한국에 보육원을 설립한 사람이었다. 1917년 조선총독부로부터 이 전생서 터를 무상으로 대여받아, 가마쿠라보육원 한국 지부를 설립한다. 소다 가이치와 그의 아내는 1921년부터 이 가마쿠라보육원의 운영을 맡는다. 이후 1,000명 이상의 조선인 고아들을 헌신적으로 돌보았다. 일제강점기에 경성부에서는 조선인 고아, 미아가 발생하면 이곳 가마쿠라보육원이나 경성보육원에 나눠서 수용하였다.

해방 이후 소다 부부는 일본으로 돌아가지 않고 조선 영주권을 취득한다. 소다는 이후 보육원을 아내에게 맡기고 일본으로 건너가 전국을 돌아다니며 전쟁 범죄를 회개하고 사죄하라고 설파했다. 1950년 소다의 아내가 세상을 떠났으나 소다는 장례식에 참여하지 못했다. 1961년 90세를 훌쩍 넘

한국 고아들의 자부慈父 소다 가이치가 세운 가마쿠라보육원(왼쪽 위). 가마쿠라보육원 터에 들어선 영락보린원(왼쪽 아래). 양화진 외국인 묘역에 있는 소다 가이치 부부 묘지(오른쪽).

긴 소다는 여생을 한국에서 보내기 위해 돌아왔고, 해를 넘겨 1962년 3월 28일 영락보린원으로 전환된 옛 전생서 터이자 가마쿠라보육원 경성지부 터에서 심장마비로 세상을 떠났다. 용산구 후암동의 작은 골목을 구불구불 올라가면 영락보린원이 있다.

25년에 걸쳐 조선인 아동들에 대한 보육 활동을 한 그에게는 이례적으로 문화훈장이 주어졌으며, 그는 '고아의 자부慈父'라는 수식어와 함께 양화진 외국인 묘지에 묻혔다. 양화진 외국인 묘지의 유일한 일본인이 이들 부부이다. 둘의 비석이 나란히 서 있는 모습이 보기 좋았다.

임진왜란 전후로 조선에는 순왜順倭, 항왜降倭라는 말이 생겼다. 순왜는 조선인으로 왜군에 협조한 자들을 말하고 항왜는 왜군 중 조선에 투항한 자들을 말한다. 소다 가이치에 대한 자료를 찾아보다가 "그는 항왜인가?"라는 생각을 하던 중 부끄러워졌다. 인류애를 행한 사람을 편협한 이분법적 논리로 가두려 하다니……

무속인을 기리는 유일한 비석, '무당 김점례 공덕비'

도로가 발달하지 않은 조선에서 강은 물류의 고속도로였다. 한강 상류에서 내려오는 미곡을 내리는 포구가 있었고, 반대로 서해나 강화에서 강을 거슬러 올라오는 미곡을 내리는 포구도 있었다. 조선 후기로 가면서 포구 중심으로 부호들이 생겨났다. 강화도 답사 중에 '경강주인 이복현 영세불망비'라는 비석을 만난 적이 있다. 경강京江이라 함은 뚝섬 이하 한강을 칭하는 말인데, 이 비석은 왜 강화에 있는지 의아했다. 이후 경강상인에 대한 자료를 보고 강화를 포함한 한강은 하나의 경제생활권이었다는 개념을 알게 되었다.

부군당府君堂 신앙. 부군당은 마을의 수호신을 모셔 놓은 신당을 가리키는데 오래된 민속신앙으로 조선 후기에 흥했다. 주로 한강 주변에서 성했다. 앞서 언급한 신흥 부호들이 새로운 계층으로 부상하며 본인들만의 종교가 갖고 싶었나 보다. 현재도 남아 있는 부군당들이 주로 한강을 중심으로 분포한다. 재미있는 것은 각기 다른 신을 모신다는 점이다. 최영, 김유신, 공민왕, 연산군, 제갈공명 등등.

용산구 보광동은 신비한 동네다. 일단 반포대로를 타고 북쪽으로 가다 보면 보광동 변전소가 보인다. 요즘 세상에 마을에 변전소가 있다는 게 낯설다. 이곳은 변방으로 밀려난 사람들의 마을이었다. 일제강점기에는 이태원에 공동묘지가 있었고 용산에 일본기지가 들어오며 둔지미 마을이 통으로 보광동으로 강제 이주를 했다. 전쟁 상이용사들을 위해 정부가 집을 지어 보급한 곳도 이곳 보광동이었다. 이 동네 부군당을 답사하러 어지럽게 난립한 다세대 주택가에 주차를 하고 좁은 골목길을 거슬러 올라간다. 골목 끝에는 조선시대부터 존재하던 쇠락한 부군당이 있다. 보광동을 중심으로 부

보광동 언덕 꼭대기에 있는
둔지미 부군당.

군당 여러 개가 존재한다. 그래서 그런지 보광동에는 점집도 많다. 그리고 여기 보광동 주택가 한켠에 비석이 서 있다. '김점례 여사·배봉출 선생 공덕비'다.

김점례는 무당이었다. 보광동 언덕 꼭대기에 있는 제갈공명을 모시는 둔지미 부군당(일명 무후묘)을 관장했다. 배봉출은 그의 남편이었고 아마도 부군당을 돌보는 일을 같이했을 것이다. 김점례는 남편이 죽자, 자신이 모은 현금과 대지를 기증하여 보광동 노인정을 건립한다. 조건은 본인들의 제사를 지내 주는 것. 이에 주민들은 기념비를 세우고, 해마다 음력 3월 3일에 추모제를 지내고 있다.

김점례와 배봉출의 공덕비.

비좁은 골목을 빙글빙글 돌다가 간신히 찾은 공덕비는 철창 안에 있었다. 후면을 보면 "······김점례 여사는 1937년 배봉출 선생님과 결혼. 서로가 조실부모로 외로운 처지에 만나 서로를 위로하고 사랑하며 가진 역경을 다 겪으시며 근면 절약 정신으로 60여 성상을 해로하시며 슬하에 자손이 없음을 항상 서글퍼 하시면서도 인자하시고 봉사 정신이 투철······서울역 등지의 무작정 상경한 소년 소녀와 어디서나 불우한 사람들을 보시면 옷을 사서 입히고 노비를 주어 타이르고 충고하여 귀가시키는······고아 김옥산 외 1명을 교육시켜 군에 입대시키는······이화여대 재학 중인 김명자 양과 여고생인 김명희 양 등을 현재 교육시키고 있으며······보광동 제3노인회 회관 건립비를 희사하시어 현대식 회관을 준공케하시고······"라는 김점례의 공덕을 적은 글이 새겨져 있다.

지금도 저 노인회관은 운영되고 있다. 하지만 이 일대는 개발을 앞두고 있다. 아마도 개발되면 노인회관은 물론이고 공덕비도 없어질 것이다. 더 서글픈 건 1979년《경향신문》기사나 공덕비 내용에 김점례가 무속인이라는 사실을 밝히지 않았다. 추정컨대 무속인을 기리는 거의 유일한 비석임에도.

이태원 공동묘지의 유관순

조선시대 이태원은 역원驛院이 있던 곳이다. 일종의 국립여관 같은 곳으로 마필과 숙박을 제공하는 역할을 했다. 해방 후에는 미군기지를 거쳐 지금은 다양한 외국 문화의 용광로 같은 곳이다. 하지만 이태원 관련하여 잊지 말아야 하는 아픈 인물도 있다. 유관순이다.

근대화를 거치며 경성은 도시의 발달을 가로막는 묘지를 어떻게 처리할지 하는 문제에 봉착한다. 산 전체를 무질서하게 덮고 있는 봉분 홍수 속에서 연고를 알 수 있는 표지 또한 불분명했다. 도시는 팽창하고 주택지는 모자라는 상황에서 대규모 이장은 어쩔 수 없는 결정이었다.

조선총독부는 1913년 공동묘지 19곳을 선정하여 무질서하게 봉분이 들어서는 것을 금했고, 1921년 묘지 정리계획, 1939년 방사형 묘지계획, 1940년 묘지 통제계획 등을 세워 질서를 수립하려 안간힘을 썼다. 조금 더 통제가 쉬운 화장을 강제했을 법도 했지만, 유림의 반발을 예상했는지 끝내 그리하지는 않았다.

서울 용산구 이태원에도 공동묘지가 있었다. 반포대교를 넘어 북으로 가다 만나는 녹사평역 사거리 동북쪽 언덕이 바로 그곳이다. 유관순은 1919년 3·1만세운동 중 체포되어, 1920년 서대문형무소에서 순국했다. 모교인 이화학당 사람들이 시신을 인도받아 이곳, 이태원 공동묘지에 안장했다.

10년이 지나 1930년, 도시는 계속 커졌다. 경성부는 지금의 삼각지역-녹사평역-이태원역-한강진역-버티고개역-신당역을 지나는 도로를 놓기로 결정하였고 '남산주회도로'라 명명했다. 그리고 이태원 공동묘지가 있는 언덕을 주택지로 개발할 계획을 세운다. 이태원 공동묘지의 무덤들은 망우리 묘지로 이전이 결정되었다.

당시 경성부는 우선 시가지 계획령을 발표하고 연고 있는 묘지의 이장을 유도하였고, 무연고 묘지의 경우 수차례 신문 기사를 내어 이장을 알렸다. 당시《동아일보》기사〈백골 찾아 가시오〉를 보면 1930년 이태원 묘지의 무연고 비율이 7할 정도였다고 한다.

그리고 이 당시 벌어진 어이없는 상황. 1936년 5월 31일 자《조선일보》기사를 보자.

> 경성부는 이태원 묘지에서 화장을 할 시, 어린이 무덤은 2원, 성인 무덤은 3원을 주기로 함. 이장을 하면 각 5원 50전을 주기로. 그리하여 이태원에 무료 화장장을 설치 운영함. 운영은 이태원 거주하는

정비되지 않은 조선의 묘지들.

이홍순(49)에게 일임함. 이홍순은 규정을 자기 혼자서 주물러 터트리고(실제 기사 표현) 화장을 희망하는 사람에게 오히려 8~15원을 받아서 운영함. 조사 결과 4,000기 정도를 이렇게 처리했고 적어도 3만~4만 원 정도의 수익을 올림. 이에 용산서에서 관련자들을 싹 잡아다가 문초를 진행 중.

어찌 이리 창의력이 좋은지. 1936년 6월 9일 자 기사를 보면 갈수록 태산이다.

용산서 성크星崎 사법주임은 이런 일은 내부 협력자 없이는 어렵다

서울 용산구 이태원 부군당 역사공원에 있는 유관순 추모비.

고 생각하여 관련자를 탈탈 터니 범인들이 술술 불음. 경성부 위생과에서 근무하는 박영욱(47)은 이홍순의 행태를 적발하였으나 비밀을 지켜 주는 조건으로 위생과에서 이홍순에게 지급해야 하는 인건비를 서류 조작하여 본인이 착복함. 박영욱도 연행.

기사 검색을 이어 가면 이홍순은 이태원 묘지에서 패악질 부리는 것으로 유명했다. 매장하러 온 유가족을 등치다가 1926년 고발당하기도 했다.
35년 전, 1989년 MBC 뉴스다.

> 일제가 이 일대 공동묘지를 군용지로 사용하기 위해 현재의 망우리 공동묘지로 강제 이장을 시키는 과정에서 쓴 지 1년도 되지 않은 유관순 열사의 묘를 무연고로 처리해 열사의 묘소는 사라지고 말았습니다.
> 유재한(84·한글학회 이사): "이태원 공동묘지에 묻었는데 그러한 후에 오라버니 되는 유관옥 씨가 1년 후에 가서 보니까 다 없어지고, 왜 그렇게 없어졌느냐 하니까 군용지로 쓰기 위해서 없앴다……."

초등학교 저학년 때의 뉴스다. 나는 이런 교육을 받고 자랐다. 히틀러 콧수염을 한 나카무라 순사가 황색 군복을 입고 대검이 달린 장총을 들고 나타나, 유관순 누나에게 보복을 하기 위해 누나의 묘지를 거칠게 파헤치는 장면을 상상했던 것 같다.
그런데 뉴스는 거짓말을 하고 있다. 묘지를 쓴 지 1년이 아니라 15년이 지난 후 일이고, 고의로 무연고 묘로 처리한 것도 아니었으니 말이다. 찾아가라고 신문 광고도 했다. 이장 목적도 군용지 확보가 아니라 주택용지로 쓰기 위해서였다. 이태원 고개 위 유관순 누나가 묻혔던 이태원 공동묘지 추정지에 추모비가 있다. 앞에서 소개한 이태원 부군당 마당에 말이다. 용산이 잘 내려다보이는 곳이다.

그리고 망자들을 상대로 장난을 친, 천하의 나쁜 놈 이홍순에 관한 뒷이야기가 있다. 녹사평 사거리 고개 넘어 경리단길로 가다 보면 우측에 이태원초등학교가 보인다. 1926년 조양朝陽학원으로 개교하여 해방 후 이태원초등학교가 된 곳이다. 원래 지역 유지였던 이홍순은 조양학원 설립 시 아이들을 교육해야 한다고 돈과 토지를 희사했다. 이런 걸 알고 나면 '절대악'이란 건 성서나 신화의 개념이지 인간사에 그런 건 없다는 생각이 들기도 한다.

진정한 친한파 가나야마 마사히데 대사

한국 사람인지 일본 사람인지 잘 모르겠는 사람의 무덤을 다녀온 적이 있다. 가나야마 마사히데金山政英(1909~1997)는 1968년 제2대 주한일본대사로 부임해 3년 7개월간 재직했다. 대사는 식민통치에 대해 심히 미안한 마음을 가지고 있었기에 한국의 입장을 이해하려고 노력했다. 그는 전례를 깨고 일본 외교관으로서는 거북할 수 있는 3·1절과 8·15 광복절 행사에도 참석했었다.

1960년대 후반 박정희 전 대통령은 제철소가 필요했다. 중공업 드라이브를 강하게 걸어야 했기 때문이다. 하지만 두 가지가 없었다. 돈 그리고 기술력. 박태준은 돈을 구하러 워싱턴까지 날아갔지만 믿었던 국제제철차관단 KISA의 프레드 포이 대표에게 퇴짜를 맞았다. 세계 철강업계와 금융기관들은 이름조차 낯선 후진국에 종합제철소를 짓는 것이 성공할 수도 없고, 필요하지도 않다고 판단했다. 인도, 튀르키예, 멕시코, 브라질처럼 조건이 좋은 나라들도 실패했으니 그만두라고 충고했다.

여기서 박태준이 대일 청구권 자금을 전용轉用하자는, 기가 막히면서도 난감한 아이디어를 낸다. 농수산업 지원 용도 등으로 사용하기로 한 자금을 제철소 건설 자금으로 활용하자는 이야기였다. 당시 정치권은 이에 반대했다. 많은 국회의원이 농촌 출신이었기 때문이다. 하지만 박정희와 박태준은 농수산업 대신 제철소를 선택했다.

이제 기술력 확보가 필요한 상황. 박 대통령은 "술이나 먹자"며 가나야마 대사를 호출한다. 박 대통령은 그에게 느닷없이 주일대한민국대사로 역할을 바꿔 달라고 부탁했다. 그러면서 사토 에이사쿠佐藤榮作 일본 총리에게 포항제철소 설립에 필요한 기술 협력을 요청하는 친서를 전달해 달라고 했다. 이를 성사시키지 못하면 한국에 돌아오지 말라고 엄포까지 놓았다고 한다. 사토 총리는 이미 박 대통령의 요청을 거부한 터였다.

가나야마는 외무성을 거치지 않고 바로 사토 총리에게 박 대통령의 친서를 전했다. 총리는 "제철은 안 된다고 했는데 또 얘기하느냐"고 역정을 냈다. 가나야마는 박 대통령의 제철공장에 관한 의지를 전하며 간곡히 설득했다. 그리하여 총리는 통과했다. 하지만 실질적으로 기술을 가지고 있는 곳은 기업이었다. 가나야마는 역사가 깊고 규모가 큰 야하타제철소의 이나야마 요시히로稻山嘉寬 회장에게 지원을 요청했다. 이나야마는 "나사 하나도 못 만드는 나라가 무슨 제철소냐"라고 비웃었다. 가나야마는 "1897년엔 일본이 그런 소리를 들었다"고 지적했다. 그에게 설득돼 이나야마는 포항제철 설립에 필요한 기술을 제공하기로 했다. 그리고 그 이후 이야기는 우리가 다 알고 있는 내용이다.

포항제철은 근대 산업의 쌀인 철강을 생산하며 한강의 기적을 이룩하는 데 혁혁한 공을 세운다. 1973년 준공식에는 사토 전 총리가 국빈으로 참석했다. 일본 외무성은 한국 근무를 마치고 귀국한 가나야마 대사를 유럽 주요 국가 대사로 보내려 했으나 그는 바로 은퇴한다. 그리고 한일관계 회복을 위한 연구와 활동을 한다. 가나야마 대사는 재일동포 고령자 복지 시설인 '고향의 집' 네 곳을 세우는 모금 운동을 주도하기도 했다. 그의 딸은 한국 남자와 결혼했다.

1997년 가나야마 대사가 사망하고 그의 유언에 따라 그의 유골 중 3분의 2가 한국에 묻힌다. 파주 조리읍 뇌조리 천주교 묘원에. 죽어서도 한국에 묻히기를 희망할 만큼 한국을 사랑한 일본인이었다.

죽어서 한국에 묻히길 희망할 만큼 한국을 사랑한 가나야마 대사의 묘(왼쪽). 위는 가나야마 대사 묘지의 한글로 새긴 비문.

그의 묘비문은 구상 시인이 썼다. 묘비문에는 "나는 죽어서도 한·일 간의 친선과 친화를 돕고 지켜보고 싶다"고 새겨져 있다.

포항제철에 기술을 제공한 뒤 야하타제철소는 두 차례 합병을 거쳐 신일철주금이 됐다. 포항제철이 폭발적으로 성장하자 야하타제철소의 후신들은 국제 경쟁력이 떨어졌고 수익도 감소한다. 2019년 야하타제철소에서 일했던 한국인 징용 노동자들이 신일철주금을 상대로 낸 보상 소송에서 한국 대법원은 원고 승소 판결을 내렸다. 그리고 신일철주금이 포항제철과 우호적 관계를 유지하기 위해 취득한 지분이 압류 대상이 됐다. 한일관계는 급속히 얼어붙었다. 그리고 여러 해가 흘러 오늘에 이르렀다.

가나야마 대사는 파주 무덤 속에서 지금 이 상황을 바라보며 무슨 생각을 하고 있을까.

음성 나환자들의 고마움을 새긴 에틴저 마을 비석

나병을 아는가? 문둥병, 한센병이라 불리는 감염성 질환이며, 성경에도 등장하는 오래된 질환이다. 의사 면허를 받고 10년이 넘은 나도 딱 한 번 만나 본 매우 드문 병이다. 내가 근무했던 서울성모병원에 한센병센터가 있음에도 그러하다. BCG를 필수 접종하는 한국에서는, 최근 들어 더 이상 신규 감염자는 나오지 않고 있다.

서울의 사방 변두리에는 규모의 차이는 있으나 가구단지들이 있다. 그런데 이 가구단지들은 1960~1970년대에는 돼지 축사로 사용되었던 곳이 많다. 당시 이 축사에서 일하던 사람들 중에는 음성 한센병력자들이 많이 있었다고 한다. 당시 용어로는 '음성 나환자'. 한센병에 걸렸지만 치유되었고 전염력이 없는 사람들이다. 이들의 자녀들을 당시에는 '미감아'라고 불렀다. 감염되지 않은 아이. 마치 '미망인'처럼 폭력적인 명칭이다.

내게도 어린 시절 저런 가구단지에 대한 기억이 있다. 서울 서초구 내곡동·세곡동은 내 어린 시절 친구들에게는 친근한 지역이다. 강남·서초구 예비군 훈련장이 있고 헌인릉이 있어 소풍을 가기도 했다. 강남·서초 지역에서 가구를 싸게 사고 싶으면 방문했던 헌인가구단지가 있다. 에틴저 마을 비석은 그 안에 있다. 1967년 한미재단 이사였던 미국 뉴욕의 변호사 에틴저의 기부금으로 성동구(이때는 서초구가 아니고 성동구) 내곡동에 음성 나환자촌이 마련되었다. 음성 나환자들의 자활을 위해 집과 땅을 마련해 준 것이다. 이에 대한 감사의 마음으로 마을 주민들은 비석을 세운다.

1969년 이 마을의 어린이 5명이 인근 대왕국민학교에 입학하게 되면서 대한민국을 떠들썩하게 한 '대왕국민학교 미감아 소동'이 벌어진다. 사태는 숨 가쁘게 돌아갔다.

음성 나환자들이 자활을 도와준 에틴저에 대한 감사의 마음으로 세운 비석.

1969년 3월 5일 미감아들 대왕교 취학→3월 8일 일부 학부모 반발, 학교 측에서 미감아들에게 등교 정지 처분→4월 17일 보사부(현 보건복지부)에서 "전염 우려 없다" 발표하고 재등교 지시→4월 18일 학부모들 등교 거부 결의. 본격적 분규 시작→5월 6일 시교위(현 서울시교육청) 미감아 분리 교육 결정. 이에 보사부, 문교부(현 교육부) "즉시 철회" 요구→5월 9일 시교위 미감아 분리 교육 안 하기로 방침 수정. 대왕교 학부모들에게 설득 강연 개시→5월 12일 미감아들 병원 입원시키고 종합 진단 시행→5월 14일 홍종철 문교부 장관, 본인의 딸인 홍미영, 대왕교로 전학→5월 17일 대왕교, 미감아들 병원에 둔 채 정상 수업 시작→5월 27일 미감아들 병원에서 퇴원, 아이들은 보사부 고위직 관료들과 대학병원 의사들 집에서 한 명씩 맡아서 기르기로 함→5월 28일 문교부, 보사부 한국신학대학 부속 국민학교로 미감아들 전학하기로 합의→5월 30일 에틴저 마을 전학안에 항의→6월 4일 홍미영 양 경희국민학교로 돌아감→6월 24일 한국신학대학 부속 국민학교 개강, 미감아들 기숙사에서 생활키로→1975년 아이들 한국신학대학 부속 국민학교 졸업.

    기사 검색을 하면서 한국 사회의 부끄러운 민낯을 계속 봐야만 했던 나는 당혹스러웠다. 내곡동에서 한국신학대학 부속 초등학교가 있던 수유동까

미감아 분리 교육 조치로 우여곡절 끝에 졸업식을 한 '미감아'들의 소식을 전한 당시 신문 기사(오른쪽)와 에틴저 비석 주변에 모인 미감아들 모습(왼쪽).

지 30킬로미터의 등하굣길에서 무수하게 많은 국민학교를 지나쳤을 터인데, 이를 오가던 '미감아'들은 무슨 생각을 했을까? 한국신학대학 부속 국민학교는 원래 존재하던 학교가 아니다. 저 아이들을 위해서 종교 단체에서 부랴부랴 개교한 학교이고, 1970년부터는 일반 학생들을 모집하여 정상적 학교로 운영했다. 종교 단체가 이 사회에서 본연의 임무를 충실히 해 준 아주 고마운 케이스다.

보사부와 문교부의 지시에 반기를 들고 미감아 분리 교육을 결정한 당시 시교위의 장은 최복현이다. 최복현은 독립유공자다. 그런 그가 미감아들의 분리 교육을 주장하면서 "다수를 위해 소수가 희생하는 것이 민주주의의 기본 정신"이라고 했다.

나병 환자 분리 정책에 대해서 검색해 보면 군사정권 시절의 가혹한 분리 정책을 비판하는 기사나 학술 자료들을 쉽게 찾을 수 있다. 하지만 이 대왕국교 사태에 국한한다면, 독립운동가 최복현과 자기 딸을 대왕국교로 전학시킨 군사정부의 홍종철 문교부 장관 중, 누가 인권 감수성이 더 있다고 할 수 있을까?

당시 한센병의 권위자는 연세대학교 유준 교수였다. 유 교수는 신문에 기고도 하고 화난 대왕교 학부모들을 설득하는 강연에도 나섰으며, 이 '미감아' 중 한 명을 본인의 집에 데려다 키우기까지 했다. 대단히 존경스러운 분이다. 그리고 등교 거부 와중에서도 아이들을 학교에 보낸 48명의 학생들과 학부모들이 있다. 이들에게도 존경의 마음을 보낸다.

에틴저 마을 비석이 있는 헌인 마을은 재개발 예정지다. 저 비석이 언제 없어질지 몰라서 2021년 8월 말 늦은 오후에 답사를 다녀왔다. 현재 비석은 헌인교회 입구 옆에 서 있다. 비석 뒷면이 벽과 너무 가까워서 사진에 온전히 담을 수 없었다. 《경향신문》의 사진을 보면 뒷면을 볼 수 있다. 아마도 이 마을 다른 곳에 있다가 후에 이곳으로 옮겨진 듯하다.

한센병 환자였던 한하운 시인(1920~1975)의 〈파랑새〉로 글을 맺는다.

나는 나는 죽어서 파랑새 되어
푸른 하늘 푸른 들 날아다니며
푸른 노래 푸른 울음 울어 예으리
나는 나는 죽어서 파랑새 되리

22

명필의 흔적과 한글 비석

바위 글씨와 그 배경이 되는 이야기를 워낙 사랑하니 서체가 아름답지 않아도 개의치 않는다. 하지만 기왕이면 다홍치마라고 명필로 이름난 인물의 글씨를 새긴 바위 글씨는 더 특별하게 다가온다. 게다가 글씨가 한글로 되어 있다면 특별함은 배가 된다. 한글로 새겨진, 현존하는 조선시대 바위 글씨는 다섯 개가 있다. 훈민정음 반포가 1446년이고 조선이 망한 해가 1910년이니 460년간 생산되고 보존된 한글 비석의 수가 너무 적다. 이들은 포천, 서울, 진주 의곡사, 문경, 일본 치바현 다테야마시에 있다.

피를 찍어 쓴 듯한 '최지백 정려비'

'호고유시수단갈好古有時蒐斷碣', 옛것을 좋아하여 틈나면 깨진 비석을 찾는다. 충남 예산의 추사 김정희 고택 주련에 쓰여 있는 문장이다. 어쩌면 내 이상한 취미에 대한 좋은 변명이 되는 듯하여 아끼는 문구다. 하지만 좋아하는 서예가는 원교圓嶠 이광사李匡師(1705~1777)와 미수 허목이다. 서예에 대한 안목은 없지만 두 사람의 삶의 궤적을 안타까워하는 마음이 있어 그런 듯하다.

경주시의 남쪽 끝, 울산 가까운 곳에 이광사가 쓴 비석이 있다는 걸 알고 있었다. 황리단길에서 일행과 커피를 마신 건 정오였고 서울로 돌아갈 KTX는 오후 4시였다. 심포지엄 참석차 갔기에 차는 없었다. 외진 곳이라 택시를 부르기는 힘들다고 했다. 하루에 운행하는 버스는 5대. 기차 시간에 맞출 수 있겠느냐는 일행의 질문에 가능할 듯하다고 했으나 그걸 내가 어찌 장담하겠는가?

버스가 경주 번화가를 벗어나자 승객들이 하나둘씩 내렸다. 외곽으로 달리는 버스에 누가 봐도 관광객인 사람이 끝까지 앉아 있으니, 기사는 백미러로 흘끔거렸다. 목적지에 도착하여 낡은 비각을 찾았다. 큰 도로변에 있

경주 외곽 도로변에 관리되지 않은 채 서 있는 효자 최지백의 정려비가 있는 비각(왼쪽).
최지백의 충의를 기린 정려비. 오수채가 글을 짓고 이광사가 글씨를 썼다(오른쪽).

었다. '효자 최지백 정려비.' 이 고을에 살았던 최지백의 효심과 충의를 기리는 비석이다.

이광사는 서인 소론 명문가에서 태어났다. 대대로 판서 이상을 지낸 가문이었다. 그가 21세 되던 해에 백부와 부친은 유배를 당한다. 24세가 되던 해 이인좌의 난이 일어나며 그의 집안은 몰락한다. 이인좌의 난은 소론 강경파가 경종의 죽음에 영조와 노론이 관계되었다고 주장하며 일으킨 난으로, 이때 그의 백부가 옥사한다. 그의 부친은 이미 강진 유배 중 사망한 상태였다. 집안이 몰락했고 이광사는 강화도로 들어와 숨어 지냈다.

'효자 최지백 정려비'는 최지백의 효심과 충의를 기리는 비석이다. 영조 때(1752) 세웠다. 영조는 정치의 달인이었다. "소론이 일으킨 난은 소론이 토벌하라." 최지백의 충의는 이인좌의 난 때 의병을 일으켜 난을 평정하는 데 기여한 것이다. 정려비의 글을 지은 것은 이인좌의 난 때 난을 토벌하는 데 앞장선 소론 가문 출신 오수채. 글을 쓴 사람은 이인좌의 난 때 가문이 몰락한 소론 출신 이광사. 이인좌의 난을 토벌한 활약에 대해서 이인좌의 난으로 흥한 소론이 짓고, 같은 사건으로 몰락한 소론의 이광사가 썼다.

이광사는 어떤 마음으로 글을 썼을까? 비각 안으로 몸을 웅크리고 들어가 찬찬히 살펴본다. 곧게 그어 내린 획 하나가 없다. 가느다랗지만 꿈틀거린다. 골기가 느껴진다. 피를 찍어 써 내려간 듯, 비장한 결기가 느껴졌다. 이 글을 쓴 것은 그의 나이 48세 때다.

3년 후 이광사는 나주 괘서 사건에 연루되어 종신 유배형을 받는다. 그리고 23년간의 유배 끝에 전남 신지도에서 눈을 감는다. 그의 무덤은 현재 DMZ 내에 있다. 아무도 찾을 수 없는 곳. 통일이 되지 않는다면 그의 종신 유배는 끝나지 않는다.

추사 친필을 새긴 조기복 묘비

이광사의 글씨를 보았으니 이번에는 추사 김정희의 글씨도 보아야 한다. 파주 혜음령을 넘자마자 우측에 마을이 있다. 이 일대는 임천 조씨들의 선산이다. 마을 초입에 임천 조씨 재실, 경모재가 있다. 경모재를 바라보고 좌측 산길로 들었다. 산길 끝에 갑자기 너른 공터가 나타나더니 눈앞에 광활한 나대지가 펼쳐졌다. 이건 뭐지? 멍한 마음으로 한참을 둘러보았다. 이곳은 고려시대 '국립호텔'인 혜음원惠蔭院 터였다.

고려시대 개성에서 남경(지금의 서울)을 오가는 가장 중요한 도로인 혜음령 옆에 혜음원이라는 국립호텔 및 왕의 행궁을 만들었다고 한다. 역사서에서 그 존재를 알고는 있었으나 정확한 위치를 알지 못하던 차, 1999년 이곳에서 '혜음원'이란 글이 새겨진 기와를 발견하면서 발굴이 시작되었다고 한다. 지금은 발굴 작업이 끝났고 주차장이랑 정식 방문자 센터를 갖춘 상태인

고려시대 국립호텔 격인 '혜음원' 터.

데, 나는 아무것도 모르고 옆 산길을 타고 혜음원 상단부로 바로 들어간 것이었다.

혜음원이 답사의 목적지는 아니었고 추사 김정희의 글씨를 보러 가는 중이었다. 2022년 11월 추사박물관이 새로 입수한 사료를 분석하여 추사는 김정희의 호號가 아니고 자字라는 사실을 알렸다. 그래도 아직은 보담재寶覃齋 김정희라 말하면 낯서니 추사 김정희로 간다.

조기복의 묘비 뒷면.
추사 김정희의 글씨임을 새겼다.

조선 후기 임천 조씨 중 조기복(1773~1839)이라는 인물이 있었다. 과거 급제하고 여러 지방관을 역임했다. 이분이 추사 김정희와 먼 친척관계였다. 그래서 그의 묘비를 추사가 친필로 남겼다.

조기복의 묘비.
추사 김정희의 친필이다.

혜음원 터 주차장 동북쪽 구석에 작은 표지판이 있다. 그 표지판을 따라 길이 희미한 야산으로 올라가다 보면 조기복의 묘를 만난다. 바위 글씨를 보러 다니는 취미생활을 하면서 이런저런 좋은 구경도 많이 했지만 추사 친필의 묘비를 만나다니……. 심지어 살짝 만져 볼 수도 있다. 옆면에는 '척제 김정희戚弟 金正喜가 썼다'는 내용이 분명히 새겨져 있어 그 의미가 남다르다. 척제가 뭐지 하고 생각하다가 호가 많은 김정희의 또 다른 호인가 보다 했는데 척제는 먼 친척 동생이라는 뜻이었다. 무식은 면하기 정말 쉽지 않다.

몇 안 되는 조선시대 한글 비석, 이윤탁 영비

서울 노원구에는 한글비석로라는 도로가 있다. 상계동과 하계동을 가로지른다. 그냥 지어진 동네 이름은 없다. 무조건 사연이 있다. 여기에는 이윤탁과 그의 아들 이문건이 등장한다.

하계동 서라벌고등학교에서 도로를 건너면 시멘트 옹벽을 볼 수 있다. 계단을 따라 올라가면 이윤탁李允濯과 그의 부인 신씨의 묘가 있다. 이윤탁은 중종 대 외교문서를 담당하던 승문원의 관리였다.

좌측에 비석을 보호하고 있는 비각이 있고 우측에는 오석으로 만들어진 모조품 비석이 있다. 좌측에 있는 비각 안에 보고자 하는 이윤탁 한글 영비靈碑가 있다. 영비란 영험한 비석이란 뜻이다. 이 비석은 이윤탁의 아들 이문건이 세운 것이다. 이문건은 조광조의 제자였고 승정원 부승지까지 오른 인물이다. 나중에 을사사화에 얽혀, 성주로 귀양 가서 죽는다.

중종 대 외교문서를 관리하던 이윤탁의 비각.

1536년 중종 31년 이문건의 나이 43세에 아버지 묘비를 손수 쓰고 새겼다. 비석은 이수(비석 머리 장식)와 귀부가 없고 비신만 있는 단아한 형태다. 비석 좌측면을 보면 영비靈碑 두 자는 한자 해서체이고, 한글이 전서체 두 줄로 종서되어 있다. 한글 글자는 모두 30자이며 글자 크기는 가로 2센티미터, 세로 3센티미터로 훈민정음 반포 시의 글씨형을 보여 주고 있다.

내용은 "이 비석은 신령한 비석이다. 비석을 깨뜨리거나 해치는 사람은 재화를 입을 것이다. 이것은 글 모르는 사람에게 알리는 것이다"라고 당시의 훈민정음으로 기록하고 있다. 한자를 읽지 못하는 일반 백성에게 한글로 비석을 망가뜨리지 말라고 경고하고 있는 것이다. 아버지 묘를 지키고 싶은 대단한 효심으로, 당대에는 아무도 하지 않은 파격을 행하였다. 비석이 새겨진 1536년은 한글 반포 후 90년이 된 시점이다. 한글이 제법 빠르고 광범위하게 대중 사이로 파급되었음을 짐작할 수 있다. 사실 연산군 때 언문을 탄압한 것만 봐도 한글은 빠른 속도로 대중 속으로 스며들었음을 알 수 있다.

이 비석은 1925년 성주 이씨 후손들에게 그 존재가 확인되었고 이후 1968년 일반 대중에게 알려진다. 2007년에는 보물로 지정되었다. 최초로 발견된 한글 비석이자, 초창기 한글 연구에 중요한 자료이기 때문이다. 비석은 보존 상태가 참 좋다. 영비靈碑, 영험한 비석의 이름값을 톡톡히 했다.

이윤탁의 영비.
그의 아들 이문건이
한글로 쓰고 새겼다.

23 바위 글씨는 말이 없지만

기구한 인생이 있듯 바위 글씨에도 기구한 사연이 있는 것들이 있다. 원래 위치에서 옮겨지고, 부서지고, 다른 용도로 사용되는 그런 사연들. 그런데 얄궂게도 이런 게 재미있는 이야기가 된다.

묘 따로 신도비 따로 화산군 이연

소문이 자자했다. 귀부가 정말 크다고. 귀부는 거북 모양의 비석 받침이다. 옥개석도 엄청 세밀하고 아름답다고 했다. 옥개석은 비석 위 지붕 모양의 모자 같은 것이다. 가첨석이라고도 부른다. 이걸 만약 용이나 이무기 모양으로 만들면 이수라고 한다. 내가 거북이를 참 좋아하는데 귀부가 엄청 크다고 하니 가 봐야만 했다. 이슬비가 추적거리는 초여름에 우산 하나 들고 나섰다.

화산군 이연李㳷(1647~1702)은 선조의 열 번째 아들인 인성군의 손자다. 오위도총부 부총관을 지냈다. 효심이 깊은 것으로 널리 알려졌으며 왕실 행사에 향관으로 참여한 기록이 보인다. 그가 죽고 이곳, 북가좌동 언덕에 묻혔다. 그런데 그 무덤의 규모가 상당하여 이 동네를 능안 마을, 능안말이라 불렀다고 한다. 능은 임금의 무덤이다. 실제 능도 아닌데 그리 불렀다는 것이 그 규모를 짐작케 한다. 그리고 서울 주변이 개발되면서 왕실 무덤들은 변두리로 가야만 했다. 화산군의 묘도 경기도 여주로 이장을 했다. 그런데 신도비를 원래 자리에 두고 갔다. 이유는 아무도 모른다.

북가좌동 골목길을 구불구불 따라 올라가면서 충격을 받았다. 내가 어린 시절 살던 1980년대 신림동 골목이랑 비슷했다. 그리고 난데없이 교회 옆 작은 공터에서 마주친 화산군 이연 신도비. 일단 정말 크다. 이 큰 느낌을 사진에 담아 보려고 했는데, 쉽지 않다. 옮기기 어려워서 두고 갔나 보다라는 생각이 절로 들었다.

귀부부터 옥개석까지의 길이가 거의 6미터 정도라고 한다. 게다가 귀부가 어마어마했다. 귀부를 만든 화강암은 강화도에서 썰물 때를 기다려 꺼

북가좌동 골목길에 남아 있는 이연의 신도비(왼쪽)와 옥개석(오른쪽).

내 온 것이고 비신은 홍제천 바위에서 떼어 낸 것이라고 한다. 옥개석은 압록강에서 가져온 화강암으로 만들었다고 한다. 귀부의 용두는 여의주를 물고 고개를 들고 있으며 발톱은 사납게 날이 서 있는 모습이어서 마치 튀어 나올 듯한 긴장감을 주고 있다. 규모로 압도하지만 세밀한 디테일 또한 으뜸이다. 옥개석의 모양도 수준급이다. 한옥 지붕 모양에 이무기를 새겨 놓았는데 추녀를 기가 막히게 묘사하였다.

사실 난 비신의 글에 더 관심을 두는 편인데, 화산군 이연 신도비 답사에선 글은 뒷전이었고 전체적 모양만 감상하다가 왔다. 1989년 《조선일보》 기사를 보면, 이 신도비 주변에 넓은 공터가 있어서 마을 사람들이 쉬어 가는 작은 공원 역할을 했는데 그 땅이 사유지가 되면서 상가 건물이 바로 옆으로 들어섰다고 한다. 집에 오는 길에 보니 이 동네 길 이름이 거북골이다. 거대한 귀부에서 유래한 이름일 것이다.

효자동의 유래가 된 조선 명문가의 흔적, 운강대

경복고등학교는 과거, 경기고와 더불어 최고의 명문 고등학교였다. 경복고등학교 교내 정원에는 겸재 정선의 집터가 있었다는 기념비가 있다. 이걸 어찌 고증했는지는 모르겠다.

선조 때, 승지를 지낸 운강雲江 조원趙瑗(1544~1595)이란 사람이 있었다. 그의 아버지 때부터 이 경복고등학교 주변에 터를 잡고 살았고 3대에 걸쳐 과거 급제자가 나온 당대의 명문가였다. 조원은 임진왜란 때 선조를 모시고 몽진을 가게 되고 그의 아들들은 어머니를 모시고 피란을 떠났다고 한다. 피란길에 왜병들에게 어머니가 해를 입는 것을 막다가 첫째와 둘째가

조원의 집터에 새겨진 '운강대.'

죽었다. 전쟁 후 조정에서는 '쌍홍문雙紅門'이라는 두 개의 정려문旌閭門을 세워 이들 효자의 효심을 기렸다. 《동국여지비고》에 따르면 "이 두 사람으로 인해 마을을 '쌍효자 거리'라고 부른다"고 하였고 그것이 효자동의 유래가 되었다. 배우 송강호가 주연한 〈효자동 이발사〉라는 영화의 효자동이 바로 이 효자동이다. 효자동은 경복고등학교보다 한 블록 남쪽이다.

경복고등학교 정문을 들어가서, 20미터 앞에 보이는 화단에 작은 바위가 있고 그곳에 조원의 손자 조석형의 글씨로 알려진 '운강대雲江臺'라는 바위 글씨가 있다. 운강 조원의 후손들이 자기들 터전이 이 주변인 것을 알리기 위해 새겼을 것이다.

운강 조원의 첩 이옥봉은 조선을 대표하는 여류 시인이다. 어린 시절부터 글재주가 뛰어났지만, 옥봉은 양반 가문의 서녀였다. 옥봉은 어차피 서녀의 신분으로 첩살이를 해야 한다면 남자는 자기가 고르겠다고 했다. 그리고 당대 젊은 사대부 중 문장이 아름답기로 이름난 조원을 고른다. 조원은 삼척 부사로 부임했는데 아마도 옥봉은 이때 조원을 따라 삼척에서 살았던 듯하다.

그런데 옥봉의 글솜씨가 너무 뛰어난 나머지 예상치 못한 사건이 벌어진다. 그녀가 써 준 시 한 편이 관가의 사법 판결에 영향을 미치는 필화 사건으로 번졌고 이로 인해 남편 조원의 화를 사는 바람에 친정으로 내쳐진다. 쫓겨난 옥봉은 이후에도 수없이 용서를 구하는 편지와 시를 보낸 듯하다. 하지만 조원은 냉혹하게도 옥봉을 받아들이지 않았다.

이때 그녀가 지은 가슴 절절한 시가 〈몽혼夢魂〉이다. 내가 가장 좋아하는 한시다.

요사이 안부를 묻노니 어떠하신지요?	近來安否問如何
달 밝은 창가에서 이내 몸 한이 많습니다	月白紗窓妾恨多
꿈속 넋으로 하여금 자취를 남기게 한다면	若使夢魂行有跡
문앞의 돌길 이미 모래가 되었을 것을	門前石路已成沙

꿈속의 넋이 얼마나 많이 오갔으면 문앞의 돌이 모래가 다 되었을까. 사랑하는 사람에게 외면당하고도 그리워하는 마음이 참……. 결국 옥봉은 임진왜란 중에 사망하고 만다.

앞서 혜음원 터에서 추사 김정희 글씨로 쓴 조기복 묘표를 소개했다. 조기복 묘에서 멀지 않은 곳에 운강 조원의 묘도 있다. 후손들이 조원 묘 근처

조원의 묘소(왼쪽).
최근 조성된 이옥봉 가묘의 묘표(오른쪽). 조원 묘소 근처에 있다.

에 옥봉의 가묘를 만들어 두었다. 그녀에게 작은 위로가 되기를 바란다.

엉뚱한 곳으로 옮겨진 연령군 신도비

연령군延齡君(1699~1719)은 숙종의 여섯째 아들이다. 어머니는 명빈 박씨다. 아버지 숙종의 지극한 사랑을 받았다고 한다. 하지만 나이 스물하나에 죽는다. 숙종은 크게 상심하였고 제문과 묘지문을 손수 지어, 먼저 떠난 아들을 배웅한다. 숙종이 지극히 아꼈기 때문에 오래만 살았다면 연잉군(훗날의 영조) 대신 왕위에 올랐을 수도 있겠다. 후사가 없어 사도세자의 아들 은신군이 봉사

연령군의 신도비가 있던 자리에 새겨진 비석(위).
대방초등학교 담벼락에 묻혀 있다. '숙종왕자연령군휜묘비지'라는 글씨가 또렷하다(아래).

손이 되어 제사를 모셨다고 한다.

　연령군은 흥선대원군 라인에서 제사를 모시고 있다. 그의 묘는 대방동에 있었는데 1940년 경성지구 구획정리 진행으로 흥선대원군의 아버지 남연군(즉, 연령군의 양증손자)의 묘가 있는 충남 예산으로 옮겨 갔다고 한다. 그런데 화산군 때와 마찬가지로 신도비는 이 지역에 두고 갔다고 한다. 그러다 신도비는 1967년에 육군사관학교 교내로 이전되었다. 신도비가 떠나는 것이 아쉬웠던 대방동 주민들이 '숙종왕자연령군훤묘비지肅宗王子延齡君昍墓碑趾'라는 비석을 새겨서 신도비 자리에 새로 만들어진 대방초등학교 담벼락에 묻어 버렸다. 이런 이야기, 정말 좋다. 여러 시간의 층위들이 엉키면서 묘하고도 신비한 이야기를 빚어 내는 장소.

　주민들이 왜 이런 신박한 방식을 선택했는지에 대해서 고민해 보았다. 조악한 기념 비석을 만들고 보니 근처에 세워 두어도 파손이나 철거되는 것은 시간문제일 듯해 보이고, 에라 모르겠다, 학교 담벼락에 묻어 버리자. 뭐 이런 게 아니었을까? 대한민국은 다른 건 몰라도, 아이들 공부하는 학교만큼은 건드리지 않는 나라이니.

　자, 그럼 글을 완성하기 위해 신도비가 이사 간 육군사관학교 내에 있는 청헌당에 가 보아야 한다. 하지만 육사 안으로 들어가는 게 여간 까다로운 것이 아니다. 가이드 투어를 시행하긴 하는데, 주중에만 하고 있다. 나처럼 직장 다니는 사람은 그 시간에 갈 수가 없다. 그래서 육군사관학교에 전화를 했다. 주말에 잠깐 들어가서 30분만 보고 가겠다고. 당연히 거절. "저, 혹시 제가 육군 대위 출신인데도 안 될까요? 군 신분증 아직도 가지고 있습니다." 수화기 너머의 군인 아저씨는 당황한 듯 잠시 정적이 흘렀다.

　한 가지 의문점은, 1940년에 연령군의 묘가 이장되었고 1967년에 신도비가 이전되었다. 그런데 왜 신도비는 충남 예산으로 가지 않고 육군사관학교 청헌당으로 갔을까? 청헌당은 흥선대원군 시기의 삼군부라는 군사기관의 청사로 쓰이던 건물로 지금의 서울시 청사 자리에 있었다. 즉 이 청헌당이 원래 자리에서 육군사관학교로 옮겨진 것은 그 건물의 상징성 때문일 것이다. 그런데 왜 연령군 신도비까지? 아무 접점이 없는 연령군 신도비가 육군사관학교 교내에 있는 게 영 이상하다. 하루빨리 주인 묘소로 돌아갔으면 한다. 주말 방문을 거절당해서 삐쳐서 하는 말은 아니다.

살아서 기구했고 죽어서 더 기구한 왕족 은언군

은언군恩彦君 이인李䄄(1755~1801)은 사도세자와 숙빈 임씨 사이에서 태어났다. 사도세자의 3남이자 정조의 이복 동생이다. 숙빈 임씨는 궁녀였다. 영조는 가뜩이나 미운 사도세자가 공부는 안 하고 궁녀를 임신시킨 것에 가혹할 정도로 질책했다. 영조 본인도 숙종과 무수리 사이에서 태어났으면서. 영조는 적손자 정조를 곁에 두고 무척이나 아낀 반면, 은언군과 그의 동복 동생 은신군에게는 냉랭하게 대했다.

임오화변으로 사도세자가 죽고, 은언군과 은신군은 궁 밖으로 나가 살게 된다. 왕족이었으나 삶이 팍팍했나 보다. 혜경궁 홍씨의 친정아버지인 홍봉한에게 생활비를 지원받았다고 한다. 즉, 아버지는 죽고, 친어머니는 힘이 없고, 큰(?)어머니의 친정에 손 벌리고 살았다는 말이다. 이후 은언군과 은신군이 시장 상인들에게 많은 빚을 졌다는 사실이 영조 귀에 들어가 둘은 제주도로 귀양을 가게 된다. 제주에서 은신군은 죽고 이후 은언군만 한성으로 돌아온다.

영조가 죽고 정조가 즉위했다. 배다른 형님이지만 형이 왕이 된 것이다.

게다가 정조는 은언군을 아꼈다. 은언군이 자잘하게 사고를 쳐도 다 덮어 주었다. 그러던 와중 대형 사고가 터진다. 은언군의 아들 상계군과 홍국영이 역모 혐의에 휩싸인 대형 옥사가 벌어진 것이다. 은언군과 상계군은 작위를 몰수당하고 유배 가게 되고, 상계군은 유배지에서 자살한다. 대신들은 은언군을 죽이라고 끊임없이 청했지만, 정조는 동생을 죽일 수 없다고 단식으로 맞섰다.

정조의 단식 덕에 사형이 귀양으로 감해지고 또 제주도로 귀양지가 결정되는데, 정조가 이를 진도로 바꾸었다가 다시 강화도로 바꿔 준다. 이후 신하들이 끊임없이 죽이라고 청을 해도 정조는 끝까지 막았다. 이렇게 은언군은 강화도에서 살아가게 된다. 혹자는 정조가 은언군을 이토록 싸고돈 것은 사도세자에 대한 효심을 보여 주기 위한 정치적 쇼였다고 말하기도 한다. 하지만 이는 과도한 해석으로 보인다. 사도세자 아들 중에 자기 말고 딱 하나 남은 동생 은언군에 대해 어찌 측은지심이 없었겠는가.

정조가 죽고 순조가 즉위하자 처지가 달라졌다. 신유박해! 조선 왕조 최초의 천주교 대형 박해가 터졌다. 천주교에 대해 관대한 정책을 펴던 정조가 죽자 대신들은 돌변하여 어마어마한 피바람을 일으킨다. 은언군이랑 이게 무슨 상관일까? 은언군이랑 아들들이 강화도에서 귀양살이를 하는 동안 은언군의 처와 며느리(자살한 상계군의 처)는 현 종로구 견지동의 양제궁(영조가 마련해 준 처소)에 유폐되어 살고 있었는데 이때 비밀리에 세례를 받고 천주교 신자가 되었다. 조선 왕실 최초의 천주교 신자다. 신유박해 때 은언군과 두 여인은 사약을 받고 죽는다. 아니, 순교했다.

자, 여기까지 왕족이었으나 기구하게 살다 간 한 남자, 은언군의 이야기다. 조선시대에 이 정도 비운의 왕족은 헤아릴 수 없이 많다. 그런데 은언군은 화려하게 부활한다. 강화도령 철종을 통해. 은언군과 첩 사이에서 태어난 이광(9남)이 있었고 이광의 셋째 아들이 이원범이다(서자였다). 이원범은 훗날 철종이 된다. 즉, 사약을 받고 죽은 은언군의 손자가 철종이다.

헌종이 후사 없이 죽자 조선 왕실은 족보를 뒤져 간신히 찾은 이원범을 왕에 올린다. 헌종과 철종은 7촌간이다. 게다가 철종도 서자, 아버지도 서자, 할아버지 은언군도 서자. 심지어 철종과 그의 아버지는 왕족이면서도 군호도 없이 살았다. 철종은 즉위 전날에야 부랴부랴 덕완군이라는 군호를 받기는 했다.

왕가의 한미한 핏줄이 왕으로 즉위했으니 족보 세탁이 필요했다. 조선에서는 종종 있던 일이다. 우선 기록에서 은언군과 상계군의 역모 관련 사실을 대거 지웠다. 그리고 아버지는 전계대원군으로 추증된다. 이어 쓸쓸히 죽은 은언군의 묘를 크고 화려하게 다시 만들어 준다.

서론이 길었다. 이번 이야기는 은언군의 묘에 관련된 이야기다. 서울 은평구에는 이말산이라는 야트막한 산이 있다. 이곳에는 조선시대 왕가의 무덤과 후궁, 상궁들의 무덤들이 여럿 있다. 이 이말산 주변에 제각 마을이라는 마을이 있다. 제각 마을, 제각말. 제각은 제사를 지내는 집이다. 이 은평구 제각말이 은언군 묘의 제사를 지내는 제각에서 비롯된 지명이다. 즉 마을의 이름이 될 정도로, 철종은 즉위하자마자 할아버지를 위해 으리으리한 묘소를 조성한 것이다. 철종 2년에는 철종 본인이 이말산의 은언군 묘에 찾아온 기록도 있다. 그런데 지명은 제각말인데 이곳에 은언군의 묘는 존재하지 않는다. 여러 설이 있는데 한국전쟁 때 이곳이 격전지여서 포화 속에서 유실되었다는 설과 주변 지역 개발로 묘지는 파헤쳐지고 유골은 화장했다는 설이 있다.

이말산을 기준으로 동쪽에 은평 한옥역사박물관이 있다. 박물관 마당에 여러 비석이 서 있다. 그 여러 비석 중 우리는 가장 북쪽 가장자리에 있는 비석을 볼 것이다. '은언군묘소자내사패금표恩彦君墓所字內賜牌禁標'라 새겨져 있다. 풀이해 보면 이곳은 은언군의 묘소로 자내字內에 포함되는 곳이자 사패지이기에 어떠한 행위도 금지한다는 뜻이다. 사패지란 왕이 내린 토지다. 금표는 출입금지 푯말 같은 것이다.

합정동 천주교 절두산 성지에 가 보면 작은 공원이 조성되어 있다.

공원 안쪽에는 은언군과 그의 부인 송씨(송마리아)의 묘비가 있다. 그런데 묘비의 가첨석(지붕 모양의 묘비 모자)이 보이지 않는다. 천주교 측 안내문에서는 은언군과 송마리아가 천주교 신자라 신유박해 때 사사되었다고 설명했으나, 엄밀히 말하면 송마리아가 순교했다는 소식을 듣고 은언군이 유배지를 탈출하다가 잡혀 죽은 것이다. 여기까지 보면 이말산 근처에 있던 묘소는 없어졌고 금표는 이말산 근처 박물관 마당에, 묘비는 한강 변 천주교 공간에 와 있다. 유실된 묘역이니 나머지 살아남은 석재들이야 이곳저곳으로 흩어졌나 보다 생각할 수 있다.

한옥역사박물관 마당에 서 있는 은언군 금표.

그런데 미스터리한 일이 일어났다. 다시 은평구로 가 보자. 이번에는 이말산의 서쪽이다. 금표로부터 직선거리로 2킬로미터가량 떨어진 곳이다. 여기에 흥창사라는 절이 있다. 1967년에 세워졌다는 이 사찰은 규모가 매우 작은데, 지금은 큰길에 바로 붙어 있으나 은평 뉴타운 개발 전에는 야산 안쪽에 있었다. 그리고 절의 대웅전 좌측에 보면 개창주(돈을 내어 절을 세운 신도)의 송덕비가 서 있다. 송덕비 앞면에는 개창주 부부의 이름과 생년월일이 적혀 있다. 그리고 이 절 뒤편으로 가면 산으로 올라가는 등산로가 있고 그 끝에는 이 개창주 부부의 무덤이 있다고 한다.

그런데 어느 날, 이 절에 온 사람이 이 송덕비 뒷면을 무심코 보다가 검정 페인트와 콜타르가 벗겨진 곳에 촘촘히 새겨진 한자들을 발견했고 그중 은언군恩彦君이라는 세 글자를 발견한다. 개창주 부부의 송덕비 뒷면에 새겨진 은언군. 그러고 보니 이 절 뒤에 있다던 개창주 부부 무덤에 있는 석물(동물 모양, 문인석 등)들이 그 규모나 양식이 예사롭지 않다는 것을 알게 되었다.

홍창사 개창주 송덕비
(은언군 신도비).

이 개창주 송덕비가 은언군의 신도비였다. 은언군 신도비 앞면에 검정 콜타르를 칠해서 평평하게 만들고 그 뒷면에 개창주 부부의 이름을 새긴 것이다.

절두산 성지 안에 있는
은언군 묘표.

그럼 부부의 무덤에 있는 과도한 석물들은? 당연히 은언군 묘에 있던 석물들이다. 게다가 이 송덕비 위에 얹어 놓은 가첨석이 뭔가 어색하다. 중심이 잘 안 맞는다고 할까. 어떤 답사가는 이 가첨석이 원래 이 비석 위에 있는 게 아니라 아까 본 절두산 순교성지의 묘비 위에 있었던 것이라고 추측한다. 나도 어느 정도 동의한다.

현재 홍창사 뒤 개창주 부부의 무덤으로 올라가는 등산로는 펜스로 막혀 있고 들어오면 고소

하겠다는 살벌한 경고문이 있다. 그래서 나는 이 무덤까지는 가 보지 못했고, 이전 답사가들이 올린 글을 통해서 보기만 했다. 흥창사의 은언군 신도비를 답사하고 온 후기들을 검색해 보니 비석이 이렇게 재활용되고 있는 현실에 대해서 다들 안타까워한다. 나 역시 안타까움을 금할 수 없다. 그런데, 일부 글에서 이 개창주 부부의 몰지각함을 탓하는 뉘앙스의 글을 읽게 되었다. 나는 이건 아니라고 생각한다. 그런 글들은 마치 이 개창주 부부가 이말산에 있는 비석과 석물들을 자기들 마음대로 가져와 사유화했다고 생각하는 것 같다. 하지만 사찰 하나를 지을 만큼 재력이 있는 사람들이 자기 비석 돌 사는 게 아까워서 남의 무덤 비석을 가져다 쓰지는 않았을 것이다. 나의 추측은 은언군 묘의 법적 소유자가 부부에게 팔았다고 본다. 천주교 역시 같은 방식으로 묘비를 입수하지 않았을까 생각한다. 전주 이씨들이 저 비석을 그냥 두고 볼 수밖에 없는 것은, 아마도 합법적으로 가져간 흔적(문서?)이 있기 때문일 것이다.

　은언군의 신산한 삶은 그의 손자의 왕위 등극으로 어느 정도 위로가 되었을 법도 하나 지금 그의 묘는 온데간데없고 묘비는 합정동에, 금표는 박물관, 신도비는 다른 사람의 비석으로 재활용되는 수모를 겪고 있다.

　한편, 은언군 동생 은신군은 어떻게 되었을까? 상인들에게 빚지고 제주도에 같이 유배 갔다가 먼저 죽은 은신군. 은신군은 더욱 화려하게 부활한다. 은신군의 아들이 남연군이고 남연군의 아들이 흥선대원군이다. 즉 은언군의 손자인 철종이 후사 없이 죽자 그 뒤를 고종이 잇게 되는데 고종의 증조할아버지가 은신군이다. 헌종과 철종이 7촌간이라고 했었다. 철종과 고종은 17촌이다.

이상도 하다, 장충단공원의
'제일강산태평세계비'

장충단공원은 신라호텔 맞은편에 있다. 1900년 고종은 을미사변 때 순국한 홍계훈 이하 여러 장병과 임오군란·갑신정변의 희생자들을 제사 지내는 단壇을 설치하도록 하였다. 이에 남소영南小營이 있던 위치에 단을 설치하였고, 고종이 장충단이라 명명하고 매년 제사를 지내게 했다. 장충단비는 당시 황태자였던 순종 황제가 쓴 것이고 뒷면의 비문은 민영환의 글이다. 그리고 장충단비 뒤에 장명등 두 개가 서 있고 그 사이에 옥개석을 쓴 비석이 하나 있다. 가까이 가서 보니 '제일강산태평세계비第一江山太平世界碑'라고 쓰여 있다. 이 비석은 1963년 배성관이라는 사람이 세운 비석이다. 이건 뭔데

순종이 쓴 장충단비. 뒷면은 민영환의 글이다.

여기 있지 싶었다.

배성관이란 인물의 신문 기사를 따라가 보자. 1935년 7월 11일 자 《조선일보》의 〈전매 유랑의 신세 벗은 신라시대 유물 사리탑〉 기사다.

'제일강산태평세계' 비석. 옥개석은 다소 격이 떨어져 보인다.

> 해외로 팔리게 되었던 신라시대의 석탑이 총독부의 고적보존령의 발동으로 겨우 조선 안에 머물러 있게 되었다. 남대문에서 고물상을 하는 배성관은 지난달 김성배의 중개로 충북 괴산군 칠성면 외사리의 김준형으로부터 높이가 열두 척인 웅대하고 우아한 신라시대의 사리탑 한 개를 350원으로 사서 이것을 수일 전 부내 황금정 2정목 타케우치竹內 모에게 2,700원에 전매를 하였는데 타케우치 모 씨는 이것을 고가로 일본 내지나 중국 방면에 팔려던 것이다. 이것을 탐지한 총독부 사회과에서는 경기도와 충북 경찰부와 연락하여 이 탑의 정확한 원소재지와 그 소유권, 또 원소재지의 유적상과 반출 연월일 등을 자세히 조사하는 중. 총독부 사회과 최崔 속屬(일제시대 하급 보조 문관)과 아리미츠 사와有光澤 속 등이 본정서本町署 니시자키西崎 보안주임과 같이 현장 사리탑을 조사한 후 다른 곳에 옮기지 못하게 명령하는 동시에 탑을 보물로 지정하고 해외로 나가지 못하게 되었다. 그리하여 상품으로 이리저리 매매되던 석탑은 보물 고적 명승 천연기념물 보존령에 의하여 보존하게 되었다.……총독부에서는 금후 이러한 성질의 사건에 대해서는 고적의 보존상 경찰과 협력하여 엄벌주의로 나갈 것이라 한다.

1935년 7월 11일 자《동아일보》"모리배 마수에 걸린 고보, 이송 중 정지 명령, 350원에 사서 3,000원에 팔아" 기사도 이와 동일한 내용이다.

배성관은 일제강점기에 잘나가던 골동품상이었다. 남대문 근처에 가게가 있었고 꽤나 수완이 좋아서 돈을 많이 벌었다고 한다. 뭐 350원에 사서 3,000원에 파는 수완이면 할 말 다했다. 배성관이 일본 사람에게 넘긴 충북 괴산 외사리 사리탑은 그 뒤 어찌되었을까? 간송 전형필이 총독부랑 소송을 벌여 승소해서 가져갔고, 지금 간송미술관 마당에 있다고 한다.

배성관에게는 6남매가 있었는데, 한국전쟁 때 6남매는 한 건물에 숨어 있다가 포격을 맞고 모두 죽어 버렸다. 1960년대에 들어 나이 80세를 바라보면서 그는 주변에 많은 기부와 기증을 하기 시작한다.

> 봉원사의 대석불 높이 18척 5촌의 여래입상. 서대문구 봉원동 연세대 뒷산에 아담하게 자리 잡은 봉원사에 우리 사찰 사상 200년 만에 처음 보는 대석불이 세워졌다.……원래 1959년 4월 배성관이라는 골동품상 노인이 시주가 되어 시공된 것인데 노인은 6·25 때 6남매를 폭격으로 한 번에 잃어 세속을 등지고 봉원사에 여생을 의탁……1,000만 환의 총 공사비……《조선일보》1962년 6월 17일 자).

특히 육군사관학교 박물관에 상당수의 군사유물을 기증했다. 그리고 그 와중에 본인이 소유하고 있던 연령군 신도비도 같이 기부한다. 신도비가 육사로 간 이유이다. 앞서 연령군 이야기에서의 궁금증이 풀리는 순간이다. 열심히 찾아다니다 보면, 이런 식으로 다른 곳에서 궁금증에 대한 답을 얻는 경우가 있다.

그리고 1963년 어떤 경로와 이유로 그랬는지는 모르겠지만 그는 이곳 장충단공원에 '제일강산태평세계비'를 세운다. 그가 바랐던 이상향 같은 거였을까? 아니면 지난날, 부끄러운 과거에 대한 사죄였을까?

24 어처구니없는 바위 글씨들

바위 글씨에 숨어 있는 이야기들 모두가 재미있지는 않다. 아니 어떤 경우에는 화가 나고 분통이 터지기도 한다. 그런 이야기를 들려주려고 한다.

명나라 장수를 기리는 '양호거사비'

양호楊鎬(?~1629)는 정유재란 때 명나라 신종이 보낸 5만의 원군을 이끈 장수다. 자잘한 무공을 세웠으나 부하의 모함으로 중도 귀국하게 되고, 정유재란은 도요토미 히데요시가 죽으면서 끝난다.

무슨 까닭인지는 모르겠으나 조선은 양호가 사무치게 고마웠나 보다. 그리하여 '양호 님이 와 주셔서 너무 감사하다'는 양호거사비楊鎬去思碑를 선조 31년(1598), 광해군 2년(1610), 영조 40년(1764), 헌종 1년(1835), 네 차례에 걸쳐 건립한다. 명지대학교 교내에 있는 것은 선조 때, 대신고등학교 화단에 있는 것은 헌종 때 만들어진 것이다. 선조는 선무사宣武祠라는 사당도 지어 명나라 병부상서 형개邢玠와 양호를 모신다.

그런데 이게 생사당이다. 살아 있는 사람을 모신 사당, 생사당. 형개와 양호의 초상화를 모셨다고 하며, 양호의 초상화를 구하지 못해 전전긍긍하는 조정 대신들의 모습이 《조선왕조실록》에 나와 있다. 선무사는 중구에 있었다는데, 일제강점기 때 없어진다. 이후 그 자리에 명지대학교가 들어왔고, 현재의 서대문구로 이전하면서 양호거사비를 같이 가지고 왔다. 선조 시대 양호거사비가 서대문구 명지대학교 교내에 있게 된 내력이다.

헌종 때 건립된 양호거사비는 모화관慕華館 옆 언덕에 세웠다고 한다. 모화관은 청의 사신들을 맞이하는 장소였고 현재의 독립문 자리이다. 독립문에서 약 300미터 떨어진 곳에 있는 대신고등학교 공사를 하다가 땅 속에서 비석을 발견하였다고 한다. 양호는 명의 무관이었고 본인에게 주어진 임무를 수행하고 돌아갔다. 이후 명나라에서 요동 쪽에서 장수로 역할을 이어 간다. 모든 직장인처럼 자신의 일을 한 것이다. 그런데 조선은 생사당을 지어 주고 비석을 세워 기렸다. 조선에서 본인의 초상화를 구하고 있다는 소식을 분명히 들었을 것이다. 양호는 무슨 생각을 했을까?

명지대학교 안에 있는 양호거사비.
서울시 유형문화재이다.

명지대학교 내 양호거사비는 서울시 유형문화재로 지정되었다. 그래서 안내문도 있다. 비문은 "흠차경리조선도어사양공거사비欽差經理朝鮮都御史楊公去思碑"로 시작한다. 그래서 양호거사비라는 이름이 생긴 것이다. 그런데 비석을 보러 들어가는 통로가 없다. 비석을 보려면 축대를 기어올라서, 나무 울타리를 뚫고 들어가야 한다. 이렇게 관리할 거면 학교 이전할 때 두고 올 것이지…….

대신고등학교 화단에 있는 양호거사비는 관리 상태가 엉망이다. 문화재로 지정되지도 않아서 안내문도 없고 벽에 바싹 붙어 있어 뒷면을 볼 수가 없다. 이수와 비대석 없이 비신만 우뚝 서 있는데도 크기가 상당하다.

서울 대신고등학교 화단에 있는 양호거사비. 관리 상태가 엉망이다.

어처구니없는 사대의 흔적, '조종암'

조선시대 묘비를 많이 본다. '유명조선有明朝鮮', '명나라의 제후국 조선'이라는 뜻이다. 그런데 많은 비석에 이게 새겨져 있다. 그리고 어김없이 따라오는 말 '숭정崇禎.' 숭정은 명나라 마지막 황제의 연호다. 조선은 중국의 연호를 써야 했다. 사도세자의 묘지에 '숭정 기원 후 135년 임오 7월崇禎紀元後百三十五年壬午七月'이라 새겨져 있다. 사도세자의 시대는 중국의 청나라 시대에 해당한다. 게다가 숭정제가 죽고 100년이 넘게 흘렀는데도 아직도 그의 연호를 쓰고 있다. 조선이 이랬다. 망해 버려 존재하지 않는 나라에 대한 의리를 내세우며 그 황제의 연호를 100년 넘게 쓰는 나라.

경기도 가평의 옛 이름은 조종현朝宗縣이다. 조종朝宗은 제후諸侯가 천자天子를 알현한다는 뜻. 가평에는 조종천朝宗川이 있다. 우리나라 대부분의 강은 동에서 서로 흐른다. 그런데 조종천은 서에서 동으로 흐른다고 한다. 그 조종천 변에 조종암朝宗巖이 있다. 병자호란 때 청나라에 굴복한 비참함과 명나라에 대한 그리움으로 몇몇 선비들이 이곳 바위들에 22자를 새겼다. 숙종 10년(1684)에 벌어진 일이다.

위에서부터 보자. '조종암朝宗巖(제후가 천자를 만나는 바위) 사무사思無邪(생각에 사특함이 없음)', 숭정제의 친필이라고 한다. '만절필동 재조번방萬折必東 再造蕃邦(황하가 일만 번 굽어진다 해도 반드시 동쪽으로 흐른다. 명나라 덕분에

병자호란 당시 명나라에 대한 그리움으로 몇몇 선비들이 바위 글씨를 새겼다. 위부터 시계 방향으로 조종암(제후가 천자를 만나는 바위), 일모도원 지통재심, 만절필통 재조번방, 사무사이다.

일본을 물리치고 나라를 다시 만들었다)', 선조의 글씨. '일모도원 지통재심日暮道遠 至痛在心(해는 저물고 갈 길은 먼데 지극한 아픔이 마음속에 있네)', 송시열이 쓴 효종의 글. 나라가 청나라에 털리고, 백성이 수탈을 당한 게 억울한 것인지 명나라가 망한 게 억울한 것인지…….

명이 멸망한 지 1주갑(60년)이 되던 해(1704), 우암 송시열이 충청도 화양계곡에 만동묘를 세운다. 만동묘는 만절필동의 줄임말이다. 여기서 명나라 신종(임진왜란 때 원군을 파병해 준 황제), 의종(마지막 황제, 숭정제)의 제사를 지냈다. 훗날 흥선대원군이 철폐한 그 만동묘다. 고종이 나중에 부활시켜 유림이 제사를 이어 갔고 조선총독부가 다시 철폐했다고 한다. 같은 해 (1704) 숙종은 창덕궁의 가장 은밀한 곳에 대보단을 세우고 명나라 신종·의종에 태조(주원장)까지 더해서 제사를 지낸다. 그리고 그 제사는 고종 때까지 이어졌다.

만절필동은 '곡절이 있어도 될 일은 반드시 이루어진다'라는 뜻으로 볼 수도 있겠으나 명나라에 대한 사대주의의 대명사가 된 말이다. 사랑과 그리움을 가득 담은 충성 맹세다. 《조선왕조실록》을 검색해도 모두 그러한 용례로 쓰였다. 사대주의는 외교 용어이다.

후손들도 잊고 지내는 동암 이발

2021년부터 주의 깊게 살피는 뉴스가 있다. 전라남도 담양군의 송강고등학교 사태. 송강고는 전라남도 담양에 78억 원을 투입하여 신설한 민관협업형 공립 대안학교로 2021년 개교했다. 학교명은 2020년 공모를 통해 결정했다.

논란은 학교명을 두고 벌어졌다. 전라남도 문화재위원, 전라도 유림, 광산 이씨를 비롯해 나주 나씨, 문화 류씨, 고성 정씨, 전주 이씨, 창영 조씨 종친회 등이 들고일어나 '송강'이라는 교명을 반대했기 때문이다. 이들은 "송강 정철이 기축옥사 때 위관을 맡아 호남의 인재 1,000명을 모반 혐의로 처형한 적이 있다"며 "정철의 호 송강松江을 따 공립 대안학교 명칭을 부여한 것은 잘못됐다"고 주장했다. 이에 대해 전남도교육청은 송강이란 학교 명칭은 송강 정철의 호와는 관계 없다고 밝혔다. 도교육청 관계자는 "송강고등학교 명칭에서 '송강'은 정철의 호가 아닌 학교가 들어설 인근 하천 이름을 딴 것"이라며 "담양군의 군민 여론조사에서도 송강이란 명칭 선호도가 높아 선정했다"고 해명했다.

학교는 겁쟁이 행보를 한다. 일단 개교 시 학교명 현판을 붙이지 않고 개교를 했고, 이후 눈치를 슬슬 보다가 2022년 7월 교명을 솔가람교로 바꾼다. '송강'을 반대했던 세력은 다시 눈이 뒤집힌다. "송강고등학교에서 '솔가람고등학교'로 바뀐다는데 솔가람의 문학적 해석은 '솔=소나무', '가람=강'을 의미한다"면서 "결국 송강고등학교 교명 변경은 송강의 굴레를 못 벗어나는 속임수 개명으로 보인다"며 거세게 반발한다.

난감해진 송강고는 2022년 7월 13일 주민설명회를 연다. 교명 변경 과정을 주민들에게 설명하고 수용 가능한 의견을 적극 검토하려는 목적이었으나 430년 전 기축옥사의 대표적 피해자인 동암 이발李潑(1544~1589)의 후손과 가해자 송강 정철의 후손들이 등판하면서 송강고 강당은 아수라장으로 변했다(동암 이발은 정철의 수염을 뽑았고 정철은 이발에게 침을 뱉은 적이 있다).

먼저 포문을 연 건 송강 정철의 후손들이었다. PPT를 띄웠는데 제목이 '송강 정철 동인들의 함정에 빠지다'였다. 세상에! 조금 조심스러웠다면 더 좋았으련만, 시작부터 도발을 했다. 후손 중 정은주 초당문화예술재단 원장은 "정철이 기축옥사 때 전라도인을 1,000명 넘게 죽였다는 내용은 터무니없고 '사자 명예훼손'이나 다름없다"면서 "그동안 송강 정철에 대한 역사적 왜곡과 폄훼 등이 많았다. 이제는 후손으로서 더 이상 좌시할 수 없다. 잘못된 내용으로 조상의 명예를 실추시키는 일이 발생한다면 법적 소송도 마다하지 않겠다"고 말했다(정철의 피는 아직도 저 집안에 도도히 흐르고 있다).

동암 이발의 후손인 광산 이씨 총무이사는 "추호도 송강에 대한 나쁜 감정의 발로에서 학교 명칭을 문제삼는 것은 아니다"며 "역사적으로 송강은 문학적 재능이 높게 평가된 반면, 정치인으로서는 부정적인 측면이 있다는 점을 고려하면 그의 호인 '송강'을 전남 1호 공립 대안학교의 명칭으로 사용하는 것은 부적절해 개명을 요청했는데, 변경될 교명이 결국 송강의 굴레를 못 벗어나는 속임수 개명으로 개탄스러운 일이다"라고 성토했다. 여기까지가 2022년 7월의 이야기다.

그리고 2023년 5월 24일 나온 뉴스. "(정철은) 선조의 하수인으로 사리사욕에 매몰돼 당리당략과 개인적인 감정 때문에 어려움에 처한 자신을 키워주고 출세하도록 도와 준 호남을 배신한 사람이다"며 "기축사화 이후 호남은 벼슬길 등용이 제한됐으며 지금까지 지역 차별의 역사적 뿌리로 작용하고 있다."

으이구, 해결은 요원하다.

광명 구름산으로 간다. 산 이름이 참 이쁘다. KTX 광명역 바로 옆에 있는 산이다. 이 산 아랫마을에는 오리 이원익 대감의 흔적이 가득하다. 이원익 묘역, 박물관, 공원, 인조가 하사했다는 이원익 종가. 이곳은 이원익이 나고 자라고 은퇴 후 죽음을 맞이한 곳이기도 하다. 여기를 지나 구름산을 오른다. 설월리라는 쇠락한 마을을 통과하여 산 중턱 절에다 차를 대고 간다. 여긴 답도 없고 길도 없다. 위성지도를 켜고 방향 가늠하면서 들머리를 정하는데 자신이 없었다. 길은 없으니 방향만 보고 가야 했다. 다행히 멀지는 않았다.

무덤 두 기와 묘표 하나를 만난다. 우측부터 '홍문관 부제학 이발지묘弘文館副 提學李 潑之墓', '의정부 사인 이길지묘議政府 舍人 李洁之墓.' 우측이 이발의 묘, 좌측이 이길의 묘다. 기축옥사의 최대 피해자는 누가 뭐라 해도 이발 가문이었다. 이발·이길 형제는 물론 80세 노모와 어린 자식들 모두 갈려 나갔다. 멸문지화를 입은 것이다. 만 2년 동안 지속된 피바람 속에서 모두 웅크리고 벌벌 떨 때, 이원익이 나서서 이발·이길 형제를 수습하여 자기 동네 뒷산에 묻어 준 것이다. 그런데 묘표를 잘 보면, 신원이 된 후 제작한 것을 알 수 있다. 신원이 되었다 해도 매우 궁색한 모습

이발 묘표(위)와 이발·이길 형제 무덤(아래).

이다. 묘표는 피사의 사탑처럼 앞으로 기울어져 있다.

전라남도에서 남의 학교 이름 가지고 시비를 거는 사람들에게 말해 주고 싶다.

"이발·이길 형제 무덤이 430년 동안 여기 있어요. 제가 무덤들을 많이 가 봤는데, 여기 진짜 으스스해요. 귀신 나올 거 같아요. 제발 모시고 가세요. 그게 싫으면 묘비라도 좀 바꿔 주세요. 사대부 남자 둘이서 묘비 하나 공유하는 거 처음 봤어요. 그동안 뭐하셨어요. 기축옥사가 그렇게 사무치게 원통하셨으면 이발 무덤이 어디 있는지 정도는 찾아보셨어야 맞죠. 이발 무덤을 여기다 방치하고 왜 엉뚱한 학교에 화풀이하세요."

뭐가 중요한지 모르는 경우를 보고 우리는 '본말전도'라고 한다. 딱 이 경우를 두고 하는 말 같다.

저 이발·이기 무덤에서 구름산 정상을 넘어 반대편으로 가면 소현세자의 아내, 시아버지 인조에게 억울한 죽음을 당한 민회빈愍懷嬪 강씨의 무덤이 있다. 그리고 그 주변에는 민회빈 강씨가 사사되고 멸족의 화를 입은 금천 강씨들의 무덤들이 있다. 여기 구름산은 이름만 귀엽지 무서운 이야기가 너무 많다.

파평 윤씨와 청송 심씨의 400년 싸움, 산송

이전 글에서 숙명공주와 청평위 심익현의 묘 앞에 천장비遷葬碑가 있다고 했다. 천장은 무덤을 옮기는 것이다. 이들의 무덤은 어디서 옮겨 온 것일까?

현재 무덤 위치에서 도보로 약 6분 정도 서쪽으로 가면 고려시대 윤관尹瓘(?~1111) 장군의 묘가 있다. 이들의 묘는 이 윤관 장군 묘역 주변에서 옮겨 왔다. 정확히 말하자면 청송 심씨 무덤 19기가 윤관 장군 묘역과 이웃해 있었는데 이 무덤 19기가 도보로 5분 거리의 동쪽으로 옮겨 온 것이다. 윤관은 고려의 문신이자 장군으로 여진족을 몰아내고 동북 9성을 개척한 인물이다. 여기 400년에 걸친 산송山訟, 즉 무덤과 관련된 소송에 대해 소개하고자 한다.

청송 심씨 천장비.

파평 윤씨 대 청송 심씨. 조선시대에 파평 윤씨는 문과 급제자 346명, 무과 급제자 317명을 냈다. 왕비를 가장 많이(4명) 낸 가문이기도 하다. 청송 심씨는 문과 급제자 198명, 무과 급제자 131명을 냈다. 왕비는 셋이 나왔고, 정승 열세 명 가운데 아홉 명이 영의정이었다. 조선의 대표적 명문가들이다.

두 가문의 전쟁은 1614년 시작된다. 효종 대 영의정을 지낸 심지원沈之源(1593~1662, 청평위 심익현의 아버지)이 1614년 자기 아버지 묘를 파주 야산에 조성한다. 1658년에 이 일대 땅을 사패지로 받아 청송 심씨 문중 묘역으로 만든다. 심지원도 1662년 이곳에 묻힌다. 1763년 파평 윤씨 가문에서 사라진 자신들의 조상 묘인 윤관 묘를 찾다가, 이 심지원 묘 아래에서 부서진 윤관의 묘표 조각을 발견한다. 파평 윤씨 가문에선 분개했다. 윤관 묘를 뭉개고 심지원 묘가 들어온 형상이었으니 말이다.

청송 심씨 천장비의 뒷면.

윤씨들은 심지원의 묘를 훼손한다. 이에 뿔이 난 심씨들은 고양 군수에게 윤씨들을 고발한다. 두 거대 가문의 살벌한 싸움을 고양 군수 따위가 감당할 수는 없었다. 이 일은 중앙 정부로 넘어가고 계속 거슬러 올라가 결국 영조에게까지 간다. 영조는 두 가문의 묘를 사이좋게 유지하라고 권고하지만 두 가문은 받아들이지 않았다. 이에 화가 난 영조는 1765년 친히 경희궁 흥화문 앞으로 나가 두 가문의 대표를 문초한다.

이때 영조는 이미 70세를 넘긴 시점이었다. 일흔을 넘긴 왕이, 궁궐 문앞까지 나와 남의 조상 묘 싸움을 심판한 것이다. 밤을 새워 친문을 한 영조는 심정최와 윤희복에게 곤장을 때리고 귀양을 보낸다. 윤희복은 귀양 가는 도중 죽어 버린다. 두 가문은 돌아올 수 없는 강을 건넜다. 이후에도 두 가문은 양보 없이 대립했다.

1906년 7월 9일 《황성신문》 광고를 보면 "윤관 묘의 소나무를 심씨가 몰래 파려고 하니, 음력 5월 24일에 윤씨 자손들은 새동에 모여 대책을 논의하겠음"이란 내용이 있다. 일제강점기에도 민사소송이 이어졌다고 한다.

천장 전 무덤의 위치.

현재 윤관 장군의 묘를 가 보면 곡장(봉분 뒤에 두르는 담장)이 어마어마하게 높다. 왕릉의 곡장보다 더 높다. 이는 파평 윤씨 가문에서 1969년에 3단이던 곡장을 1982년에 7단으로, 1991년에 10단으로 높여 버렸기 때문이다. 이는 윤관 묘 바로 뒤에 심지원의 묘가 있었는데 곡장이 낮을 때는 윤관 묘 앞에 서면 심지원 묘가 보였다고 한다. 이래서 유례없이 높은 담장이 선 것이다.

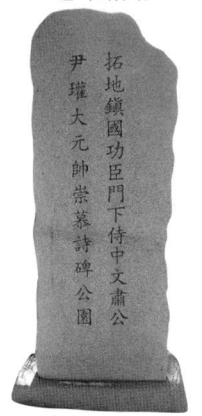

비석에서 윤관 장군의 묘를 얼마나 잘 가꾸는지 알 수 있다.

2006년 해결의 실마리가 생긴다. 파평 윤씨 문중에서 동쪽으로 200미터가량 떨어진 야산 2,500평을 제공하고 청송 심씨 묘 19기를 여기로 이장하기로 합의한 것이다. 심지원이 아버지의 묘를 쓴 지 392년, 영조가 친문한 지 241년 뒤의 일이다. 두 가문은 화해를 기념하는 비석도

곡장의 높이가 어마어마한 윤관 장군의 묘소.

세운다. 당시 로이터 통신에서 이 신기한 400년 전쟁에 관한 뉴스를 타전하기도 했다.

그런데 여기서 이상한 점이 하나 있다. 윤관 묘 대 청송 심씨 묘 19기이니 하나를 옮기는 게 더 이치에 맞지 않을까? 왜 1기를 남겨 두고 19기가 움직여야 했을까? 심지어 19기 안에는 공주도 있고 부마도 있고 영의정도 있는데 말이다. 내 추측은 이렇다. 첫째, 파평 윤씨들이 영리하게 싸웠다. 기사를 검색해 보면 파평 윤씨들이 윤관 묘를 성역화하기 위해 얼마나 많은 시간과 돈을 투자했는지 알 수 있다. 둘째, 파평은 파주 북쪽의 지명이다. 즉, 파주는 파평 윤씨들의 홈그라운드다. 똥개도 제집에서는 절반을 먹고 들어가는 게 강호의 법도이다. 셋째, 돈. 결국 타협을 위해서는 대안을 제시해야 하는데, 여기에는 돈이 필요하다. 이장하기 위해 쿨하게 2,500평 땅을 내어 준 파평 윤씨. 결국 400년 싸움은 파평 윤씨의 판정승이다.

여기서 씁쓸한 이야기. 정약용의 《목민심서》를 보면 "묘지를 둘러싸고 벌어지는 소송이 이제 폐속의 경지에 이르렀다. 싸우고 구타하여 일어나는 살인 사건의 절반이 이에서 비롯된다"라는 구절이 있다. 산송이 조선시대에 얼마나 만연했는지에 대한 자료를 찾아보면 1858년 충청도 연기현이 접수한 전체 민사소송 중 181건(29.3퍼센트)이 산송이었다. 20년을 끈 소송도 있었고 패소 판결이 내려진 후에도 바로 다시 소송을 내거나 가족 내에서 소송한 사례도 있었다. 전체 민사의 30퍼센트가 산송이었다. 선조들의 못 말리는 묘지 사랑 이야기다.

25

어쩐지 나만 알 것 같은 바위 글씨들

태조 왕건과 화가 임득명이 깃든 '향림동'

조선 초기 김종서 등이 저술한 역사서 《고려사절요》를 보면 이상한 이야기가 나온다.

> 1016년 고려 태조의 재궁을 다시 현릉에 장사지냈다. 경술년(현종 원년, 1010)의 난리 때 부아산負兒山의 향림사香林寺에 옮겨 모셨다가 이때 그전대로 장사하였다.

풀어 보면, 태조 왕건의 관을 거란 침입 때 서울 부아산 곧 북한산의 향림사로 옮겨 두었다가 거란이 물러나자 다시 원위치에 묻었다는 말이다. 1018년 거란이 다시 침공하여 강감찬이 맞서 싸운다. 이때도 태조의 재궁을 부아산의 향림사로 옮겼다는 문구가 나온다.

관(재궁)을 이렇게 쉽게 빼서 이동시킨다고? 그리고 북한산의 향림사는 어디에 있나?

절은 존재하지 않는다. 절터만 남아 있는데 북한산 비봉과 향로봉 사이에 있다고 한다. 불광사라는 절에서 시작하는 등산로를 따라 향로봉 쪽으로 50분가량 오르다 보면, 북한산 등산 마니아들 사이에서 유명한 향림담香林潭이라 불리는 물웅덩이가 있다고 하는데 향림사 터는 이 향림담 인근에 있다.

다른 이야기. 나는 그림에 문외한이다. 그림에도 불구하고 좋아하는 조선시대 그림이 하나 있다. 〈가교보월街橋步月〉. 청계천 광통교에서 음력 정월 대보름 풍습인 답교놀이를 하는 모습을 담은 그림이다. 이 그림을 우연히 보고 깜짝 놀란 건 과감한 구도 때문이었다. 청계천을 대각선으로 배치하고 정중앙에 광통교를 반듯하게 두어 뭔가 위태로움과 한가로움을 동시에 준다는 느낌을 받았다. 왜인지는 나도 모르나 뭉크의 절규가 연상되기도 했다. 이 그림을 그린 사람은 임득명林得明(1767~1822)이다.

조선이 중반을 지나 후반으로 넘어가는 시기에 중인계층이 부상한다. 과

북한산의 향림동 계곡은 태조 왕건의 관을 묻어 두었던 향림사 터로
조선 중후기 위항 문인 임득명의 집터이기도 하다.

거제도 중 잡과에 합격하여 하급관리, 의관, 역관, 화원 등으로 일하던 전문직들이다. 상당한 재산을 모은 이들도 있었고 글을 익힌 사람들이었기에 시 모임을 만들어 문화생활을 즐기기도 했다. 이를 위항(여항) 문학이라 한다. 임득명의 아버지, 할아버지도 여항 문인이었다. 규장각 서리로 일하던 임득명은 시·서·화에 능하여 삼절이라 불렸으며 시를 회화로 옮기는 작품을 많이 남겼다고 한다.

그가 주로 활동했던 공간은 경복궁 서쪽의 서촌이었으나 그의 가문은 대대로 서울 은평구 불광동, 비봉과 향로봉 사이에 있는 계곡에 터전을 두고 살았던 듯하다. 계곡의 이름은 '향림동香林洞'이다. 향기로운 숲의 계곡.

서울 은평구 불광동으로 간다. 여긴 서울에서도 굉장히 외진 곳이다. 앞서 말한 향림사 터로 올라가는 등산 시작점인 불광사 옆에 팀 수양관이라고 하는 기독교 시설이 있다. 이곳이 임득명 가문이 대대로 묘를 쓰던 계곡이다. 서울 주변에 많은 계곡을 가 보았지만 이만큼 수량이 풍부하고 숲이 울창한 계곡은 본 적이 없다. 기독교 시설도 계곡 중간을 막아서 수영장을 만들어 운영하고 있었다.

임득명의 〈가교보월〉.

길을 따라 올라가면 예배당을 만나고 그 앞 큰 바위에 '향림동香林洞' 바위 글씨가 있다. 이 계곡의 이름은 고려시대의 절, 향림사에서 유래했을 것이다. 거기다 임득명의 가문인 회진 임林씨들이 이 계곡에 살았으니 좋은 우연이다.

  그런데 아쉬운 점이 하나 있다. 임득명의 후손들은 이곳의 조상 무덤을 모두 파묘하고 2001년 이 땅을 팀 선교회에 넘긴다. 가족들이 해외로 이민을 갔다니 어쩔 수 없는 결정이었을 것이다. 그리고 2001년 후손들은 임득명을 기리는 추모비를 저기 '향림동' 바위 글씨 앞에 세우고 문인석 두 개를 가져다 두었다. 아마도 팀 선교회 측의 양해를 구했을 것이다. 2006년 발간된 은평구 향토사료집에도 두 개의 문인석과 추모비가 있는 사진이 있고 비석 전문을 소개했다. 그런데 지금, 추모비와 문인석은 없다. 누군가 치웠다. 임득명의 후손들과 합의된 것은 아니라고 본다. 언젠가 치워질 운명이었다면 저렇게 정성스럽게 비석을 만들지는 않았을 것이다. 누가 치웠는지는 모르겠으나, 제자리에 가져다 두었으면 좋겠다.

《조선왕조실록》에 등장한 바위 글씨 '월암동'

서울 종로구 송월동은 지하철 서대문역과 독립문역 사이에 있는 동네로 송정동의 '송'과 월암동의 '월'이 합쳐져 만들어진 이름이다. 독립문역에서 남쪽으로 내려가다 보면 경희궁자이아파트를 만난다. 단지 안으로 깊숙하게 들어가면 주한스위스대사관의 국기가 보인다. 그 방향으로 걸어가면 대사관 맞은편에서 넓적한 바위를 만나게 된다.

  이 바위가 월암月巖이다. 조선시대에 깜깜한 밤에도 오히려 밝은 빛이 나고 귀 기울여 들으면 은은히 파도 소리가 난다고 하여 '월암月巖'이라고 불렸다. 그리고 그곳에 '월암동月巖洞'이 새겨져 있다. 각자刻字는 주사를 채웠던 흔적으로 붉은빛이 남아 있고 상태가 양호하여, 글자도 또렷한 편이다. '월암동'은《조선왕조실록》에 관련 기록이 남아 있는 드문 바위 글씨 사례이다.

정조 15년, 서대문 밖 월암 근처 움막에서 은둔하는 여인의 사연이 왕의 귀에 들어간다. 사연은 여인은 한때 사도세자의 궁녀였고, 사도세자가 죽은 해에 궁에서 나와 이 움막으로 들어와 출타를 않고 의리를 지키며 살고 있다는 것이었다. 비참하게 죽은 아비에 대한 그리움과 효심이 깊은 정조가, 이 사실을 알고 기뻐하며 수칙守則(세자궁에 속한 종6품)이라는 내명부 품계도 하사하고 월암 근처에 편액도 달아 주고 쌀과 비단을 하사한다.《실록》엔 건조하게 쓰여 있으나 이 부분을 읽으면서 내가 상상한 장면은, 속은 싱글벙글인데 짐짓 객관적으로 일을 처리하려 애쓰는 왕의 모습이었다.

1906년 헤르만 산더라는 독일인이 찍은 사진에도 월암은 보인다. 이 사진은 한성의 서쪽에서 도성 성벽을 바라보고 파노라마식으로 찍은 사진이

월암 바위 전경과 월암동 바위 글씨.

다. 이 사진 좌측 상단의 인왕산을 확인하고 거기서 내려오는 성벽을 우측으로 따라가 보면 우측 3분의 2 지점쯤 성벽 아래 너른 바위가 월암이다.

1924년 8월 10일 자 《동아일보》에 실린 '내 동리 명물'이란 코너에 소개된 월암과 월암동 바위다. 이 코너는 각 동네에 사는 일반인이 자기 동네의 자랑거리를 기고하는 코너인데 송월동의 월암이 소개되었다. 송월동은 돈의문 뉴타운사업으로 재개발이 된 지역이다. 2014년 이전 이 주변은 주택들이 난립한 곳이었다. 당시 월암 바로 앞까지 작은 건물들이 빽빽하게 들어서 있었다고 한다. 그 시절에 월암동 바위 글씨는 요즘처럼 길가에서 볼 수는 없었다. 바위에 바로 붙어 있는 앞 건물 2층 카페 사장에게 부탁해서 옥상 문을 열고 난간에서 감상을 해야 했다. 도시 개발로 사라진 유적이, 한 시대가 지나 또 다른 도시 개발로 인해 우리 곁에 돌아오게 되었다.

1924년 8월 10일 자 《동아일보》에 소개된 월암 기사.

서울대학교의 원래 '주인' 자하 신위

나는 서울 관악구 신림동에서 태어나 국민학교 3학년까지 살았다. 서울대학교는 지척이었다. 1980년대 동네에서 친구들과 놀고 있으면, 종종 코끝이 매워 왔다. 대학 정문에서 터트린 최루탄이 바람을 타고 우리 마을까지 넘어와서였다. 눈물 콧물 범벅이 되어 꼬마들은 각자 집으로 돌아갔다. 대학생들 해산하라고 터트린 최루탄에 엉뚱한 놈들만 해산했다.

대학교 신입생 시절, 서울대학교에 입학한 친구의 초대를 받아 서울대에 놀러 간 적이 두 번 있다. 밥은 어떤 호수 옆 식당에서 친구가 샀다. 호수의 이름은 '자하연'이었다. 자하紫霞 신위申緯(1769~1845)에서 따온 이름이다. 조선의 뛰어난 천재, 추사 김정희와 어깨를 나란히 한 자하 신위.

'성추하벽지재星秋霞碧之齋'란 말이 있다. '성'은 옹수곤을 가리키는데 그는 청나라의 대학자로 그의 아버지 옹방강이 김정희, 신위와 교류하였다. '추'는 추사 김정희, '하'는 자하 신위, '벽'은 정벽貞碧 유최관柳最寬(1788~1843)을 뜻하니 위 친구들의 서재라는 뜻이다. 옹수곤은 이를 편액으로 만들어 서재에 걸어 두었고, 추사는 도장(자호인)으로 팠다.

둘도 없는 친구였던 자하 신위와 추사 김정희는 '윤상도의 옥사' 사건으로 위기를 맞이한다. 자하 신위는 벼슬길에서 물러나 자하동(현 서울대 자리)에 은거하였고 추사는 잘 알려진 것처럼 제주도 대정으로 귀양을 간다.

신위 집안이 관악산에 처음 들어와 터전을 마련한 것은 그 5대조였다. 최석정이 쓴 〈이로당기二老堂記〉에 의하면, 이곳 자하동 마을에 성천 부사 신여석, 공조 판서 신여철 형제가 세운 이로당二老堂이 있었다. 이후 신여석의 차남 신확이 이로당 옆에 만오당을 짓고, '第一溪山(제일계산)'을 자하계의 바위에 새겼다. 이로당을 만들 때 심은 세 그루의 느티나무는 무려 300여 년 동안 당산목으로 자하동 마을을 지켰다. 그리고 세 그루 중 마지막까지 남아 있던 느티나무 하나가 1978년 죽는다. 그 위치가 지금의 서울대 정문 근처다. 1960년대 골프장이 들어섰어도 유지되던 자하동 마을은 서울대가 이사 오면서 흔적도 없이 사라졌다. 서울대의 교목은 느티나무다. 아마도 여기서 따오지 않았을까 싶다.

자하 신위의 흔적을 찾으러 과천향교로 간다. 관악산의 남쪽인 이곳은 남자하동이라 불리던 곳이다. 향교 앞에 작은 계곡은 예전에 아이들과 물고기를 잡으러 왔던 곳이다. 계곡을 거슬러 올라가다 처음 만나는 바위 글씨는 '단하시경丹霞詩境'이다. 시상을 불러일으키는 아름다운 경관 정도로 해석된다는데 이게 추사 김정희의 글씨가 아닌가 하는 추정이 있다. 그래서 그런지 이 계곡의 바위 글씨 중 유일하게 과천시 향토유적으로 지정되어 있다.

계곡을 다시 거슬러 오른다. 길이 좀 애매하다. 아직도 계곡 백숙집들이 즐비하다. 짜증이 나서 계곡으로 내려가 물길을 따라간다. '紫霞洞門(자하동문)'을 만난다. 자하 신위의 글씨라고 전한다. 신위의 계곡으로 들어왔구나 싶다. 여기부터 긴장하고 주변 석벽을 살핀다. 높은 곳에 있어 놓치기 십상이다. 먼저 만나는 건 '題伽倻山讀書堂(제가야산독서당)'이다. 신라 최치원이

관악산 남쪽 과천향교 앞 계곡에 새겨진 '단하시경.' 추사 김정희의 글씨로 추정된다(왼쪽).
과천향교의 제가야산독서당(오른쪽).

지은 시를 송시열의 글씨로 합천 해인사 계곡에 새겨 놓은 것을 과천향교 유림이 탁본을 떠 와서 이곳 바위에 새겼다. 유독 송시열의 글씨가 이런 식으로 퍼진 경우가 많다. 글씨가 희미해서 절벽에 바싹 붙어야 위치를 확인할 수 있다. 다음은 바로 옆 바위에 있는 '백운산인白雲山人 자하동천紫霞洞天'이다. 이 또한 신위의 글씨라고 한다. 신선처럼 이 계곡을 누빈 신위의 모습을 상상해 본다.

현재 서울대 내에서 자하 신위의 흔적을 확인할 곳은 없다. 하지만 이곳이 신위 가문의 땅이었다는 아주 강력한 증거가 하나 남아 있다. 서울대 박물관 뒤에는 여러 묘에서 가져온 석물과 묘표 등이 전시(?)되어 있다. 여기 중간 즈음에 문인석 한 쌍이 있다. 신확 묘에서 가져온 것이다. 신확은 신위의 고조부로 앞서 언급한 '제일계산'을 자하동 계곡에 새긴 인물이다. 본디

자하 신위의 글씨 '자하동문'(왼쪽)과
'백운산인 자하동천'(오른쪽).

신황의 묘는 서울대 대운동장 뒤, 학생후생관 옆에 자리하고 있었다.

서초동에 '정씨 집성촌'을 일군 정역

서울 서초구 반포동에서 지하철 서초역으로 넘어가려면 큰 고개를 넘어야 한다. 교대역으로 넘어가려고 해도 마찬가지다. 지금의 서울성모병원에서 대법원, 중앙지방검찰청, 중앙지방법원까지 아우르는 영역은 아마도 제법 큰 산이었을 것이다. 이 산 아래 마을이 있었다. 정곡鄭谷 마을. 해주 정씨들이 모여 살아서 '정씨들의 골짜기'라는 이름이 붙었다.

정곡鄭谷의 시작은 고려 말 조선 초의 인물 정역鄭易(?~1425)이다. 고려 말기에 과거에 급제하는데 이때 과거시험 동기가 태종 이방원이다. 이방원과의 친분에 본인의 능력이 더해져 조선 초기 고위관료를 지냈고 그의 가문은 왕실과 수차례 혼인으로 얽히며 명문가로 도약하였다. 세종의 둘째 형인 효령대군이 정역의 사위다.

정역의 묘는 원래 현재의 서오릉 권역에 있었는데 능이 조성되면서 서초동으로 이장해 왔다. 그리고 그의 후손들이 정역의 묘 주변에 터전을 마련하여 500년을 이어 온다. 그래서 이 마을이 '정곡鄭谷'이다. 답사를 다니다가 해주 정씨 가문을 몇 번 마주친 적이 있는데 그때마다 감탄을 자아냈다.

우선 강남 개발 시기 정곡 마을에 검찰청과 중앙지방법원이 들어오기로 한다. 대부분의 가문은 이

서초동 법조타운 내에
남아 있는
정역 신도비.

런 개발 호재를 일회성 로또로 소비하는 데 반하여 해주 정씨들은 여기에 건물을 올린다. 법조타운 정중앙에 정곡빌딩 세 동이 있다. 정곡빌딩 서관·동관·남관 각각의 동이 당당한 위용을 자랑한다. 해주 정씨는 전체 정씨 중 2퍼센트 정도라고 하니 희성이라고 할 수 있다. 그런 작은 가문에서 이렇게 엄청난 문중재산을 가지고 있다니. 게다가 검찰청 뒤 작은 산에도 임야 두 필지를 소유하고 있다고 한다.

강남이 개발되면서 정씨 가문은 정곡 마을에 정곡빌딩을 세웠다. 사진은 정곡빌딩 동관의 표석.

비운의 왕 단종에게는 누나가 하나 있었다. 경혜공주敬惠公主(1436~1474). 공주의 남편이 정종鄭悰(1437~1461)이었다. 정종은 해주 정씨였다. 세조가 계유정난으로 단종을 폐위하자 경혜공주와 남편 정종의 처지도 곤란해졌다. 정종은 훗날 단종 복

고양시 대장동의 경혜공주와 정종의 묘(왼쪽). 오른쪽은 경혜공주의 사당이다.

위운동에 가담했다는 이유로 거열형(사지가 찢겨 나가는 형벌)에 처해졌다.

경기도 고양시 대자동에 가면 경혜공주 묘와 정종의 가묘가 있다. 가묘라 하는 것은 정종의 시신을 수습하지 못했기 때문이다. 대자동 주도로를 달리다 보면 아름다운 푸른 기와집 한 채가 유독 눈에 띄는데 이 집이 경혜공주의 사당이다. 그리고 이 사당은 해주 정씨들이 지어 주었다(당시 종친회장이 한보그룹 정태수 회장). 또한 공주의 묘로 올라가는 길에 공주의 신도비가 있는데 이 또한 해주 정씨들이 만들어 준 것이다.

단종의 비는 정순왕후定順王后(1440~1521)다. 그녀의 무덤은 사릉이다. 단종 비 정순왕후는 남편이 폐위된 후 홀로 여든을 넘겨 중종 대까지 쓸쓸한 삶을 살다가 죽었다. 자식도 없는 정순왕후를 돌봐준 사람이 앞서 거열형을 당한 정종과 경혜공주의 아들 정미수鄭眉壽(1456~1512)다. 정미수의 후손들은 정순왕후가 죽고 아무도 기억해 주지 않는 그녀를 남양주 해주 정

단종 비 정순왕후의 무덤. 숙종 대에 복권된 후 사릉으로 격상되었다.

씨들의 묘역에 묻고 이 묘역을 보살폈다. 160년의 시간이 흘러 숙종 시절, 정순왕후는 복권되었고 그녀의 무덤은 능으로 격상되었다. 이것이 사릉이다. 능 안에는 일반인의 무덤이 존재할 수 없다. 사릉 주변에 있던 수십 기 해주 정씨 무덤은 이장을 해야 했다. 하지만 해주 정씨들이 긴 시간 정순왕후의 묘를 돌봐 왔다는 사연을 들은 숙종이 이장하지 않아도 된다는 명을 내렸다.

내가 사릉을 좋아하는 이유가 여기 있다. 조선 왕릉 중 유일하게 여러 사대부의 무덤과 공존하는 능이다. 사릉 재실에서 사릉을 바라보고 오른쪽 언덕을 보면 작은 무덤들 여러 기가 보인다. 여기가 해주 정씨들의 묘역이다. 이곳에 정미수의 무덤도 있다. 정미수 묘표의 옥토끼 문양은 매우 드물고 아름답다.

단종 비 정순왕후를 돌봐준 정미수의 묘. 묘표의 옥토끼 문양은 매우 드물게 아름답다(네모 안).

무인이자 명필 최홍희의 흔적, 관음암과 주먹탑

최홍희崔泓熙(1918~2002)는 국제태권도연맹ITF의 창립자이며, 태권도라는 명칭을 만든 사람이다. 1918년 함경북도에서 태어났다. 어린 시절 택견을 배웠다고 하며, 일본 주오대학 법학과에 재학하면서 가라데를 배우던 그는 1944년에 징용되어 평양의 42부대에서 근무하였다. 조선 학병을 중심으로 전국 반일동맹 조직을 도모했다가 검거되어 징역형을 선고받고 평양형무소에 수감되었고 이후 사형당할 뻔도 했지만, 독립이 되면서 풀려나게 된다.

1946년 1월, 군사영어학교에 입교하여 육군 창설 멤버 110명 중 한 명이 된다. 1953년 제주도에서 창설된 제29보병사단의 초대 사단장으로 부임한 최홍희는, 이곳에 자신의 첫 태권도 교육기관을 만든다. 부대 이름을 '태권도부대'라고 하고 장병들에게 태권도를 교육하기 시작했다. 1962년 군에서 예편한 후 주말레이시아 대사를 역임하였고 이후 국제태권도연맹을 창립하여 태권도 보급을 위해 세계를 누빈다. 1972년 박정희 전 대통령과의 불화로 인해 캐나다로 망명을 하였다. 1980년대 들어 북한에 태권도를 보급한다는 명분으로, 북한과 적극적 교류를 시작한다. 이후 북한과 캐나다를 오가며 생활하다가 2002년 북한에서 사망하였고 북한의 애국열사릉에 안장되었다.

속초 북쪽에는 영랑호라는 석호가 있다. 비교적 덜 알려진 곳이지만 정말 아름다운 곳이다. 영랑호는 신라의 화랑에서 이름이 유래했다고 한다. 화랑 영랑은 금강산에서 수련을 하고 복귀하는 길에 속초 북쪽에서 아름다운 호수의 풍광에 매료된 나머지 호숫가에 집을 짓고 수련을 계속 이어 갔다고 한다. 이 호수 옆에 작은 동산이 있었고 한켠에 큰 바위가 있어 매일 그 바위에 올라 바다를 바라보며 기도를 하던 중 관음보살을 만나게 되어 그 바위 이름을 관음암이라 지었다는 옛이야기가 전해진다. 여기까지는 고장의 설화인데, 이를 구체화(?)한 인물이 최홍희다.

제주도에서 창설된 제29사단은 이후 속초 주변에 주둔하게 된다. 최홍희 장군은 무예에도 뛰어났지만, 서예에도 일가를 이루었다고 한다. 1955년 10월 31일 자 《동아일보》 기사를 보면, 국전 입상자 중 최홍희의 이름을 확인할 수 있다. 1955년 5월 26일 자 《조선일보》 기사를 보면 미도파백화점에서 서예 전시회도 열었었다. 최홍희는 1953년 영랑호 관음암에 관음이란 본인의 글씨를 새겨 넣는다.

영랑호에 놀러 간 김에 이 관음암을 답사하겠다고 마음을 먹었으나, 찾아갈 정보가 마땅치 않았다. 간신히 찾은 《오마이뉴스》 기사 하나를 길잡이 삼아 답사를 갔으나 아뿔싸, 2019년 속초 대화재 때 화마가 이 동산을 휩쓸고 지나가서 랜드마크가 변해 있었다. 그래서 답사 실패. 일주일간 더 자료

국제태권도연맹 창립자인 최홍희가 제주도에서 창설한 제29사단을 이끌고 속초에 주둔할 때 영랑호 관음암에 새긴 글씨.

를 모아서 바로 다음 주에 도전하여 비로소 답사를 마무리할 수 있었다. 그래서 여기에 길을 안내하고자 한다.

영랑호 남쪽 변에 보광사라는 절이 있다. 대웅전 뒤에 작은 산이 있고 이곳으로 올라가야 한다. 화마가 휩쓸고 지나가서 모래산처럼 변했고 등산로는 지워졌다. 재주껏 능선까지는 올라가야 한다. 능선에 오르면 지도 앱을 켜고 동쪽으로 가야 한다. 바다를 바라보고 전진. 능선 끝에 이르면 산 아래에 속초의료원이 보이고 큰 바위가 보인다. 그 큰 바위를 살금살금 끼고 돌아서 의료원 쪽으로 절벽을 내려가면 관음암을 만날 수 있다.

관음觀音. 관, 음 각 글자는 대략 80센티미터 정도로 웅장했고 내가 본 어떤 바위 글씨보다도 깊게 새겨져 있었다. 우측에는 '세즉사바 구난대성世卽娑婆 救難大聖(세상은 괴로움이 많은 곳이니, 이를 구할 성인이 바로 관음)'이란 글이다. 그 왼편에는 작은 글자가 세로로 '서기 1953년 이형근 제, 창헌 최홍희 서'라 새겨져 있었다. 화랑 영랑의 이야기가 구체화된 장소이다.

이제 제주도로 떠난다. 제주도 대정읍 상모리에 최홍희가 창설한 제29사단 발상지 탑이 있다. 이 탑에 명필 최홍희의 글씨가 새겨져 있다고 하여 찾아가 보았다. 관음암 답사 때 고생을 해서 긴장하고 갔는데,

제주도의 '주먹탑.'

너무나 쉽게 찾을 수 있었다. 허허벌판에 탑 하나 서 있었다.

탑신은 3면으로 각 면에는 강건한 체력, 만만한 투지, 철저한 훈련이라 새겨져 있다. 아래 사각형 기단 한 면에 '단기 4287년 5월 창헌 최홍희 서'라고 적혀 있다. 탑신 위에 장식물에는 주먹 모양의 돌에 제29사단 상징인 주먹이 새겨져 있다. 그래서 이 탑을 지역민들은 '주먹탑'이라 불렀다고 한다.

탑을 잘 보면 세 갈래로 쪼개진 듯한 파괴 흔적을 볼 수 있는데 여기에도 사연이 있다. 1980년대 전두환 전 대통령의 동생인 전경환이 모슬포 비행장에 시찰을 왔다고 한다. 이 시기는 최홍희가 친북 활동을 시작했을 때고, 신문에서 연일 최홍희를 때리는 기사가 실리던 시기다. 또 최홍희는 전두환 전 대통령 위해 음모 사건의 주모자로 몰려 있을 때였다. 전경환이 지나가던 길에 최홍희가 새긴 탑을 보는 게 두려워, 지역 공무원 혹은 군인들이 탑을 파괴하여 땅에 묻었다고 한다. 그리고 시간이 흘러 2000년대 초반 지역 주민들이 인근 땅을 파 뒤집어 탑의 파편들을 찾아내어 이를 복원하였다고 한다.

그런데 주민들도 나름 큰 그림(?)을 그리고 있었다. 주민들이 애써 이 탑을 복원한 이유는 이곳을 태권도의 발상지로 만들어 태권도 관련 시설 유치를 노렸던 것이다. 아무튼 정치적 눈치 보기로 사라졌다가 또 다른 눈치 보기로 복원된 주먹탑이다.

권력의 끝 김재규와 차지철, 이기붕의 흔적

〈남산의 부장들〉이란 영화를 인상 깊게 봤다. 한국 역사상 가장 드라마틱한 정권교체를 유발한 김재규金載圭(1926~1980)를 만나보고자 한다. 경기도 광주 오포면에 가면 두 개의 공원묘지가 있다. 산 두 개 전체가 공원묘지다. 그중 좌측, 딱 봐도 오래된 공원묘지, 그 꼭대기에 김재규의 묘가 있다.

가파른 비탈길을 따라 올라 숨을 몰아쉬면서 산 정상 근처에 이르면 그의 묘가 있다. 1979년 10월 26일 그 사태가 터지고 1980년 5월 24일 서대문형무소에서 교수형, 등촌동 국군수도통합병원에서 3일장을 지낸 후 보안사가 지정한 이곳에 묘를 썼다. 지금은 이 산 전체가 묘지로 빽빽하게 채워져 있지만, 이 공원묘지가 사업을 시작한 건 1971년이라고 하니 당시에는 굉장히 외떨어진 곳이었을 것이다.

김재규 묘소 가는 길. 가파른 비탈길을 한참 올라 산 정상에 이르면 그의 묘가 있다. 위는 상석. 누군가 정으로 쪼아 군데군데 지워져 있다.

상석에 새겨진 문구는 군데군데 지워져 있다. 누군가 정으로 쪼았다. "나 사랑하는 삼천칠백만 국민에게 자유를 찾아 되돌려주었네. 10·26 민주회복 국민혁명 만세, 대한민국을 위한 만만세, 자유민주주의 만만세, 민주 민주여!! 속히 민주를 이룰지어다."

묘를 바라보고 좌측 검은색 추모비는 전남 광주에서 활동하던 송죽회라는 단체에서 1989년 제작, 이 자리에 가져다 둔 건 1992년이라고 한다. '의사義士 김재규 장군 추모비'라 새겨져 있지만 의사와 장군은 누군가 지워 버렸다. 김재규는 훗날 복권되면 '의사 김재규 장군지묘'라고 새긴 묘비를 만들어 달라 유언했다. 좌측면에는 송죽회 24명의 회원명이 있다. 이곳은 역사가 충돌하는 곳이다. 누군가는 이 가파른 산을 올라 돌에 새겨진 글씨를 지워야 했고 누군가는 저 무거운 돌 비석을 가져다 세워야 했다. 나름 많은 생각을 하고 찾은 곳인데 막상 이곳에 와서 든 생각은 엉뚱한 것이었다. '우리나라 장묘문화, 정말 문제가 있구나.' 야수의 심정으로 유신의 심장을 쏘았다는 남자의 묘를 알아보았다.

차지철車智澈(1934~1979)도 그날 함께 죽었다. 영락교회 묘지에 있다는 걸 알았다. 영락교회도 몰랐고 교회가 신도들을 위한 공원묘지를 운영한다는 것도 낯설었던 나는 작은 공원 정도로 생각했다. 그러나 상상 초월이었다. 남양주의 산 하나 전체가 영락교회 신도들의 무덤이었다. 특이한 점은 공원묘지 안에 광해군의 묘가 있다. 광해의 묘는 미공개 지역이어서 먼발치에서 바라보았다. 김재규의 묘가 너무 높은 곳에 있어서 가기 힘들었다면 차지철의 묘는 비슷하게 생긴 무덤들이 너무 많아서 찾기 힘들었다. 10·26 사태 이후 차지철에 대한 세간의 평이 안 좋아졌다. 이를 간파한 신군부는 차지철의 국립묘지행을 막았다. 그렇다면 왜 이곳에? 차지철의 어머니인 김대안 권사는 영락교회의 독실한 신도였다. 그 인연으로 이곳으로 왔다고 한다. 차지철 묘의 좌측에는 그의 어머니 묘도 같이 있다. 어머니는 아들을 보내고 오래 살았다. 차지철 비석의 좌측에는 그의 사망일인 1979년 10월 26이 새겨져 있다. 뒷면에는 세 딸의 이름이 있다.

요즘은 선거만 하면 부정선거 이슈로 시끌시끌하다. 부정선거를 믿지는 않는다. 그런 큰일을 소문나지 않게 전국에서 동시다발적으로 진행할 수는 없을 것이라는 막연한 믿음이 있다. 대한민국 부정선거의 대명사는 1960년 벌어진 3·15부정선거다. 이로 인해 4·19혁명이 촉발되었고, 자유당 정권은 무너졌다. 후보 이승만 대통령의 경쟁자인 조병옥 선생은 선거유세 기간에 갑작스럽게 사망했다. 이승만 전 대통령 입장에서는 당선 확정이다. 하지만 그의 나이가 85세였다. 당시 법은 대통령 서거 시 부통령이 권한대행이 아닌 차기 대통령으로 남은 임기를 수행하는 것이었다.

차지철과 그의 어머니 묘.

자유당은 이기붕의 부통령 당선이 꼭 필요했다. 그래서 그들은 금도를 넘었다. 민심은 폭발했고 4·19혁명의 도화선이 당겨졌다. 이기붕의 가족은, 아내 박마리아, 장남 이강석, 차남 이강욱, 딸 이강희. 이강희는 이화여중 2학년 때 요절했다. 4·19혁명이 일어난 지 9일 후인 1960년 4월 28일 새벽 5시 경무대(현 청와대 위치)에서 당시 육군 소위였던 장남 이강석이 이기붕, 박마리아, 이강욱 머리에 권총으로 각 1발씩을 쏘고 자신도 자살하였다. 가보고 싶은 답사지는 대부분 꼼꼼하게 검색해 보면 정보가 다 나온다. 하지만 이기붕 일가의 묘만큼은 정말 어렵게 찾았다.

이들 일가의 무덤은 원래 망우리 묘역에 조성되었는데, 1970년대 어느 시점에 이곳으로 비밀리에 이장되었다고 한다. 파주 혜음령 고개 근처에 있는 서울 시립 용미리 묘지로 향한다. 파주 혜음령 근처로 가면 용미리 마

자유당 정권 때 부통령을 지낸 이기붕 일가의 묘.

애불 두 분이 마중을 나온다. 이기붕 일가의 묘역 입구에서도 두 부처 얼굴을 멀리, 볼 수 있다. 이기붕과 아내 박마리아의 묘가 2열에, 1열에는 우측부터 이강욱, 이강석, 이강희의 묘가 있다. 묘는 잡풀과 가시나무가 어지럽게 자라고 있었다. 일가의 묘가 바라보는 방향으로 북한산 봉우리들이 보인다. 저 너머는 청와대. 이기붕이 갈망하던 곳, 그리고 죽음을 맞이한 곳. 비석에 새겨진, 한 일가 5인 가족 중 4인의 몰년이 같다. 보통의 삶에서 이런 우연은 발생하기 힘들다. 권력 욕심의 끝은 참혹했다. 누군가 정말 부정선거를 획책하고 있다면, 역사를 바라보았으면 좋겠다. 순리를 거스르는 그 끝은, 매우 참혹하다는 사실을.

찾아보기

ㄱ

〈가교보월〉 357
〈몽유도원도〉 20
〈행호관호〉 44, 45
《당의통략》 151
《매천야록》 39, 151, 220, 259
《무예제보번역속집》 219
《서울육백년》 30~33
《친일인명사전》 85, 279
가나야마 마사히데 306~308
가마쿠라보육원 298, 299
가오복지 220, 221
갑신정변 19, 63, 64, 79, 228, 294, 336
갑오개혁 229, 265, 266, 297
강루정 254, 255
강매석교 47, 48
강우규 287, 288
경천벽 175, 176
경혜공주 365, 366

경희궁 133, 351
계수석 142, 143
고랑포 181, 182
《고려사절요》 355
고종 16, 19, 23, 25, 27, 39, 46, 63, 64, 79, 80, 81, 86, 93, 97, 148~150, 168, 213, 220, 230, 255, 256, 266, 267, 294, 335, 336, 345
공릉 75
공빈 김씨 57, 130, 131, 200, 201
관문빌딩 288
관음암 368~370
광해군 37, 56, 57, 113, 129~133, 200~202, 373
광혜원 291, 294
국립서울현충원 155~158, 168
군대환 98~100
금류동천 58, 59
금사담 176~178
금어동천 143, 145

금화동문 70, 72, 73
기미가요마루 98
길상사 25
김가진 23~25
김상헌 183~185, 211
김시습 58~60
김영상 30~32
김재규 371~373
김조순 167, 243~245
김주용 268~271, 275
김홍집 228, 265~268

ㄴ~ㅂ

남병철 224, 243~245
남산주회도로 303
내원암 58, 162, 166~168
노무현 25, 26, 32, 33, 158
능창군 132, 133
단하시경 362
대보단 345
대한수도회사 46
덕수궁 112, 113, 287, 288
덕흥대원군 58, 155~157, 159~163, 167
도정궁 160~165, 167~169
동악선생시단 147
동양포경주식회사 93~95
둔지미 마을 297, 300
등룡동 253~255

로웰, 퍼시벨 Percival Lowell 16~19
마방진 288
만동묘 176, 228, 229, 345
만절필동 재조번방 344
망원정 111, 112
명왕성 16, 19
명월동문 140, 142
〈몽혼〉 327
묄렌도르프 79
문장동천 67~70
미감아 310~312
미나미 지로 290, 291
미수체 172
민승호 229~231
민영달 영세불망비 79, 80
민영익 16~19, 79, 80, 294
민영환 231, 256, 257, 336
박건 124, 126, 127
박세당 60~62, 171
박원종 117~121
박중선 119~121
방선문 89~92
백석동천 25~27
백운동천 22, 23
백운동천(만월산) 206, 209
백운사 207, 208
백운산인 자하동천 363
범장 159
벽수산장 253, 254

벽운동천 62, 63, 65
벽파동천 222, 223
《별건곤》 17, 18, 79, 80, 259
보광사 221, 222, 370
보문사 280~283
복성군 156, 198, 199
부군당 300, 301, 304, 306
비호교 195, 196

ㅅ

사도세자 156, 196, 198, 290, 291, 328, 330, 331, 343, 359
사릉 366~468
사무사 344
사이토 마코토 287, 288
삼계동 36, 38, 39
서호수도기념비 101
석실서원 211, 213, 214
석장 222, 223
선무사 341, 342
선유동천 70~73
선통물 288~290
성릉 200, 201
성묘 200, 201
성희안 117~119, 122~125, 127
세브란스 83, 85~87, 279, 295
소다 가이치 297~298
소수운련암 36, 38

송강 정철 145, 346, 347
송수천 272~275
송시열 32, 33, 38, 55, 56, 60, 171, 172, 176~178, 194, 216, 248, 345, 363
송암농장 82, 83
수경원 196, 290, 291
수도박물관 45, 46
수락동천 60, 61
수성동 계곡 29, 31, 32
수신비 50, 51
수장 224
숙명공주 202~207, 349
순정효황후 75, 206~208
순종 75, 77, 86, 168, 206, 231, 253, 255, 256, 286, 336
순평군 189~191
순화군 58, 130, 134~137
승평 부대부인 박씨 115, 122
신수근 121, 123, 124, 127
신위 220, 360~363
심지원 202, 350~352
쌍홍문 326

ㅇ

아관파천 267
아천석 25
안평대군 21, 126
알렌 79, 294

앤드류, 로이 채프만 Roy Chapman Andrews 94~96
양호거사비 341~343
양화진 외국인 선교사 묘원 294, 295, 298, 299
언더우드 268, 290, 291
에틴저 마을 309~312
《연려실기술》 22, 57, 151
연령군 328, 330, 338
《연병실기》 218, 2191
연월암삼폭 142, 143
연잉군 167
영락보린원 298, 299
영랑호 368~370
영사정 268
예종 58, 75, 110, 119, 193, 194, 196
옥류동 32~34, 55~57
옥천병 245, 248, 249
옥호정 260
와폭 184, 185
완순군 298~300
우가키 가즈시게 288, 289
운강대 325, 326
운영담 68, 69, 176, 177
월산대군 45, 109~115, 119, 122
월암(동) 26, 27, 358~360
유관순 302, 304~306
유상대 207
유석 183~185

〈유청학산기〉 178
육군 제1훈련소 105
윤관 349~353
윤덕영 29, 76, 251~256, 267
윤여필 238
윤원형 140, 236~239
윤임 238
윤택영 75~78, 81, 86, 206
은거당 174
은언군 330~335
을축년 대홍수 기념비 48, 50
읍궁암 176
의안대군 187, 188
이건창 148~153
이광사 151, 315~318
이기붕 371, 375, 376
이길 348, 349
이달용 252, 253, 255~258, 263
이로당 361
이발 345~349
이병직 62~65
이석영 221, 224
이순지 241~243
이안눌 140~148
이옥봉 326, 327
이요동 40, 41
이원범 332
이원익 174, 191~193, 347
이유원 220~226

이윤탁 한글 영비 320

이이 179~180, 207, 233, 245, 293

이진무 181, 182

이철주 258

이토 히로부미 285

이항복 27, 220, 225, 226

이해선 256~258

이해창 162, 165~169

익녕군 191~193

인경궁 37, 38, 202, 203

인수대비 109, 191, 234~236

인조반정 27, 37, 57, 61, 113, 117, 118, 133, 200, 201, 202, 245

일모도원 지통재심 344, 345

일세암 35

임득명 353~358

임사홍 120, 121, 215, 236

임숭재 215~217

임원준 217

임해군 129~131, 134, 136, 137

ㅈ~ㅊ

자련대상 222

자하동문 363

자하연 361

장생포 93, 96

장충단공원 336

재판특지자기념비 100

전계대원군 332

전생서 297~299

전형필 82, 84, 279, 280

정곡 364, 365

정미수 366, 367

정선 29~33, 43, 157, 211, 225, 226, 325

정승산 75, 78

정역 364

정원군 132~136

정의공주 142, 243

정종 148, 189, 365, 366

정초석 285~288

제가야산독서당 362

제안대군 110, 119, 196, 197

제일강산태평세계비 336, 339

제중원 79

조기복 318, 319, 327

조말생 211~214

조맹 200, 201

조병학 81~87, 273

조원 325~327

조종암 343, 344

종학 190

차지철 371, 373, 374

창릉 194, 195

창릉천 45, 47, 48

창빈 안씨 155~160, 169

창산군 162, 163, 168

창의문 20, 26, 27, 274

천장비 202, 205, 349, 350
천주교 절두산 성지 295, 333
철종 27, 39, 80, 151, 220, 224, 244, 245, 331, 332, 335
첨성대 178
청계동천 20, 21
청린동천 16~19
청문당 183, 185
청와동 35, 37
청평위 심익현 202~206, 349, 350
청평위궁 203
청학동천 147
청헌당 329, 330
최기남 218~220
최명길 118, 218~220, 245, 248
최석정 219, 245~249, 361
최익현 91, 227~229
최지백 정려비 315~317
최치원 362
최홍희 368~371
취선암 178~180
취운정 17~19

ㅋ~ㅎ

캠프 하우즈 77, 79, 81, 83
탕춘대 39~41, 272
평양화표 227
평원대군 197

풍창부부인 조씨 231
프리메이슨 295~297
플루토Pluto 19
피셔, 로널드 247
필운대 224~226
하성군 156, 157, 160
한강수사자조혼비 51, 52
한국은행 화폐박물관 285, 286
한천 89
한확 234, 235
해촌전장 142
향림동 355~358
향림사 355~357
허목 171~176, 178~185, 193, 315
헤론 294, 295
현진건 21, 22
혜음원 318, 319, 327
홍순형 251, 252, 255, 258, 259, 261~263
홍제천 38, 40, 41, 272, 325
홍종우 79, 91, 92
화산군 213, 323~325, 329
화양구곡 175~178
효자동 325, 326
후학지기대 179, 180
훈민정음 315, 321
휘숙옹주 215, 216
흥동소학교 270, 271
흥아유신기념탑 291
흥완군 256, 258

흥창사 333, 335
희우정 112

어쩐지 나만 알 것 같은 역사

2025년 4월 29일 초판 1쇄 발행
2025년 6월 2일 초판 2쇄 발행
글·사진　　　　배승호
펴낸이　　　　　박혜숙
디자인　　　　　이보용 김진
펴낸곳　　　　　도서출판 푸른역사
　우) 03044 서울시 종로구 자하문로8길 13
　전화: 02)720-8921(편집부) 02)720-8920(영업부)
　팩스: 02)720-9887
　전자우편: 2013history@naver.com
　등록: 1997년 2월 14일 제13-483호

ⓒ 배승호, 2025

ISBN 979-11-5612-293-7   03900

· 잘못 만들어진 책은 교환해드립니다.